Ken Keyes
Das Handbuch zum Höheren Bewußtsein

KEN KEYES
Das Handbuch zum höheren Bewußtsein

Ein 12-Stufen Programm zum Glücklichsein

Aus dem Amerikanischen übertragen von
Peter Hübner

Goldmann Verlag

Originaltitel: Handbook to Higher Consciousness
Originalverlag: Living Love Publications, St. Mary, Kentucky

Der Goldmann Verlag
ist ein Unternehmen der Verlagsgruppe Bertelsmann

Made in Germany · 6/90 · 1. Auflage
Genehmigte Lizenzausgabe
© 1975 by Living Love Center
© der deutschsprachigen Ausgabe 1990 by Verlagsservice Peter Hübner
Umschlaggestaltung: Design Team, München
Umschlagfoto: Schuster/Explorer, Oberursel
Satz: Uhl+Massopust, Aalen
Druck: May+Co., Darmstadt
Verlagsnummer: 12082
Lektorat: Tina Schreck/BL
Herstellung: Gisela Ernst
ISBN: 3-442-12082-9

Inhalt

	Vorwort	9
1	Warum dieses Buch für uns da ist	15
2	Geheimnisse des Glücks	18
3	Das Gesetz des Höheren Bewußtseins	23
4	Die Zwölf Pfade	28
5	Frei werden	35
6	Leben im Hier und Jetzt	42
7	Interaktion mit anderen	51
8	Das Entdecken der bewußten Wahrnehmung	59
9	Die Sieben Bewußtseinszentren	64
10	Die Drei Zentren des Unglücklichseins	71
11	Die Zwei Zentren der Freude	81
12	Die erfüllenden Zentren	90
13	Fünf Methoden für Ihre innere Arbeit	101
14	Bewußtseinseinschärfung	110
15	Techniken der Bewußtseinseinschärfung	119
16	Der Sofortige Bewußtseinsverdoppler	129
17	Unser Verstand	133
18	Die Illusion des Selbst	144
19	Wie wir unsere Suchtforderungen erkennen	150
20	Gelebte Liebe mit Kindern	158
21	Wie Sie Ihren Genuß an Sexualität und Sinnlichkeit steigern	167
22	Die optimale Nutzung Ihres Biocomputers	176
23	Die Programmierung von Glücklichsein und Unglücklichsein	188
24	So wird Ihr Leben glücklich und erfüllt	202
25	Der Sinn und Zweck unseres Lebens	213

Danksagung

Der Weg der Gelebten Liebe zu Glück und Höherem Bewußtsein ist eine »Wissenschaft des Glücks«, die zu dem überall auf der Welt stattfindenden großen Bewußtwerden beitragen soll. Als System ist sie neu – aber seit Tausenden von Jahren sind viele Bestandteile des Wegs der Gelebten Liebe ausprobiert und getestet worden. Unzählige Menschen, die an verschiedenen Orten und Zeitpunkten Einblick in die Ursachen des menschlichen Glücklichseins und Unglücklichseins hatten, stützen die Vision der Gelebten Liebe zum Glück.

Die Lehren von Buddha, Patanjali und Christus und die Humanpsychologie sind eine andauernde Inspiration gewesen. Andere sehr hilfreiche Lehren waren die des Ram Dass und die buddhistische Lehre von Chögyam Trungpa. Die Lehren von Charles Berner, John Lilly, Alfred Korzybski, Krishnamurti, Pir Vilayat Kahn und Abraham Maslow spielten eine bedeutende Rolle beim Heranwachsen des Autors. Einen grundlegenden Einfluß auf das Prinzip der Gelebten Liebe zum Glücklichsein hatten die edlen Wahrheiten des Buddha.

Besonders dankbar ist der Autor dem Esalen Institut, Ed Alkin, Anatta Berner und David und Terry Hatch (sein Guru-Bruder und seine Guru-Schwester), die in seinem persönlichen Wachstum eine Rolle spielten. Für die erste Auflage trug Carolyn Terrell ihre liebevolle Bearbeitung bei. Cas Moore zeichnete das Diagramm des Biocomputers. Die liebende Energie von Karen Zieminski und Leonore Schuh half bei der Korrektur der Druckfehler. Mark Allen, Tolly Burkan, Tony Cantea, Dorothy Durham, Rita Gordon, Wesley Hiler, Norma Lewis, Leonore Schuh und Allen Summers brachten viele wertvolle Anregungen ein. Dank auch an Susan Stafford und Marty Johnson für die graphischen Arbeiten.

Vorwort

Als unsere Tiervorfahren vor Millionen von Jahren im Urwald ums Überleben kämpfen mußten, brauchten sie dazu einen sofort einsetzenden *Kampf-* oder *Flucht*-Mechanismus. Ein automatischer emotionaler Reflex war lebensrettend, wenn ein Tiger im Begriff war anzugreifen. Ein Nervenschock war nötig, um Adrenalin in die Blutbahn zu schießen und die Muskeln in Gang zu bringen. Emotionale Signale waren erforderlich, um totale Bereitschaft zu gebieten. Es gab keine Zeit, den schönen Sonnenuntergang zu bewundern, wenn ein Tiger zum Sprung ansetzte. Zum Überleben im Urwald waren unsere Tiervorfahren auf automatische Dualität programmiert – automatische Gefühle des Anders-Seins, von Bedrohung und Paranoia. Überleben verlangte sofortiges Beherrschen des *Bewußtseins*, um den Gefahren der Wildnis zu begegnen.

Wir sind die Pioniere in der Entwicklung des menschlichen Bewußtseins. Erst vor ungefähr zehntausend Jahren bauten unsere Vorfahren die ersten Städte. Mit dem Wachsen der Zivilisation hing Überleben in der Wildnis nicht länger vom sofortigen Kampf oder der Flucht ab. Jetzt beruhen Überleben und Glücklichsein darauf, daß wir uns auf die allgemeine Situation einstellen, die uns, die Menschen um uns und die gesamte Umwelt im Hier und Jetzt einbezieht. Wahrnehmungsvermögen, Weisheit und Eins-Sein sind heute die Bestandteile eines wirkungsvollen und glücklichen Lebens. Aber unsere Biocomputer sind noch immer auf dschungelhaftes Kämpfen oder Fliehen programmiert – auf einen schnellen Adrenalinschub in die Blutbahn und einen raschen Herzschlag – auf automatische Wut und Angst. Bei unseren sozialen Interaktionen läßt unser Bewußtsein aus Maulwurfshügeln Berge werden – und diese anhaltende Verzerrung zerstört unsere Energie, unsere Einsicht und unsere Fähigkeit zur Liebe.

So bedeutete Überleben im Urwald, daß wir programmiert waren auf sofortige Paranoia – sofortige Angst – sofortige Wut – sofortiges Wahrnehmen von Dualität. Überleben in unserer heutigen Welt macht sofortiges Wahrnehmen des Eins-Seins – der Liebe – des Mitgefühls für jeden und Verständnis all dessen, was uns umgibt, unbedingt erforderlich. Wenn wir lernen, unsere paranoide, dschungelhafte Programmierung aufzubrechen, sind wir auf dem Weg zu höherem Bewußtsein und Glück.

Fortschritt trägt jetzt dazu bei, das primitive Dschungelwarnsystem in unserem Gehirn abzustellen, das uns auf einer niedrigen Bewußtseinsebene beläßt. Paranoide, dualistische Menschen, die sich und andere nicht lieben können, neigen zu Herzproblemen, Magengeschwüren, anderen psychosomatischen Erkrankungen und zu Unfällen. Vielleicht werden die Menschen in hunderttausend Jahren durch den erbarmungslosen Überlebenskampf Nervensysteme besitzen, die automatisch sofortige Einsichten schaffen, die Liebe und Eins-Sein fördern. Aber das hilft Ihnen und mir nicht. Wir brauchen die Gelebte Liebe, die uns zeigt, wie wir so schnell wie möglich in einem höheren Bewußtsein leben können – um unsere dschungelhafte Programmierung aufzuheben, damit wir das Leben hier und jetzt genießen können.

Wir sind der Dominanz der Instinkte (unflexibles, ungelerntes Verhalten) entkommen, die die Tiere durch ihre alltäglichen Situationen führt. Da der junge Mensch nicht mit einem vollen Repertoire automatisch festgelegter Reaktionen versorgt ist, sind wir noch einige Jahre nach der Geburt unfähig, unser Leben eigenständig zu meistern. Dieser lange Zeitraum der Formbarkeit und Offenheit, komplexe Muster der Lebensführung zu erlernen, hilft uns, festgelegtes, vorprogrammiertes Verhalten zu vermeiden. So können wir zum Beispiel in der langen Zeit der Erziehung komplizierte Sprachsysteme lernen – unsere Anpassungsfähigkeit ist so groß, daß wir lernen können, uns auf Suaheli genauso leicht zu unterhalten wie auf Englisch oder in einer anderen Sprache.

Statt eines vollständigen Repertoires tiereigener Instinkte, um Überlebensreaktionen zu schaffen, benutzt das kleine Kind durch leicht provozierte Reaktionen verstärkte Ego-Mechanismen, um Sicherheit, Sinnesreize und Macht zu entwickeln und die jeweils momentanen Sinnesbedürfnisse stärker zum Ausdruck zu bringen. Unsere persönliche Entwicklung hin zu einem erfüllten, glücklichen Leben (ebenso wie die Weiterentwicklung der Zivilisation über das gefährliche Machtbewußtsein hinaus) hängt von der Befreiung von unseren egobedingten Anklammerungen an Subjekt-Objekt, Sicherheit, Sinnesreiz, Macht ab.

Vielleicht ist es hilfreich, diese Weiterentwicklung des Bewußtseins im folgenden Umriß zu betrachten:

Organismus	Methode, den Organismus zu schützen und zu fördern
Tier	Relativ festgelegte Lebensweise, die auf instinktivem oder nicht erlerntem vorprogrammiertem Verhalten beruht.
Mensch mit niedrigem Bewußtsein	Vom Ego gelenkt, Subjekt-Objekt, emotionsverstärktes Sicherheits-, Sinnesreiz- und Machtbewußtsein (zunehmendes Einbeziehen des Verstandes), das uns gewohnte Lebensweisen und persönliche Muster starr bewahren und schützen läßt.
Mensch mit höherem Bewußtsein	Die egogetriebenen negativen Emotionen sind durch weitreichende Einsicht und tiefes intuitives Verständnis ersetzt worden, die vollkommene Anpassungsfähigkeit auf sich gegenseitig unterstützende und liebende Weise fließen lassen ohne starre Angewohnheiten und persönliche Muster.

Der Biocomputer, mit dem Sie ausgerüstet sind, ist das bemerkenswerteste Instrument im Universum. Ihr einziges Problem ist, ihn richtig zu benutzen. Er kann zwei Millionen visuelle und einhunderttausend akustische Eingaben gleichzeitig handhaben. Ihr Biocomputer funktioniert ununterbrochen mit voller Kapazität und ist in der Lage, Millionen von Berechnungen simultan durchzuführen. Er arbeitet mit enormer Kraft vorwiegend auf unbewußten Ebenen – nur ein winziger Teil seiner Aktivität dringt bis zur Bewußtseinsebene vor. Die bewußte Ebene Ihres Biocomputers ist den Ausdrucken des von Menschen gefertigten Computers ähnlich. Ihre Reise ins Höhere Bewußtsein ist Sache des Lernens, wie Sie Ihren einzigartigen Biocomputer richtig programmieren. Wenn Sie wirklich lernen, Ihre äußerst feinen Mechanismen zu lenken, werden Sie in der Lage sein, Ihr Potential für ein glückliches Leben voll zu erkennen.

Eine wundervolle Seite des Lebens ist, daß es *naturgemäß* gut ist. Das Leben ist so angelegt, daß es funktioniert – um ununterbrochen Liebe, Erfüllung und Glück zu schaffen. Verschiedene Situationen während Ihrer ersten Lebensjahre waren jedoch prägend für die Methoden des Bewußtseins, die ständig Unglücklichsein in Ihrem Leben kreieren. *Dennoch kann Ihnen jede gegenwärtige Erfahrung in Ihrem Wachstum zu einem Höheren Bewußtsein helfen, wenn Sie wissen, wie Sie sie nutzen können.*

Dieses Handbuch wird erklären, wie Sie Ihre vorhandenen Erfahrungen geschaffen haben. Es wird Ihnen genau zeigen, wie Sie den Fallen Ihres Verstandes entkommen können, die für all das bisherige Unglücklichsein in Ihrem Leben verantwortlich sind! Wenn Sie die Methoden des *Handbuches zum Höheren Bewußtsein* anwenden, werden Sie fähig sein, Ihr Leben umzudrehen. Das ununterbrochene Erleben von Liebe, Klarheit, Glück, Freude, Wirksamkeit, Wahrnehmungsfähigkeit und Weisheit, das Sie bisher nur bruchstückweise erfahren haben, kann Ihnen jetzt immer zugänglich sein.

Sie werden lernen, wie Sie die Welt als freundlichen, liebevollen Ort erleben können, der entworfen wurde, um Ihnen alles zu geben, was Sie brauchen. Sie werden eine »wundersame« Qualität in Ihrem Leben entwickeln. Schöne Dinge werden so kontinuierlich geschehen, daß Sie sie nicht länger auf reinen »Zufall« zurückführen können. Sie werden erleben, daß Sie mehr Liebe, Glück und Klarheit kreieren können, als Sie für ein vollkommen erfülltes und freudiges Leben benötigen.

Sie werden sich bewußt werden, wie Sie sich selbst von den Energien der Welt um Sie herum abgewandt haben, obwohl das sicherlich nicht Ihre Absicht war. Ihr Verstand ist auf eine Art und Weise programmiert worden, eingehende visuelle, akustische und andere Informationen zu verarbeiten, die Sie ständig von anderen Menschen entfremden und trennen. Sie werden erkennen, daß Ihnen nicht bewußt war, was Sie sich selbst angetan haben. Es ist, als ob Sie mit Augen geboren worden wären, die nur sehr verzerrt sehen können – aber die Illusion vermitteln, scharf und klar zu sehen. Mit diesem *Handbuch* wird Ihnen klarwerden, daß das einzige wirkliche Problem in Ihrem Leben darin liegt, wie bewußt Sie Ihren Verstand benutzen – und es wird Ihnen klare Anleitungen für die notwendige innere Arbeit geben, so daß Sie ein mehr und mehr aktives, wahrnehmendes, liebevolles Wesen werden.

Gelebte Liebe ist ein positives Heilmittel für all das Leiden und Unglücklichsein in Ihrem Leben und dem der ganzen Menschheit. Der Weg der Gelebten Liebe bietet uns Menschen eines der kraftvollsten Werkzeuge, siegreich aus dem Rennen hervorzugehen, zwischen höherem Bewußtsein und dem Leid durch atomare Vernichtung, Umweltverelendung, Voreingenommenheit und die tausendfachen Weisen, auf die wir uns voneinander abtrennen.

1
Warum dieses Buch für uns da ist

»Die meisten von uns«, sagte der kosmische Spaßvogel, »gehen durch das Leben, ohne zu wissen, was sie wollen, aber mit dem sicheren Gefühl, daß es dies nicht ist.«

Über 99 Prozent der Menschen in der westlichen Welt leben auf niederen Bewußtseinsebenen, die durch die Suche nach ausreichend Sicherheit, Sex, angenehmen Empfindungen, Egotriebe, Prestige, Geld, Macht und Status gekennzeichnet sind. Dieses endlose Ringen schafft Leben mit ständigem Verdruß, Sorgen, Argwohn, Zorn, Eifersucht, Befangenheit und Angst. Alles, von dem sich die Menschen einreden, sie *müßten* es tun, um glücklich zu sein, bringt mehr Frust als Freude. Je erfolgreicher jemand im Geldverdienen, Sammeln von Fähigkeiten und Besitztümern, Entwickeln aufregender sexueller Beziehungen, Erlangen von Wissen und akademischen Graden und auf dem Wege zu Status, Macht und Prestige ist, desto weniger liebevoll und zufrieden wird er sich selbst finden.

Und doch sind es nicht diese Dinge selbst, die ein unglückliches Leben kreieren – es ist die innere geistige Sucht oder das Verlangen nach ihnen, das uns ständig von der Freude am Leben abhält. Suchtzwänge (oder emotionsbedingte Forderungen) bringen Angst vor der Nicht-Erfüllung; Neid, daß jemand unsere Quelle der Erfüllung stehlen könnte; Wut, wenn uns jemand in die Quere kommt; Zynismus, wenn wir ständig zuwenig bekommen; Paranoia bei andauernden Bedrohungen; Langeweile, wenn wir keinen Fortschritt in der Befriedigung unserer Suchtzwänge machen; Besorgnis, wenn wir keine regelmäßige Versorgung sehen; Beklemmung, wenn wir uns darum sorgen, uns Sorgen machen zu müssen, und Unglücklichsein, wenn die Außenwelt uns nicht das zukommen läßt, was wir suchthaft verlangen. Ein Mensch mit suchthaften Forderungen hat keine Möglichkeit, glücklich, liebevoll, friedvoll, bewußt, weise und wirksam zu leben, da es in der Natur der Dinge liegt, daß wir etwas gewinnen und etwas verlieren. Die suchthafte Programmierung ist nicht notwendig, um das, was wir im Leben lieber mögen, zu finden und zu genießen.

Sie sind bereit, für das Wachstum zum Glück des Höheren Bewußtseins, wenn Sie die völlige Nutzlosigkeit erkennen, ein schönes Leben mit den Bemühungen leben zu wollen, die Welt der Menschen und Dinge um Sie herum neu ordnen oder ändern zu wollen, damit sie Ihren suchthaften Forderungen und Verlangen entsprechen. Sie werden herausfinden, daß Sie nur Ihre persönlichen menschlichen, automatisch programmierten Reaktionen auf Lebenslagen umzuordnen brauchen – die meisten davon sind Überbleibsel aus Ihrer Kindheit.

Während Sie auf eine Höhere Bewußtseinsebene hinarbeiten, werden Sie erkennen, daß Sie immer genug hatten, um glücklich zu sein, obwohl Sie normalerweise die Menschen und Bedingungen um sich herum für Ihr Unglücklichsein verantwortlich machen, sind es die Muster in Ihrem Kopf, die sie unglücklich machen. Ihre Reise zum Höheren Bewußtsein kann Sie befähigen, liebevoll, friedvoll, weise und frei von einem dauernden Hagel unangenehmer Emotionen zu sein.

Die Gelebte Liebe bietet Ihnen vier Vorteile bei Ihrer Entdeckungsreise in das Höhere Bewußtsein:

- Für viele Menschen kann sie einer der wirksamsten und schnellsten Wege zum Wachstum in ein Höheres Bewußtsein werden, der jemals für die Menschheit zur Verfügung stand.
- Sie fordert von Ihnen nicht, daß Sie sich von Ihrem gegenwärtigen Leben loslösen sollen. Gelebte Liebe kann am effektivsten genutzt werden, wenn Sie Ihren derzeitigen Beruf, Ihr persönliches Leben und andere Umstände beibe-

halten, bis Ihr Bewußtsein so weit gewachsen ist, daß Sie willkürliche Bräuche, traditionelle Verhaltensweisen und die gesellschaftlichen Rollen, die Sie schützen und ausleben, klar erkennen.

- Wenn Sie das System einmal gründlich verstanden haben, brauchen Sie für Ihr weiteres Wachstum nicht unbedingt einen Lehrer. Ihr Leben wird Ihr bester Lehrer sein, denn Sie werden entdecken, daß Sie sich immer selbst in Lernsituationen begeben, die für Ihr persönliches Wachstum ideal sind. Die Programmierung, die Sie am dringendsten verändern sollen, versetzt Sie unweigerlich in Lebenssituationen, die Ihnen genau jene innere Arbeit bewußt machen können, die Sie tun sollten.
- Wenn Sie den Weg der Gelebten Liebe anwenden, um Liebe, inneren Frieden, Weisheit und Wirksamkeit des Höheren Bewußtseins zu finden, trägt Ihre innere Arbeit sofort zu Ihrer Lebensfreude bei. Mit der Gelebten Liebe ist das Glücklichsein kein entferntes Ziel – es ist ein ewig wachsender Teil Ihres Hier und Jetzt.

Während Sie ständig versuchen, die Menschen und Situationen in Ihrem Leben so zu ordnen, daß Sie liebevoll, gelassen, wirkungsvoll und glücklich sein können, bedenken Sie die Energie, die Sie jetzt in das ewige Auf und Ab geben, nur um Ihre Gefühle unter Kontrolle zu bringen. Dennoch ist Ihre Suche nach Glück jahraus, jahrein so ungreifbar wie der Topf voll Gold am Ende des Regenbogens. Da fast jeder in Ihrem Umfeld die gleichen Schwierigkeiten zu haben scheint, ein glückliches und liebevolles Wesen zu werden, mögen Sie Ihre Maßstäbe gesenkt und entschieden haben, daß dauerhaftes Glück wahrscheinlich nicht realistisch ist.

Die Gelebte Liebe lädt Sie ein, die höchsten Maßstäbe für Liebe, Gelassenheit, Friede, Weisheit, Wirksamkeit und anhaltendes Glück in Ihrem Leben zu setzen. Dann sind Sie bereit, Ihre Reise zum Höheren Bewußtsein zu beginnen.

2
Geheimnisse des Glücks

Warum haben wir ein Leben voller Unruhe, Verzweiflung und Angst? Warum treiben wir immer uns selbst und andere an? Warum erleben wir Frieden, Liebe und inneres Glück nur tröpfchenweise? Warum sind menschliche Wesen durch Streit und Unruhe geprägt, die Beziehungen der Tiere zu ihrer eigenen Art vergleichsweise friedlich erscheinen lassen? Die Antwort ist so einfach – aber wir haben oft Schwierigkeiten, sie wirklich zu verstehen, weil *nahezu jeder Weg zum Glück, der uns beigebracht wurde, lediglich die Gefühle und Handlungsweisen verstärkt, die uns unglücklich machen.*

Dieser entscheidende Punkt muß verstanden werden. Die Wege zum Glück, die uns beigebracht wurden, können auf keinen Fall funktionieren. Solange wir das nicht klar erkennen, können wir kein Höheres Bewußtsein entwickeln. Hier sind die Gründe dafür:

Die meisten von uns nehmen an, daß unsere Verlangen verstärkt durch unsere Emotionen zu jenen Handlungen führen, die uns glücklich machen. **Aber bisher hat noch keiner das Glück gefunden, indem er sich von emotionsforcierten Verlangen hat führen lassen.** Flackern von flüchtigen Freuden, ja; Glück, nein.

Unsere Wünsche und Verlangen sind so verführerisch... Sie maskieren sich als »Bedürfnisse«, die befriedigt werden müssen, damit wir schließlich glücklich sein können. Sie führen uns von einer Illusion des Glücks zur nächsten. Einige von uns sagen sich: »Wenn ich nur Chef dieses Unternehmens werden könnte, wäre ich glücklich.« Aber haben Sie jemals einen wirklich glücklichen Chef gesehen? Nach außen hin präsentiert er wundervolle Yachten, flotte Autos und ebenso flotte Mädchen – aber ist er innerlich wirklich glücklich? Ist sein Magengeschwür inzwischen verschwunden?

Wir reden uns dauernd Dinge ein wie: »Wenn ich nur wieder zur Schule gehen könnte – mehr Wissen erlangen – vielleicht ein Diplom bekommen – dann wäre ich glücklich.«

Aber sind Menschen mit Diplomen oder Doktortiteln glücklicher als der Rest? Es ist schön, Wissen zu erlangen, aber es ist irreführend, zu erwarten, es bringe uns Frieden, Liebe und Glück. Wir sagen uns: »Wenn ich nur den richtigen Menschen zum Lieben finden würde, wäre ich glücklich.«

So suchen wir nach jemandem, von dem uns unser suchthaftes Verlangen einredet, daß er der richtige Mensch ist – und wir erleben einige angenehme Momente. Da wir aber nicht wissen, *wie* wir lieben sollen, zerbröckelt die Beziehung allmählich. Dann entscheiden wir, daß er eben doch nicht der richtige Mensch war! Während wir in ein Höheres Bewußtsein wachsen, entdecken wir, daß es wichtiger ist, die richtige Person zu sein, als sie zu finden.

Wir müssen gründlich verstehen, warum keine unserer negativen Emotionen zu effektivem Handeln führen. Unsere negativen Emotionen sind einfach das Ergebnis eines weitreichenden Musters von Narben und Wunden, die wir erfahren haben. Und diese emotionellen Wunden lassen uns Unterschiede wahrnehmen, die uns verschlossen machen, statt Gleichheiten, die uns befähigen zu verstehen und zu lieben. Die gegenwärtige Programmierung unserer Gefühle läßt uns andere Menschen (und unsere Umwelt) als Bedrohungen empfinden – möglicherweise potentiell gefährlich für unser Wohlsein. Wir reagieren dann mit einem Adrenalinschub, mit Herzklopfen, erhöhtem Blutzucker und anderen Überlebensreaktionen des Urwalds. Wir sind in unserer Wahrnehmungsweite der uns umgebenden Welt gefangen.

Aber niemand (und keine Situation) muß als emotionale Bedrohung oder Gefahr empfunden werden, wenn wir die

Dinge mit der klareren Wahrnehmung des Höheren Bewußtseins betrachten. Denken Sie an die bedrohlichste Situation, die Sie in den letzten zwei Tagen empfunden haben! Ist Ihr Arbeitsplatz gefährdet? Schenkt die Person, die Sie am meisten lieben, einem anderen Menschen mehr Aufmerksamkeit als Ihnen? Haben Sie unbezahlte Rechnungen, die Sie nicht begleichen können? Haben Sie Schmerzen, die Krebs sein könnten? Nun, für diese Probleme gibt es entweder Lösungen – oder es gibt sie nicht. Entweder können Sie hier und jetzt etwas daran ändern – oder Sie können es nicht. Wenn Sie hier und jetzt etwas daran ändern können, tun Sie es – selbst wenn es nur ein erster Schritt ist. Es verzehrt Ihre Energie, wenn Sie sich wegen eines Problems Sorgen machen oder beängstigt sind. Tun Sie, was Sie können – aber verlangen Sie nicht suchthaft nach den Ergebnissen, oder Sie werden sich mehr Sorgen schaffen. Wenn Sie hier und jetzt nichts an einem Problem ändern können, warum lassen Sie sich unbehaglich fühlen und brauchen Ihre Energie auf, indem Sie sich darüber Sorgen machen? Es ist ein Teil des Hier und Jetzt in Ihrem Leben. Das ist, was ist – hier und jetzt. Besorgnis, Beklemmungen oder andere unangenehme Gefühle sind absolut unnötig – sie mindern nur Ihre Einsicht und die Effektivität Ihres Handelns.

Sie müssen sich selbst von der Nutzlosigkeit dieser aufzehrenden Emotionen überzeugen. Sie müssen Ihre unnötige Besorgnis als etwas betrachten, das Ihnen die fließende Effektivität und Freude, die Sie in Ihrem Leben haben sollen, raubt. Solange Sie glauben, diese negativen Gefühle hätten irgendeine Funktion, werden Sie Ihr Wachstum zu Höherem Bewußtsein verzögern. Wenn Sie sich nicht selbst in ärgerliche Gefühle verstricken, sobald die Außenwelt nicht Ihrer inneren Programmierung entspricht (Ihre Wünsche, Erwartungen, Forderungen oder Vorstellungen, wie die Welt Sie behandeln sollte), werden Sie so viel Energie haben, daß Sie wahrscheinlich nur halb soviel schlafen. Sie werden freudvoll und liebevoll sein und jeden Moment Ihres Lebens wirklich zu schätzen wissen – egal, was sich in der Welt außerhalb von Ihnen ereignet.

Woher und wie sind wir zu dieser emotionalen Programmierung gekommen? Das meiste davon wurde in den ersten Lebensjahren erworben. Als wir sehr jung waren, machten wir zum Beispiel die Erfahrung, daß Mutter uns gewaltsam eine Parfumflasche aus unseren winzigen Fingern nahm und gleichzeitig negative Schwingungen aussandte, die auf ihrem Wunsch, die Parfumflasche möge nicht zerbrochen werden, beruhten. Wir weinten. Dadurch, daß wir als Baby schmerzhaft herumgestoßen und beherrscht wurden, gesagt bekamen, was wir zu tun hatten, und kontrolliert wurden, entwickelten wir unsere emotionsintensive Programmierung auf Sicherheit, Sinnesreiz und Macht. Viele unserer emotionsbedingten Programmierungen stammen von wiederholten moralischen Verhaltensregeln oder Behauptungen, wie Dinge sein »sollten«. Wir entwickelten ein »Selbst«-Bewußtsein mit roboterhaften emotionalen Reaktionen, um das »Überleben« des getrennten Selbst zu schützen.

Also werden wir emotional programmiert, zu glauben, Macht haben zu müssen, Menschen zu kontrollieren und zu manipulieren, um glücklich zu sein. Schließlich werden wir äußerst empfindlich gegenüber Handlungen oder Schwingungen jeder Person oder Situation, die auch nur entfernt unsere suchthafte Forderung nach Macht bedroht – unsere Fähigkeit, Menschen und Dinge um uns herum zu manipulieren und kontrollieren.

Wenn wir körperliche Reife erreichen und unser Biocomputer (oder Gehirn) wahrnehmender funktionieren kann, haben wir all die Macht, die wir brauchen. Aber unser Biocomputer (verstärkt durch das ganze Repertoire unserer Emotionen) ist immer noch darauf programmiert, das Machtdefizit auszugleichen, das wir als Säuglinge und Kleinkinder erlebt haben. Wir müssen jetzt lernen, mit den Menschen und Dingen um uns herum zu fließen. Aber unsere suchthafte Forderung nach Macht hält uns davon ab, andere Menschen zu lieben, weil wir sie als Objekte wahrnehmen, die unsere Macht, Prestige oder Hackordnung bedrohen. Wenn wir lieben und geliebt werden wollen, können wir nicht suchthaft nach Macht verlangen – oder nach etwas anderem.

Das einzige, was wir als Wesen mit Bewußtsein brauchen, um Glück im Leben zu finden, ist Klarheit darüber, wer wir sind (wir sind reines Bewußtsein und nicht die gesellschaftlichen Rollen, die wir spielen), und über die tatsächlichen Gegebenheiten, hier und jetzt, in unserem Leben. Wie einfach unser Problem im Grunde ist! Aber um diese klare Wahrnehmung von uns und der Welt um uns zu erreichen, bedarf es ständiger innerer Arbeit. Und das bedeutet, sich zur Gewohnheit zu machen, emotionell alles zu akzeptieren, was hier und jetzt in unserem Leben ist. Denn nur ein emotional ruhiger Biocomputer kann klar und weise erkennen und effektive Möglichkeiten hervorbringen, mit Menschen und Situationen umzugehen.

Unser suchthaftes Verlangen nach Macht ist nur ein Beispiel für die Glück zerstörende Programmierung, die wir in unseren Biocomputer eingegeben haben, als wir zu jung waren, die Realitäten der Welt, in der wir lebten, zu erkennen. Obwohl wir jetzt die Kapazität für klares Wahrnehmungsvermögen haben, binden uns die Arbeitsanweisungen, die wir unserem Biocomputer gegeben haben, an die niedrigeren Ebenen. So sind wir unbewußt gefangen.

Das Hier und Jetzt ist die Realität unseres Lebens – und nur aus den Gegebenheiten der Gegenwart kann unsere Zukunft hervorgehen. Doch unser derzeitiges Suchtverhalten, unsere Forderungen und Erwartungen (die Programmierung unseres Biocomputers) beherrschen unser Bewußtsein und zwingen uns dazu, während des größten Teils unserer wachen Zeit und unserer Träume gegen die herrschenden Lebenssituationen schmollend zu protestieren. Das mindert unsere Wahrnehmung und hält uns davon ab, wirksame Lösungen für unsere Probleme zu finden. Der Weg der Gelebten Liebe zum Höheren Bewußtsein zeigt uns, wie wir aus dieser Falle ausbrechen, uns selbst befreien und unser vollständiges Potential als Menschen finden können.

3
Das Gesetz des Höheren Bewußtseins

Ihr persönliches Wachstum sollte damit beginnen, daß Sie vollkommen begreifen, wie wichtig es ist, eins zu werden mit dem Gesetz des Höheren Bewußtseins:

Liebe jeden bedingungslos –
auch dich selbst

Dieses Gesetz kann Sie dazu befähigen, die verborgene Schönheit in Ihnen selbst und anderen zu finden. Unglücklicherweise wurde uns nie beigebracht, wie man bedingungslos liebt. Fast all unser Lieben ist durch emotionale Wünsche motiviert worden, die uns in unseren frühen Jahren einprogrammiert wurden. Die meisten unserer Liebeserfahrungen haben uns beigebracht, daß wir Liebe erst einmal verdient haben müssen, ehe wir sie bekommen – und daß andere sich unsere Liebe verdienen müssen. Das ist bedingte Liebe – wie ein Tauschhandel oder ein Geschäftsvorgang. Es ist kein Wunder, daß unsere wohlgemeinten, aber ungeschickten Versuche zu lieben gewöhnlich in Trennung und Entfremdung enden. Uns wurde beigebracht, unsere Liebe mit Bedingungen zu versehen: »Wenn du mich wirklich liebst, würdest du...« – und dann setzen wir eine unserer suchthaften Forderungen ein. Dies ist ein Handel – keine bedingungslose Liebe.

Was ist bedingungslose Liebe? Sie ist nicht: »Ich kann dich lieben, wenn du das tust, was meine emotionale Programmierung – mein suchthaftes Verlangen – vorschreibt.« Es ist nur Liebe. Nur: »Ich liebe dich, weil es dich gibt. Ich liebe dich, weil du ein Teil des Jetzt meines Lebens bist. Ich liebe dich, weil wir unserem Menschsein auf der Bewußtseinsebene als Menschen alle gleich sind, obwohl unsere Körper und unser Verstand verschiedene Wege gehen. Wir sind eins.«

Wirkliche Liebe akzeptiert einen anderen Menschen einfach, vollständig und bedingungslos! Wir erleben die Dinge aus ihrer Sicht. Es ist, als ob wir die Welt mit seinen Augen betrachten. Was immer er oder sie durchmacht – was immer er oder sie fühlt – wir waren auch dort – irgendwann in unserem Leben.

Wenn wir lieben, betrachten wir andere als sich öffnende Wesen auf ihrer Reise zu einem Höheren Bewußtsein. Egal, wie stark wir nach irdischen Fähigkeiten streben, wir begreifen, daß wir alle Liebe und Eins-Sein auf der Bewußtseinsebene suchen. Wir befinden uns alle auf der Reise zum Höheren Bewußtsein. Einige hören die Botschaft, die das Leben uns bietet, und arbeiten *bewußt* daran, unsere suchthaften Forderungen zu beseitigen. Andere entwickeln sich nicht so rasch, weil sie noch nicht wissen, wie sie bewußt an sich arbeiten können.

Wir müssen auch lernen, *uns selbst* zu lieben – genau hier und jetzt. Egal, wie furchtbar wir unsere früheren Handlungen beurteilen, wir brauchen das Gefühl, daß unser Leben mit jedem Tag neu beginnt. Wir sind immer liebenswert gewesen. Ein Kind mag ungezogen sein, aber es ist immer liebenswert. Deshalb sind wir alle Kinder, solange wir auf unsere suchthaften Forderungen des niedrigeren Bewußtseins programmiert sind. Somit müssen wir die Melodramen akzeptieren, in die wir verwickelt werden, während wir mit den jetzigen Erträgen unseres suchthaften Verhaltens leben. Dies ist ebenfalls Teil des Lebens und des persönlichen Wachstums.

Das *System der Gelebten Liebe* wurde geschaffen, um Ihnen zu helfen, jeden bedingungslos zu lieben – Sie selbst inbegriffen. Sie brauchen nur die Samen der Gelebten Liebe in Ihr Bewußtsein zu pflanzen, und sie werden automatisch sprießen. Machen Sie sich keine Vorwürfe, nur weil Sie am dritten Dienstag des nächsten Monats noch nicht erleuchtet sind. Je mehr Sie lernen, sich zu lieben und zu akzeptieren, desto mehr werden Sie

Liebe
jeden
bedingungslos,
auch
dich
selbst

erkennen, daß Sie genau das tun, was Sie tun sollten, um sich Erfahrungen für ein Wachstum zu Höherem Bewußtsein zu verschaffen.

Wie können Sie andere lieben, wenn Sie sich selbst nicht lieben? Die Liebe, die Sie für sich, und die Liebe, die Sie für »andere« empfinden, sind Bausteine, mit denen Sie das schöne Gefüge wirklicher Liebe kreieren.

Bedingungslos lieben zu lernen bedeutet, sich von der Einmischung unserer programmierten Suchtverhalten zu befreien – jenen emotionsbedingten fordernden Anweisungen an unseren Biocomputer. Das befähigt uns, klar wahrzunehmen, was hier und jetzt ist – weise abzuwägen – und effektiv zu handeln und genau das zu tun, was wir tun wollen. Der Schlüssel ist das sofortige emotionale Annehmen des Hier und Jetzt – das emotionale *Annehmen des vorher Unannehmbaren*.

Wir können unsere tatsächliche Lebenslage nicht klar erkennen, wenn unsere Gefühle gereizt sind. Dann gibt unser Biocomputer eine Reihe von Informationen an unser Bewußtsein, die Getrenntsein und Entfremdung verstärken. Wir schaffen eine furchtbar verzerrte Bewertung des Hier und Jetzt, die auf unserer suchthaften Programmierung basiert. Wir vergrößern die Unterschiede und unterdrücken Ähnlichkeiten zwischen uns und »anderen«, und das zerstört unsere Fähigkeit zur bedingungslosen Liebe.

Wir alle wissen, daß allein der Wunsch zu lieben nicht ausreicht. Soweit wir uns erinnern können, waren wir uns immer bewußt, wie wichtig Liebe in unserem Leben ist. Wir wissen, daß mangelnde Liebe für das meiste Unglück auf der Welt verantwortlich ist – für Schwierigkeiten, mit anderen Menschen auszukommen, für Umweltverschmutzung, Vorurteile, Kriege und andere Vergehen an der Menschheit.

Aber was können wir dagegen tun?

Das Gesetz des Höheren Bewußtseins bietet einen praktischen Leitfaden für das Zeitalter des Wassermanns:

*Du fügst der Welt genausoviel Leid zu,
wenn du selbst verärgert bist,
als wenn du andere verärgerst.*

Der Weg der Gelebten Liebe zu Höherem Bewußtsein kann Ihnen Schritt für Schritt zeigen, warum Sie es so schwierig finden zu lieben – und was genau Sie dagegen tun können. Die Zwölf Pfade im folgenden Kapitel sagen Ihnen, was Sie tun müssen, um für alle Zeit in dem Ozean des Eins-Seins der Gelebten Liebe zu leben.

4
Die Zwölf Pfade

Die Zwölf Pfade wurden 1972 formuliert und haben seitdem das Leben unzähliger Menschen verändert. Die Zwölf Pfade sind eine moderne, praktische Zusammenfassung der gesammelten Weisheit von Tausenden von Jahren. Sie zeigen Ihnen die Handhabung Ihres Bewußtseins in jedem Moment der Wechselwirkungen zwischen Ihnen und Ihrem Umfeld. Sie befähigen Sie, ein anhaltend glückliches, bewußtes, freudiges und erfülltes Leben zu führen. Wenn Sie genug haben von dem Auf und Ab zwischen Vergnügen und Schmerz und wirklich bereit sind, das meiste vom Leben zu haben und zu genießen, dann sind Sie auch bereit, eine dramatische Wende in Ihr Leben zu bringen und die Zwölf Pfade anzuwenden. In den folgenden vier Kapiteln werden wir jeden der Zwölf Pfade im einzelnen erörtern.

Die Zwölf Pfade zu Höherem Bewußtsein können Ihnen zeigen, wie Sie Ihre geistige Entwicklung beschleunigen können, und befähigen Sie, ein neues Leben mit der Gelebten Liebe zu beginnen. Sie können Ihnen den Weg zu der Schönheit und dem Glück zeigen, die in Ihrem Inneren verborgen sind. Irrtümlicherweise wurde Ihnen beigebracht, die Menschen und Ihr Umfeld müßten genau Ihrem Verlangen entsprechen, damit Sie glücklich sein können. Aber unsere Verlangen vermehren sich erheblich schneller, als wir sie befriedigen können! Nach dem System der Gelebten Liebe ist Sucht jedes Verlangen, das Sie aus der Fassung bringt oder unglücklich macht, wenn es nicht befriedigt wird. Jedesmal, wenn Sie sich emotional irgendwie unwohl fühlen, ist das ein Warnsignal des Lebens, einen Suchtzwang loszuwerden.

Selbst wenn Ihnen eine Sucht Vergnügen bereitet, ist dieses Vergnügen meist kurzlebig. Denn dann werden Sie diese Freude bedroht sehen und sich Gedanken über Veränderungen in Ihrem Leben machen, die Ihnen diese Freude nehmen. Sie vergleichen die Freude heute mit der von gestern – und häufig ist die heutige nicht ganz so befriedigend. All dies läßt Sie nicht im Hier und Jetzt sein. Sie machen einen riesigen Schritt hin zum Höheren Bewußtsein, wenn Sie sich des Preises völlig bewußt werden, den Sie für jede Suchthaltung zahlen müssen. Sie können dieselben Handlungen und Erfahrungen vollständig genießen, wenn Sie Ihre Suchthaltungen in Präferenzhaltungen umwandeln.

In dem Maße, wie Sie sich der Funktionsweise Ihres Bewußtseins klarwerden, werden Sie auch in der Lage sein, zwischen Ihrem Biocomputer und seiner Programmierung zu unterscheiden. Ein teurer Computer mag perfekt funktionieren, aber wenn Sie ihm Müll-Programme eingeben, werden Sie auch nur Müll-Ergebnisse aus diesem großartigen Gerät geliefert bekommen. Wenn Sie die Menschen nicht ständig lieben und das Hier und Jetzt genießen, hat Ihr großartiger Biocomputer mit Müll-Programmen gearbeitet. Wenn Sie sich bewußt und klar sehen, werden Sie erkennen, daß Sie *perfekt* sind – Ihr einziges Problem ist, einige Programme, mit denen Sie arbeiten, auszutauschen.

Ihr Ego spielt ebenfalls eine entscheidende Rolle bei der Steuerung Ihres Biocomputers. Basierend auf der aus der Vergangenheit stammenden Programmierung für Vergnügen und Schmerz, wird Ihr Ego auswählen, welches der Tausende von Programmen eingesetzt wird, um Ihre Gefühle und Erfahrungen bei dem, was gerade geschieht, zu erzeugen. Ihr Ego ist wie ein Chefprogrammierer, der entscheidet, welche Emotionen ausgelöst werden (Freude, Vergnügen, Zorn, Kummer, Angst, Enttäuschung, Gereiztheit usw.). Ihr Ego wählt auch aus, was genau auf die Leinwand Ihres Bewußtseins projiziert wird. Sie werden sich nur dessen bewußt, was Ihr Ego zuläßt. Wenn Ihr Ego damit beschäftigt ist, von den unteren drei Bewußtseinszentren aus auf die Menschen und Ihr Umfeld zu reagieren, wird sich Ihre erste

Die zwölf Pfade

Zu den Höheren Bewußtseinsebenen der bedingungslosen Liebe und des Eins-Seins

Frei werden

1. Ich befreie mich von meinem suchthaften Verlangen nach Sicherheit, Sinnesreiz und Macht, das mich dazu treibt, Situationen in meinem Leben mit Gewalt kontrollieren zu wollen, und dadurch meine innere Gelassenheit zerstört und mich davon abhält, mich selbst und andere zu lieben.
2. Ich erkenne, wie meine bewußtseinsbeherrschenden Süchte meine trügerische Version der sich ständig wandelnden Welt mich umgebender Menschen und Situationen hervorrufen.
3. Ich begrüße die Gelegenheit, die mir die Erfahrung jedes einzelnen Moments bietet (auch wenn dies schmerzhaft ist), mir der Süchte bewußt zu werden, die ich umwandeln muß, um von meinen roboterhaften, emotionalen Verhaltensmustern befreit zu sein.

Leben im Hier und Jetzt

4. Ich halte mir ständig vor Augen, daß ich alles habe, was ich brauche, um das Hier und Jetzt zu genießen – solange ich nicht zulasse, daß mein Bewußtsein von Forderungen und Erwartungen beherrscht wird, die auf der erledigten Vergangenheit oder der erwarteten Zukunft beruhen.
5. Ich trage hier und jetzt die volle Verantwortung für alles, was ich erlebe, denn es ist meine eigene Programmierung, die meine Handlungen hervorruft und auch die Reaktionen der Menschen um mich beeinflußt.
6. Ich akzeptiere mich selbst vollkommen hier und jetzt und erfahre bewußt alles, was ich fühle, denke, sage und tue (meine emotionsbedingten Suchthaltungen eingeschlossen)

als notwendige Bestandteile meines Wachstums auf dem Weg zu Höherem Bewußtsein.

Interaktion mit anderen

7. Ich öffne mich wahrhaftig allen Menschen gegenüber, indem ich gewillt bin, ihnen meine innersten Gefühle vollständig mitzuteilen, denn wenn ich mich irgendwie verberge, bleibe ich meiner Illusion des Getrenntseins anderen gegenüber verhaftet.
8. Mit liebender Anteilnahme empfinde ich die Probleme von anderen, ohne jedoch emotional in ihr Mißgeschick verwickelt zu werden, das ihnen Botschaften bietet, die sie für ihre Weiterentwicklung brauchen.
9. Ich handle frei, wenn ich im Einklang mit meiner Umgebung und mir stehe, zentriert und liebevoll bin, doch ich vermeide es nach Möglichkeit, zu handeln, wenn ich emotional aufgebracht bin und mir selbst die Weisheit vorenthalte, die von Liebe und erweitertem Bewußtsein ausgeht.

Das Entdecken der bewußten Wahrnehmung

10. Ich beruhige unablässig meinen rastlos suchenden Verstand, damit ich die subtileren Energien wahrnehmen kann, die mich befähigen, mit allem, was mich umgibt, eins zu werden.
11. Ich bin mir ständig bewußt, aus welchem der Sieben Bewußtseinszentren ich schöpfe, und ich fühle, wie meine Energie, Wahrnehmungsfähigkeit, Liebe und mein innerer Friede wachsen, indem ich alle Bewußtseinszentren weit öffne.
12. Ich nehme alle Menschen einschließlich meiner selbst als erwachende Wesen wahr, die hier ihr angestammtes Recht auf die höheren Bewußtseinsebenen der bedingungslosen Liebe und des Eins-Seins verwirklichen wollen.

Wahrnehmung auf das einstellen, was Sie verlangen und was Sie fürchten – und dabei das Gefühl dringender Priorität hervorrufen. Der größte Teil dieser niederen Bewußtseinsprogramme spiegelt die dringenden Prioritäten wider, die Sie mit zwei Jahren hatten. Solange Sie diese unangemessenen Programme Ihrer Kindheit nicht umwandeln, werden Sie ständig die Energie Ihres Umfeldes abblocken, die Sie für die schöne Welt des Höheren Bewußtseins benötigen.

In fünf Stufen können Sie lernen, diese Pfade anzuwenden. Mit jeder Stufe werden Sie zunehmend gewahr werden, wie diese Pfade schöne und manchmal sogar »wundersame« Änderungen in Ihrem Leben bewirken.

1. *Auf der ersten Stufe* nehmen Sie die Pfade nicht wahr. Unbewußt leben Sie das Drama Ihres Lebens aus. Sie spulen Ihre täglichen Verhaltensmuster des Verlangens und Abweisens von Menschen und Dingen auf mechanische und unbewußte Weise ab.

2. *Auf der zweiten Stufe* regen Sie sich auf, wenn etwas geschieht oder jemand etwas sagt, was Sie nicht mögen, obwohl Ihnen die Zwölf Pfade bekannt sind. Sie beginnen zu erkennen, wie sie dazu beitragen können, daß Ihr Leben funktioniert, wenn Sie sie zur Programmierung anwenden und Sie Ihre Interpretation des Hier und Jetzt erleichtern. Sie sind aber immer noch empfänglich für Ihre alte Programmierung, Sie werden automatisch ärgerlich, wenn jemand Sie kritisiert, oder automatisch ängstlich, falls jemand Ihre suchthaften Forderungen nach Sicherheit auslöst. Das Großartige dieser zweiten Stufe ist, daß Sie sich der Programmierung des niederen Bewußtseins und Ihrer Neigung, diese Programme automatisch ablaufen zu lassen, gewahr werden. Sie erkennen, daß Sie Programme einsetzen können, um ständig Genuß und Freude an Ihrem Leben zu schaffen.

3. *Auf der dritten Stufe* können Sie, sowie Sie irgendwelche unangenehmen Gefühle wie Angst, Zorn, Eifersucht, Kummer

usw. registrieren, genau bestimmen, welchem der Pfade Sie gerade zuwiderhandeln. Schon allein durch Einbeziehen Ihres Verstandes und Interpretieren Ihrer Erfahrung mit Hilfe eines Pfades werden Sie zunehmend die unbewußten Zeiten verkürzen, während der Sie ein Sklave der alten, niederen Bewußtseinsprogrammierung sind. Es mag einige Stunden dauern, die negativen Emotionen zu verbannen. Aber Sie erkennen jetzt, daß die Zeit, in der Sie aufgeregt sind, sich allmählich verkürzt, so daß Sie negative Emotionen nur Minuten, wenn nicht nur Sekunden lang erfahren. Sie können immer noch negative Emotionen auslösen, aber Sie befreien sich immer schneller von ihnen.

4. *Auf der vierten Stufe* werden Sie vielleicht böse, wenn jemand etwas tut, das Sie nicht mögen, aber im gleichen Augenblick blitzen ein oder zwei Pfade in Ihrem Bewußtsein auf. Diese vermitteln Ihnen eine Einsicht, die es nicht zuläßt, daß sich die Zornreaktion entwickelt. Sie erleben zunehmende Freiheit. Ihre Fähigkeit zu lieben, zu akzeptieren und fließend mit anderen Menschen in Beziehung zu stehen, wächst enorm.

5. *Auf der fünften Stufe* haben Sie alle die Programmierungen des niederen Bewußtseins gelöscht, die Ihre negativen emotionalen Reaktionen ausgelöst haben. Sie reagieren einfach auf alles, was hier und jetzt geschieht, indem Sie einen der Pfade (entweder bewußt oder unbewußt) bei der Interpretation dessen, was geschieht, anwenden. Sie werden bemerken, daß Sie früher in einer bestimmten Situation wütend oder eifersüchtig wurden, aber das Gefühl von Wut oder Eifersucht wird nicht länger ausgelöst. Sie beherrschen Ihren Verstand, denn Sie haben die Programme bestimmt, mit denen Ihr Verstand arbeiten soll. Das ist eine der erfüllendsten Aufgaben.

Sobald Sie die Zwölf Pfade in alltäglichen Situationen anwenden, werden Sie entdecken, daß Ihr Leben eine wunderbare neue Dimension annimmt. Vorher bohrende Probleme werden jetzt zu lebenswichtigen Erfahrungen, die Sie zuversichtlich für die wichtige Umprogrammierung Ihres Biocomputers einsetzen. Sie erkennen, daß alles, was Ihnen geschieht, wirklich perfekt ist. Sie erleben entweder Glück – da es zu den Programmstrukturen Ihres Biocomputers paßt –, oder Sie erleben ein aufkommendes negatives Gefühl, das Ihnen eine willkommene Gelegenheit zur Umprogrammierung Ihres Biocomputers bietet, damit Sie dieses Problem zukünftig nicht mehr haben werden.

Lernen Sie die Zwölf Pfade auswendig, damit sie tief in Ihrem Bewußtsein verankert sind! Auswendiglernen hilft Ihnen, sie als Programmierung bei der Gestaltung Ihrer Wahrnehmungen unterhalb der Bewußtseinsebenen anzuwenden. Die Pfade einfach zur Information zu lesen, wird Sie nicht befähigen, sie als dynamische Werkzeuge einzusetzen, die Ihr Leben verbessern können. Wenden Sie die Pfade an, um Ihren unaufhörlichen Bewußtseinsstrom zu interpretieren. Sie können Sie direkt zu Höherem Bewußtsein führen und Sie befähigen, Liebe, Glück, Weisheit und Erfüllung im Leben zu finden, die Ihr angestammtes Recht sind.

5
Frei werden

Eine Sucht ist eine Programmierung, die unangenehme emotionale Reaktionen auslöst und Ihr Bewußtsein aufregt, wenn die Welt sich nicht den programmierten Mustern Ihres Verstandes fügt. Das charakteristische Kennzeichen eines Suchtzwanges ist, daß Sie emotional und computerhaft reagieren, wenn Ihr Verlangen nicht gestillt wird, indem Sie automatisch ein Programm von Ärger, Sorge, Beklemmung, Eifersucht, Angst usw. ablaufen lassen. Das, was Sie emotional vermeiden, ist genauso ein Suchtzwang wie das, was Sie emotional begehren.

> **Erster Pfad**
>
> Ich befreie mich von meinem suchthaften Verlangen nach Sicherheit, Sinnesreiz und Macht, das mich dazu treibt, Situationen in meinem Leben mit Gewalt kontrollieren zu wollen, und dadurch meine innere Gelassenheit zerstört und mich davon abhält, mich selbst und andere zu lieben.

Warum zerstören Suchthaltungen Glück? Gibt es harmlose Suchthaltungen? Darf ich nicht einmal eine Sucht haben? Gibt es keine positiven Suchthaltungen wie Sucht nach Liebe, Wissen oder Wachstum des Bewußtseins?

Natürlich dürfen Sie eine Suchthaltung haben – oder so viele Sie möchten, aber für jede bezahlen Sie mit dem Verlust von

Glück. Da eine Sucht durch einen starken Emotionsschub forciert wird, versetzt Sie jede Suchthaltung von Zeit zu Zeit in einen Zustand des emotionalen Kampfes mit Ihnen und anderen. Sie beherrschen Ihr Bewußtsein und verhindern klares Wahrnehmen. Suchthaltungen trennen Sie von anderen, denn jeder wird sofort in dem Maß von Ihnen eingeschätzt, in dem Sie Bedrohung oder Unterstützung vermuten. Suchtzwänge werden nicht gebraucht, denn Sie können auf einer nicht suchthaften Basis dieselben Dinge tun und die gleichen Lebenserfahrungen genießen. Durch Höheres Bewußtsein können Sie jede schöne Erfahrung machen, die Ihnen das Leben bietet.

Alles in unserer Umgebung verändert sich dauernd. Unser Körper und Verstand ändern sich ständig. Diese Veränderungen in jedem Moment, Monat für Monat, Jahr für Jahr beeinträchtigen unsere Fähigkeit, unseren Lebensablauf den willkürlichen, suchtartigen Mustern, die wir verlangen und erwarten, anzugleichen. Wir sind in einem absolut endlosen Ringen gefangen, um die Außenwelt in Übereinstimmung mit unseren Suchthaltungen zu bringen. Letztendlich ist dieser Kampf immer aussichtslos. Kein Mensch hat je genug Macht, Prestige oder Wissen, um sich über die Grundregeln des Lebens hinwegzusetzen – manchmal gewinnt man, manchmal verliert man.

Unsere Gefühle des niederen Bewußtseins bewirken, daß eine unbefriedigte Suchtforderung unser Bewußtsein plagt und uns unglücklich machen wird, selbst wenn im Laufe eines Tages viele Suchtforderungen befriedigt werden. Es gibt einfach keine Möglichkeit, den Kampf um unsere Suchtzwänge zu gewinnen. Es gibt keine Suchthaltungen ohne Unglücklichsein, obwohl Sie durch die höheren Suchtforderungen (Liebe und Wachstum des Bewußtseins) weniger Leid ertragen müssen als mit den auf der niederen Ebene angesiedelten nach Sicherheit, Sinnesreiz und Macht.

Solange Sie suchtartige Forderungen haben, wird Ihr hervorragender Biocomputer – Ihr Verstand – von dem vergeblichen Versuch dominiert, Ihnen zum Glück zu verhelfen, indem er Ihr Umfeld manipuliert, damit es zu Ihren Suchtzwängen paßt. Ein durch Suchtforderungen dominierter Verstand ist nicht in der Lage, die subtilen Schwingungen der Sie umgebenden Menschen und Dinge aufzunehmen – so wie ein Trommler, der zu laut spielt, Sie daran hindern kann, die Violinen und Flöten einer Symphonie zu hören. Um ganz im Hier und Jetzt zu sein, müssen Sie alle Instrumente einer Symphonie hören können. Um in der Schönheit des Höheren Bewußtseins zu leben, müssen Sie fähig sein, die groberen sowie auch die subtilen Aspekte Ihres Umfelds wahrzunehmen. Suchthaltungen sind nicht böse oder schlecht – sie kosten Sie nur zuviel an Wahrnehmungsvermögen, Weisheit, Wirksamkeit und Glück.

Suchtforderungen verursachen früher oder später immer Unglück. Präferenzhaltungen tun das nie. Wenn eine Suchtforderung nicht befriedigt wird, sind Sie unglücklich. Wenn sie befriedigt wird, empfinden Sie momentanes Vergnügen, Erleichterung oder Gleichgültigkeit. Wenn eine Präferenz unbefriedigt bleibt, sind Sie nur gleichgültig – es war doch nur eine Präferenz. Wenn sie aber befriedigt wird, trägt sie zu der Qualität und der Schönheit Ihres Lebens bei. Ihr Ego und Ihr Verstand müssen die Quelle Ihrer Befriedigung nicht schützen, weil Ihr Glücklichsein nicht davon abhängt. Eine Aufwertung Ihrer suchtartigen Forderungen zu Präferenzhaltungen (oder Vernichtung, wenn sie zu Ihrer Freude am Leben nicht beitragen können) ist ein Schlüssel der Gelebten Liebe, um immer freudig und liebevoll zu sein. Eine praktische Daumenregel für den, der sich auf den Weg zu Höherem Bewußtsein macht, ist, sich selbst emotionsverstärkte Forderungen nach physikalischen Notwendigkeiten wie Luft, Essen, wenn man verhungert, oder eine Herberge, wenn man erfriert, zu gewähren – alle anderen Suchtforderungen sind krankhaft!

Nur Ihre emotionale Programmierung legt fest, ob etwas eine suchtartige Forderung ist oder eine Präferenzhaltung. Wenn wir davon sprechen, eine Suchthaltung aufzugeben, meinen wir einfach die Umprogrammierung des Teils Ihres Gehirns, der Ihnen keine Ruhe gewährt, Sie aufwühlt und unglücklich macht, wenn eine Forderung nicht erfüllt wird. Wenn Sie Ihre Suchthaltungen in Präferenzhaltungen umwandeln, bringt das vielleicht eine Änderung Ihrer Lebensgewohnheiten mit sich. Wesentlich für Sie ist, zu begreifen, daß das Wachstum, das wir meinen, ausschließlich in der Umwandlung Ihrer automatischen emotionalen Programmierung liegt – es betrifft nicht unbedingt Ihr sichtbares Handeln. *Sie können alles tun, was Sie mögen, solange es zu keiner suchtartigen Forderung wird.* Wenn Sie frei von den Suchtzwängen sind, werden Ihre Handlungen durch Weisheit und Eins-Sein gekennzeichnet sein.

Manche Suchthaltungen kosten mehr Glück als andere. Suchthaftes Verlangen nach Geld auf dem Bankkonto könnte weniger Befriedigung bringen als das nach einem Doktortitel. Aber beide halten Sie in einem ständigen Zustand der Bedrohung, beide beherrschen Ihr Bewußtsein, und beide halten Sie davon ab, das ganze Spektrum der Schönheit Ihrer Umwelt zu genießen. Und natürlich brauchen Sie keine suchthaften Forderungen, um Geld oder Wissen zu erlangen. Sie können es vorziehen, Geld, Wissen oder ähnliches zu haben, dann (und nur dann) werden Sie auch in der Lage sein, das, was Ihnen im Verlauf Ihres Lebens an Geld und Wissen geboten wird, *vollkommen* zu genießen.

Es sind also nicht die äußeren Umstände, die Ihre Suchthaltung ausmachen – nur Ihre innere emotionale Programmierung muß geändert werden. Das Schöne ist, daß Sie die Fähigkeit haben, dies zu tun – wohingegen Sie bis zu diesem Moment hoffnungslos versucht haben, die Außenwelt zu manipulieren, damit sie Ihren Suchtzwängen entspricht. Sie werden in einer friedvollen Welt leben, wenn Sie Ihre Suchtzwänge auslöschen und Ihre Zeit damit verbringen, Entscheidungen aus einer Präferenzhaltung heraus zu treffen.

Wir sehen die Dinge nicht, wie sie sind – wohl aber, wie *wir* sind. Jeder Suchtzwang verzerrt die wirksame Verarbeitung (sowohl auf der bewußten als auch auf der unbewußten Ebene) des enormen Informationsflusses, der ständig durch all Ihre Sinnesorgane auf Sie einströmt. In jedem Augenblick empfängt Ihr Biocomputer Millionen elektrochemischer Impulse von Ihren Sinnesorganen für Sehen, Hören, Fühlen, Schmecken und Rie-

Zweiter Pfad

Ich erkenne, wie meine bewußtseinsbeherrschenden Süchte meine trügerische Version der sich ständig wandelnden Welt mich umgebender Menschen und Situationen hervorrufen.

chen sowie von Zellgewebe und den Organen Ihres Körpers. Jedes Haar an Ihrem Körper beispielsweise ist durch einen Nerv direkt mit Ihrem Gehirn verbunden. Jedes Ihrer inneren Organe sendet ständig Signale an Ihren Biocomputer, glücklicherweise werden die meisten auf einer unbewußten Ebene verarbeitet.

Das retikuläre System Ihres Biocomputers ist ein Netzwerk, das auswählt, was in Ihr Bewußtsein gelangt. Es sortiert die Daten, die es an Ihr Gehirn weiterleitet. Dieses Netzwerk kann Ihr Bewußtsein herunterschalten und Sie einschlafen lassen oder es anregen und Sie aufwecken. Diese Nervenstruktur führt eine Funktion aus, die oftmals als das »Ego« bezeichnet wird (siehe auch Kapitel 22, S. 176f., wo die nervlichen Faktoren, die Ihr Bewußtsein beeinflussen, näher erläutert werden).

Sie können nur einer Sache zur Zeit bewußt *volle* Aufmerksamkeit widmen, obwohl Ihr Bewußtsein blitzartig hin- und herschalten kann. Wie wählt Ihr retikuläres System (oder »Ego«) aus, was in Ihr Bewußtsein gelangen soll? Indem es die Programmierungen ausführt, die Sie ihm seit Ihrer frühen Kindheit eingegeben haben. *So bestimmen Ihre programmierten Suchtverhalten Ihre Erfahrungen, die wiederum ein Ratgeber für Ihr retikuläres System sind, welche Daten unterdrückt werden und welche in Ihr Bewußtsein gelangen können und volle Aufmerksamkeit verlangen.* Auf diese Art und Weise entwickeln Sie allmählich eine trügerische Version der Sie umgebenden Menschen und Dinge, weil Ihr Bewußtsein von dem dominiert wird, worauf Sie programmiert sind, es zu verlangen oder zu fürchten.

Je länger Sie mit dem Zerrbild Ihrer Umwelt leben, desto

sicherer werden Sie dies als das einzig »wahre« Bild der Welt empfinden. So bauen Sie sich ein verdrehtes Bild von Ihnen, den Sie umgebenden Menschen und Situationen auf. Ihr Verstand ist so konstruiert, daß das, was er für wahr hält, ein Feedback hervorruft, das Ihre Wahrnehmungen ständig verstärkt und formt.

Sie sollten sich immer bewußt sein, daß Ihr Kopf Ihre Welt kreiert. Ihre suchtartigen Verhaltensmuster – Ihre Erwartungen, Ihre Verlangen, Ihre Forderungen, Ihre geistigen Modelle – dominieren Ihre Wahrnehmungen der Sie umgebenden Menschen und Dinge. Nur wenn Sie sich von Ihrer suchthaften Programmierung befreien, können Sie die Interaktion Ihres Umfeldes wirklich wahrnehmen.

Dritter Pfad

Ich begrüße die Gelegenheit, die mir die Erfahrung jedes einzelnen Moments bietet (auch wenn dies schmerzhaft ist), mir der Süchte bewußt zu werden, die ich umwandeln muß, um von meinen roboterhaften, emotionalen Verhaltensmustern befreit zu sein.

Wie machen Sie Ihre Suchtzwänge ausfindig? Es ist einfach. Sie registrieren nur die Verlangen und Erwartungen, die Sie in verschiedenen Lebenssituationen verschlossen werden lassen. Wenn Sie sich auf den ständigen Fluß Ihres Bewußtseins einstellen, entdecken Sie die Suchtzwänge, die Sie besorgt, bedrückt, reizbar, aufgebracht, ängstlich, böse, gelangweilt usw. machen. So benutzen Sie jedes unangenehme Gefühl als eine Gelegenheit für das Wachstum des Bewußtseins. Auch wenn Sie sich noch verschlossen fühlen, gelangen Sie allmählich an die Wurzeln Ihres Auf und Ab – Ihre kurzen Momente des Vergnügens und die langen Zeiten des Unglücklichseins.

In der Vergangenheit haben Sie unaufhörlich versucht, Menschen zu finden, die Ihre komplexen suchtartigen Forderungen nach Sicherheit, Sinnesreiz und Macht nur minimal beeinträchtigen. Ein Mensch, zu dem Sie sich kaum hingezogen fühlen, ist vielleicht Ihr bester Lehrer, um Sie von einigen Ihrer Suchtforderungen zu befreien. Sie werden schneller wachsen, wenn Sie an Ihren Suchtzwängen arbeiten, indem Sie jemanden erleben, den Sie normalerweise aus Ihrem Leben ausgeschlossen hätten. Wenn Sie das Gefühl haben, in jeder Situation gelassen bleiben zu können, wissen Sie, daß Sie die suchthaften Forderungen umprogrammiert haben, die Ihr Gefühl des Getrenntseins geschaffen haben. Und obwohl Sie diese Beziehung für Ihr eigenes Wachstum aufrechterhalten haben, hat sie dem anderen Menschen wertvolle Erfahrungen geboten, die er für sein schnelles Wachstum nutzen kann. Wenn Sie die suchthaften Forderungen, die Sie in Ihren Empfindungen trennten, neu programmiert haben, haben Sie beide vielleicht eine Liebe und ein Eins-Sein entwickelt, die Sie miteinander verbinden. Oder Sie ziehen es vor, die Zeit in einer anderen Weise zu verbringen – vielleicht ist es für Ihr Wachstum ergiebiger, wenn Sie Ihrer Präferenzhaltung folgen und mit dieser Person zukünftig nicht mehr zusammen sind.

Jeder und alles Sie Umgebende sind Ihre Lehrer. Wenn Ihre Waschmaschine nicht funktioniert, werden Sie auf Ihre Fähigkeit hin geprüft, das Unannehmbare friedlich anzunehmen. Wenn Sie suchthaft verlangen, daß Ihre Geräte immer funktionieren, werden Sie leiden. Wenn Sie es vorziehen, daß sie gut funktionieren, werden Sie das Problem nicht noch vergrößern, indem Sie die Realität der erforderlichen Reparatur mit Ihren unangenehmen Gefühlen überlagern.

Das ständige Fließen Ihres Bewußtseins wird interessant und wirklich, wenn Sie alles als Schritte Ihres Wachstums hin zu Höherem Bewußtsein erleben. Bald werden Sie beginnen, sich fast immer friedvoll und liebevoll zu fühlen. Damit sagt Ihnen Ihr Bewußtsein, daß Sie die Zwölf Pfade bereits geschickter anwenden. Weiter so – Sie machen bereits Fortschritte!

6
Leben im Hier und Jetzt

Ein interessanter Aspekt der Zwölf Pfade ist, daß Sie fast alle anwenden werden, wenn Sie nur irgendeinem der Pfade vollständig in die tieferliegenden Ebenen folgen können. Sie greifen systematisch ineinander – das macht es Ihnen leichter, sie in die Tat umzusetzen. Die Pfade vier bis sechs sind besonders hilfreich, das Leben im ewigen Jetzt-Moment zu lernen, obwohl alle Pfade Sie neu programmieren, um Sie mit dem Jetzt Ihres Lebens in Einklang zu bringen.

> **Vierter Pfad**
>
> Ich halte mir ständig vor Augen, daß ich alles habe, was ich brauche, um das Hier und Jetzt zu genießen – solange ich nicht zulasse, daß mein Bewußtsein von Forderungen und Erwartungen beherrscht wird, die auf der erledigten Vergangenheit oder der erwarteten Zukunft beruhen.

Wenn Sie nicht jeden Moment hier und jetzt in Ihrem Leben genießen, liegt das an Ihren Suchtzwängen (auch bekannt als Verlangen, Anklammerungen, Forderungen, Erwartungen, emotionale Programmierung, Vorstellungen, wie Sie das Leben behandeln sollte), die Sie in der erledigten Vergangenheit oder der erwarteten Zukunft verweilen lassen. Sie halten Sie vom Leben im *Hier und Jetzt* fern. Ihr Leben besteht nur aus dem ewigen Jetzt-Moment – und Ihre Erfahrung dieses Moments wird durch die Programmierung in Ihrem Kopf bestimmt.

Die meisten Menschen verbleiben auf Ebenen des niederen Bewußtseins, da sie endlos über ihre Taten in der Vergangenheit oder ihre Pläne für die Zukunft schwatzen. Das Beste ist, nicht über die Vergangenheit zu diskutieren oder Ihr Bewußtsein dort verweilen zu lassen, denn das ständige Aufwühlen Ihres Verstandes (und der Wortschwall, der sich daraus ergibt) verhindert Ihr vollständiges Erleben des Jetzt-Moments in Ihrem Leben.

Genausowenig werden Sie die beste Zukunft für Sie damit erzeugen, daß Sie ständig mit Gedanken darüber in Anspruch genommen sind. Wenn es etwas gibt, das Sie jetzt tun müßten – dann tun Sie es. Wenn Sie das getan haben, von dem Sie glauben, es jetzt tun zu müssen – dann gibt es keinen Grund, Ihr Bewußtsein mit Zukunftsgedanken zu füllen.

Die wirklichen Lösungen für Ihre Probleme werden Ihnen einfallen, wenn Sie aufhören, sich mit Ihren Suchtzwängen zu beschäftigen, und vollkommen auf die Menschen und Dinge um Sie herum eingehen. Wenn Ihre bewußte Wahrnehmung Ihren Körper und Verstand sowie alles Sie Umgebende von einer ruhigen Position in Ihrem tiefen Innern aus beobachtet, werden Sie feststellen, daß sich alles in Ihnen intuitiv verdeutlicht, was Sie verstehen sollten. Sie werden Einsichten haben, die genau das ergeben, was Sie brauchen, damit Sie mit dem Strom des Sie umgebenden Lebens fließen können.

Sie können nur dann hier sein, wenn Sie sofort emotionell akzeptieren, was immer in Ihrem Leben geschieht. Wenn Sie etwas ändern möchten – schön. Tun Sie es. Sie können wirklich wirksam etwas ändern, wenn Ihr Bewußtsein von emotionalem Durcheinander befreit ist. Sie werden jetzt wahrnehmungsfähiger und kraftvoller sein, weil Sie in der Lage sind, die ganze Kapazität Ihres großartigen Biocomputers zu nutzen, um in jede Ihnen beliebige Richtung zu fließen.

Wenn beispielsweise ein Reifen Ihres Wagens platzt, können Sie wütend auf den Reifen werden, böse auf die Leute, die ihn Ihnen verkauft haben, sauer über die anfallenden Extrakosten –

oder Sie können Ihre suchthaften Forderungen davon abhalten, Ihren Frieden und Ihre Gelassenheit zu zerstören. Alles in allem ist der geplatzte Reifen ein Teil Ihres Hier und Jetzt. Sie machen die Situation nur unangenehm, wenn Sie sich innerlich verkrampfen. Fordern Sie nicht suchthaft, daß Ihr Reifen nicht platzen soll – wandeln Sie es in eine sehr natürliche Präferenzhaltung um, daß Ihr Reifen heil bleiben und Ihnen länger dienen möge. Wenn ein Reifen platzt, nehmen Sie einfach das Unannehmbare an. Sie erkennen, daß es die Wirklichkeit des Hier und Jetzt Ihres Lebens ist. Auch wenn Sie den Reifen verloren haben, müssen Sie nicht Ihren Frieden und Ihre Gelassenheit verlieren – oder Schwingungen aussenden, die auf die Muster suchthafter Forderungen anderer Menschen stoßen und in ihnen Spannung und Besorgnis verursachen.

Gelassenheit ist das Ziel – und auch der Weg dorthin –, mit dem Sie wirksam leben können. Wenn Sie sich vollkommen mit dem Hier und Jetzt in Einklang bringen, entdecken Sie, daß Sie immer genug hatten, um jeden Moment Ihres Lebens zu genießen. Der einzige Grund, daß Sie nicht jeden Augenblick glücklich waren, ist der, daß Sie Ihr Bewußtsein mit Gedanken über etwas dominiert haben, was Sie nicht hatten – oder versucht haben, etwas festzuhalten, das Sie zwar haben, aber das Ihrem jetzigen Leben nicht mehr angemessen ist. Hier und jetzt (nicht Vergangenheit und Zukunft) ist der Schlüssel zu dem optimalen Interaktionsmuster zwischen Ihnen und den Sie umgebenden Menschen.

Die Bedeutung des Hier und Jetzt wird in einer Zen-Geschichte dargestellt, in der ein Mönch von zwei Tigern gejagt wird. Er kam an den Rand einer Klippe und sah sich um – die Tiger waren fast über ihm –, entdeckte eine Liane, kroch schnell über den Rand und begann, sich an der Liane herabzulassen. Als er nach unten blickte, sah er zwei Tiger, die dort auf ihn warteten. Im Aufblicken stellte er fest, daß zwei Mäuse an der Liane knabberten. Genau in dem Moment sah er in Armeslänge entfernt eine wunderbare Erdbeere. Er pflückte sie und genoß die bestschmeckende Erdbeere seines Lebens!

Obwohl er nur Minuten vom Tod entfernt war, konnte der Mönch das Hier und Jetzt genießen. Unser Leben schickt uns ständig »Tiger« – und es schickt uns ständig »Erdbeeren«. Aber lassen wir es zu, daß wir die Erdbeeren genießen? Oder benutzen wir unser wertvolles Bewußtsein, um uns über die Tiger Sorgen zu machen?

Man beachte, daß der Mönch in der klügsten Weise auf die körperliche Gefahr reagierte. Er floh vor den Tigern – ließ sich an der Liane herab und blieb dennoch vollständig im Hier und Jetzt, um das, was ihm das Leben bot, zu genießen. Obwohl der Tod nur Minuten entfernt war, ließ er sich von den Gedanken an die Zukunft keine Angst einjagen. Als er alles, was er konnte, getan hatte, setzte er sein Bewußtsein ein, um jeden Moment seines Lebens zu genießen.

Es gibt das Sprichwort: »Ein Feigling stirbt tausend Tode; ein mutiger Mann nur einen.« Für uns alle ist der Tod ein Teil unserer Zukunft. Wir müssen aber nicht zu dem werden, was die Existentialisten als die »Lebenden Toten« bezeichnen.

Wir können immer etwas finden, das sich aufbauschen läßt, so daß wir unser suchthaftes Verlangen nach Sicherheit, Sinnesreiz und Macht gefährdet sehen. Oder wir können bewußt die notwendige Handlung ausführen und dann unsere Aufmerksamkeit darauf richten, alles zu genießen, was wir zum Genießen haben. Wir haben immer genug, um glücklich zu sein, wenn wir das genießen, was wir haben – und uns keine Sorgen machen über das, was wir nicht haben.

Fünfter Pfad

Ich trage hier und jetzt die volle Verantwortung für alles, was ich erlebe, denn es ist meine eigene Programmierung, die meine Handlungen hervorruft und auch die Reaktionen der Menschen um mich beeinflußt.

Immer, wenn Sie unglücklich sind, sagen Ihnen Ihre Emotionen, daß die Menschen und Dinge den suchthaften Verhaltensmustern nicht entsprechen, die Sie Ihrem Biocomputer einprogrammiert haben. Aber üblicherweise sprechen Sie nicht so realistisch mit sich. Statt dessen machen Sie jemanden oder etwas außerhalb für Ihr Unglücklichsein verantwortlich. Was wirklich passiert, ist, daß jemand etwas tut, das nicht mit den Mustern Ihrer suchthaften Forderungen übereinstimmt – und Ihre Suchtzwänge machen Sie unglücklich. Wenn Sie hier und jetzt die volle Verantwortung tragen für alle Ihre Gefühle und alles, was Ihnen geschieht, werden Sie nie wieder Menschen und Situationen um Sie für Ihre unglücklichen Gefühle verantwortlich machen. Sie erkennen, daß es ein Ausweichen ist, »andere« verantwortlich zu machen. *Du hast es dir selbst angetan!*

Sie können aufhören, ein mechanischer, computerähnlicher Mensch zu sein, der sich als von der Welt »herumgestoßen« betrachtet, wenn Sie erkennen, daß Sie selbst sich »stoßen« können. Sie beginnen, die Verbindung zwischen Ihrer emotionalen Programmierung und Ihrem Leiden wahrzunehmen. Sie fangen an, etwas dagegen zu tun – das heißt, sich neu zu programmieren.

Ihr Verstand kreiert Ihr Universum. Ihre Erwartungen, Forderungen, Hoffnungen, Ängste, Suchtzwänge, Motivationen, Erfahrungen aus der Vergangenheit, Ihr Sprachsystem, Ihre individuelle Ansammlung von Ideen, Theorien und intellektuellem Kram, Ihre Emotionen, die Struktur und das Funktionieren Ihres Nervensystems und das Feedback Ihres gesamten Körpers interagieren alle auf komplexe Weise, um Ihre Wahrnehmungen herzustellen – das »Bild«, das Sie aus den Energien, die Sie von Ihrem Umfeld erhalten, gestalten. Ihre Wahrnehmungen sind daher ein gemeinsames Phänomen des Betrachters und des Betrachtenden.

Sie erhalten Feedback aus Ihrer Umgebung, das die Verarbeitungsweise eingehender Sinneseindrücke ständig modifiziert. Ein liebender Mensch zum Beispiel lebt in einer liebevollen Welt. So wie liebende Individuen durch jeden Moment ihres Lebens fließen, wird ihr sanftes, annehmendes Bewußtsein durch die sie umgebenden Menschen widergespiegelt. Wie uns die Bibel erinnert: »Eine sanfte Antwort wendet Zorn ab.«

Ähnlich lebt ein feindseliger Mensch in einer feindseligen Welt. Wenn Sie innerlich verhärtet sind, wenn Sie andere als Konkurrenten ansehen, wenn Sie eine dünne oberflächliche Freundlichkeit zeigen, aber sofortigen Zorn, Spott und Feindseligkeit, wenn etwas nicht in Ihrem Sinne verläuft, werden Sie die Menschen um sich herum ebenso werden lassen. Mit anderen Worten, Ihre Handlungen bestimmen die Reaktionen der anderen – außer wenn Sie mit Menschen zusammen sind, die sich in dem Vierten (oder Höheren) Bewußtseinszentrum befinden. Liebende Menschen bleiben liebevoll und zentriert, ganz gleich, was sich um sie herum abspielt.

Die Welt ist nun einmal Ihr Spiegel. Ein friedvoller Mensch lebt in einer friedvollen Welt. Ein böser Mensch schafft sich eine böse Welt. Ein hilfreicher Mensch erzeugt hilfreiche, liebevolle Energie im anderen. Ein unfreundlicher Mensch sollte nicht überrascht sein, wenn er früher oder später nur auf unfreundlich reagierende Menschen trifft. Ein glücklicher Mensch wird die Welt als voll von freundlichen Menschen empfinden – denn selbst unglückliche Menschen erfahren vorübergehend Glück und Freude, wenn sie mit aufrichtig glücklichen und freudvollen Menschen zusammen sind!

Manchmal werden Sie von anderen genau umgekehrt widergespiegelt. Wenn Sie suchthaft an einer Seite einer Polarität hängen, können Sie die gegenteilige hervorrufen. Wenn Sie beispielsweise zwanghaft und suchthaft ordentlich sind, neigen die anderen dazu, unordentlicher als üblich zu sein. Wenn Sie auf der anderen Seite suchthaft schlampig sind, provozieren Sie betonte Ordentlichkeit. Die Polarität Ihrer Programmierung kann eine entgegengesetzte Ego-Reaktion anderer heraufbeschwören.

Während Ihr Bewußtsein wächst, fangen Sie an, die unzähligen Möglichkeiten zu erkennen, mit denen Sie das Bewußtsein aller Menschen in Ihrem Umfeld gestalten. Natürlich bestimmen diese rückkoppelnd den Inhalt Ihres momentanen Bewußtseins. Diese Bewußtseins-Rückkopplungen stellen einen köstlichen kosmischen Humor dar, wenn Sie klar erkennen, was tatsächlich abläuft...

Indem Sie Ihre Polaritäten verstehen und sich befreien, fangen Sie an, sich mit den tieferen Ebenen anderer in Einklang zu bringen – wo wir gleich sind und gemeinsam Eins-Sein erfahren. Wenn Sie sich von Ihrem suchthaften Verhalten befreien, helfen Sie auch anderen, sich von ihren Suchthaltungen zu befreien.

Ihre Prophezeiungen und Erwartungen sind selbsterfüllend. Da Ihr Bewußtsein Ihr Universum kreiert, müssen Sie Ihr Bewußtsein ändern, um auch Ihre Welt zu verändern! Es ist die einzige Möglichkeit, in einer schönen, freudvollen Welt zu leben. Während Sie die Zwölf Pfade anzuwenden lernen, um ein liebevollerer und bewußterer Mensch zu werden, werden Sie sehen, daß Sie in einem Meer liebevoller und bewußter Menschen leben. Ohne daß Sie andere zu ändern versuchen, werden Sie in einer höchst wirksamen Art und Weise anderen dazu verhelfen, liebevoller und bewußter zu werden.

Sechster Pfad

Ich akzeptiere mich selbst vollkommen hier und jetzt und erfahre bewußt alles, was ich fühle, denke, sage und tue (meine emotionsbedingten Suchthaltungen eingeschlossen) als notwendige Bestandteile meines Wachstums auf dem Weg zu Höherem Bewußtsein.

Der Weg der Gelebten Liebe zu Höherem Bewußtsein gründet sich auf ein sofortiges emotionales Akzeptieren hier und jetzt dessen, was Sie vorher als unannehmbar angesehen haben. Akzeptieren heißt einfach, daß Sie wegen Ihrer augenblicklichen Wahrnehmungen keine emotionalen Konflikte in Ihnen verursachen. Emotionales Akzeptieren heißt nicht, daß Sie den Rest Ihres Lebens mit einer speziellen Person oder Situation verbringen müssen. Sie sind frei, alles zu tun, was Sie bevorzugen, aber fordern Sie nicht suchtartig die Ergebnisse Ihrer Handlungen. Wenn jemand etwas tut, das »Ihr Ego verletzt«, wachsen Sie am schnellsten, indem Sie ihn bewußt als Ihren Lehrer betrachten, der es Ihnen ermöglicht zu erkennen, welche suchtartigen Forderungen Sie neu zu programmieren haben. Sie kosten das Leben wirklich aus, wenn Sie alles, was Sie fühlen und tun, als etwas erleben, das auf der Bühne stattfindet, die wir als unsere Welt bezeichnen. Sie sehen sich und andere als Schauspieler in dem täglichen Drama des Lebens. *Aber das wirkliche Du ist nicht dein Körper oder Verstand!* Sie sind kein Schauspieler. *Das wirkliche Du ist deine bewußte Wahrnehmung!* Und Ihre bewußte Wahrnehmung genießt das gesamte Schauspiel als Zuschauer. Shakespeare schrieb:

Die ganze Welt ist eine Bühne
Und all die Männer und Frauen nur Schauspieler;
Sie haben ihre Abgänge und Auftritte
Und in seiner Zeit spielt ein Mann viele Rollen.

Wenn Sie das ganze Drama Ihres Lebens und das anderer Menschen aus der Sicht eines Zuschauers beobachten, verschaffen Sie sich eine Distanz, durch die Sie Ihre suchtartigen Forderungen klarer erkennen können. Sie werden es leichter haben, die suchthaften Dramen zu akzeptieren, die Sie auf der Bühne Ihres Lebens ausleben mußten. Sie werden Freude daran finden, alles in Ihrem Leben als einen notwendigen Teil Ihres Wachstums auf dem Weg zu Höherem Bewußtsein zu erleben.

Sie müssen sich nicht mit militärischer Präzision drillen und kritisieren, um auf dem Weg der Gelebten Liebe zu wachsen. Erleben Sie nur alles in einer annehmenden, entspannten und bewußten Weise – und erkennen Sie, daß jede Ihrer Erfahrungen für Ihr Wachstum auf dem Weg zu Höherem Bewußtsein hier und jetzt perfekt ist. Ihre suchthaften Forderungen werden allmählich abklingen, wenn Sie die Pfade Gelebter Liebe anwenden, um das momentane Fließen des Bewußtseinsstroms bewußt zu interpretieren. Drängen Sie den Fluß nicht – erleben Sie ihn lediglich bewußt aus dem Blickwinkel der Zwölf Pfade.

7
Interaktion mit anderen

Der Weg des Höheren Bewußtseins verläuft fließend – ohne Manipulation. Fließen bedeutet, sich mit den Kräften um uns zu bewegen – in Einklang zu sein mit den Schwingungen der Menschen und Dinge in unserer Umwelt. Fließen ermöglicht uns, die Liebe, Schönheit und den Frieden zu finden, die wir in unserem Leben vermissen. Aber Fließen ist unmöglich, wenn es auf den in unserer Kindheit erlernten Modellen beruht, wie man glücklich ist, denn wir können als Sklaven unserer suchtartigen Forderungen nicht fließen oder harmonieren. Unsere Suchthaltungen zwingen uns, uns zu manipulieren – und andere. Als Erwachsene, deren Verstand und Körper ihr strukturelles Wachstum vollendet haben, besitzen wir das Potential, in dem Strom unseres Lebens in einer schönen, liebevollen Weise zu fließen.

Genauso wie Sie damit beginnen, alle Ihre suchthaften Forderungen in Präferenzhaltungen umzuwandeln (oder sie vollstän-

---

Siebter Pfad

Ich öffne mich wahrhaftig allen Menschen gegenüber, indem ich gewillt bin, ihnen meine innersten Gefühle vollständig mitzuteilen, denn wenn ich mich irgendwie verberge, bleibe ich meiner Illusion des Getrenntseins anderen gegenüber verhaftet.

dig auszuräumen), werden sie entdecken, daß Sie nichts mehr vor anderen verbergen müssen. Es ist ein gutes Gefühl, mit jedem Menschen über genau das, was Sie erleben, reden zu können. So wie Sie durch die Vernichtung Ihrer Suchtzwänge auf dem Weg zu Höherem Bewußtsein wachsen, werden Sie befähigt, die irreführende Subjekt-Objekt-Manipulation der Spiele, die Sie gespielt haben, fallenzulassen – das Spiel um Geld, das Spiel um Sicherheit, das Spiel männlich-weiblich, das Spiel um Prestige, Macht und Wissen, das Spiel der Qualifikationen usw. Es können schöne Spiele sein, wenn wir sie bewußt und liebevoll spielen, aber sie rufen Leiden und Unglücklichsein hervor, wenn wir sie suchtartig spielen.

Wenn Sie nicht allen Menschen gegenüber offen und ehrlich sind, wenn Sie einen Teil Ihrer inneren Gefühle zu verbergen suchen – setzen Sie die Illusion des Getrenntseins von anderen fort. Ist nicht jeder von uns in den suchthaften Forderungen nach Sicherheit, Sinnesreiz und Macht gefangen? Haben Sie die Illusion, daß Sie so furchtbare Wünsche und Gefühle haben, die andere schockieren? Oder sind wir wirklich alle eins? Tief in unserem Innern haben wir alle dieses selbst auferlegte Leid und die Isolation erfahren, die uns davon abhalten, friedvoll und liebevoll zu sein – auch wenn wir es noch nicht als selbstauferlegt wahrgenommen haben. Zu dem einen oder anderen Zeitpunkt waren wir alle in ähnlich mißlichen Situationen.

Einer der Wege, die Mauer der Isolation zu durchbrechen, ist, miteinander zu reden: »Nun, da bin ich. Das ist, was ich auf Grund meiner Suchtzwänge hier und jetzt fühle. Ich akzeptiere mich (einschließlich meiner Suchtzwänge) als ein Wesen auf einer Reise der Entfaltung hin zu einem friedvollen und liebevollen Zustand des Höheren Bewußtseins.«

Sie können sicher sein, daß Sie genau dort, wo Sie jetzt sind, bedingungslos von jemandem akzeptiert werden, der ununterbrochen Stadien Höheren Bewußtseins erlebt – denn er oder sie ging denselben Weg und zieht es vor, Ihnen zu helfen. Sie wachsen am schnellsten und genießen die Reise am meisten (obwohl Ihre verbleibenden Suchthaltungen es ab und zu etwas holprig machen), wenn Sie entspannen und sich vollständig mitteilen können.

Es ist ein so schönes Gefühl fähig zu sein, sich zu öffnen und die Menschen alles in sich wahrnehmen zu lassen! Sie werden erstaunt sein, wie schnell sie dann ihr Drama unterbrechen können und Sie ohne Ihre unechten Masken und Rollen akzeptieren, mit denen Sie sich vorher identifiziert haben. Sie haben jedes Recht, sich genauso zu fühlen, wie Sie sich fühlen! Wenn es »andere« belästigt, ist das ihr Problem. Sie sind ihr Lehrer, durch den sie die Erfahrungen machen, die sie brauchen, um ihre Suchtzwänge neu zu programmieren – so wie sie als Ihre Lehrer Sie befähigen, Ihre Suchtzwänge herauszufinden.

Sie müssen nicht mehr schreien, bösartig angreifen oder Menschen auf andere Weise ungerechtfertigt bedrohen, um Ihre innersten Gefühle mitzuteilen, wenn Sie die Pfade regelmäßig anwenden. Sie haben es nicht nötig, Menschen zu verurteilen oder ihnen ihr Unrecht zu beweisen! Sie sprechen nur über Ihr eigenes Bewußtsein. Statt: »Du bist schrecklich, und ich will dich nie wieder sehen« können Sie sagen: »Du hast mich mit einer meiner suchtartigen Forderungen in Berührung gebracht, und in diesem Moment bin ich so böse auf dich, daß ich nicht mit dir zusammensein möchte.« Dadurch, daß Sie nur über Ihr Bewußtsein sprechen, geben Sie sowohl sich als auch der anderen Person eine größere Chance, sich durch die suchtartige Programmierung hindurchzuarbeiten, die die Illusion des Getrenntseins hervorruft.

Der Neunte Pfad empfiehlt Ihnen, sich einen Moment Zeit zu lassen, ehe Sie sich durch das Gefühl durcharbeiten, das durch Ihre suchthafte Forderung ausgelöst wurde. Aber wenn Sie erst am Anfang Ihres Wachstums auf dem Weg zu Höherem Bewußtsein sind, finden Sie es vielleicht wichtiger, sich schnell mitzuteilen, damit Ihre Beziehungen immer ehrlich bleiben. Denken Sie daran: *Verstecken trennt – Offenheit vereint!*

Auf Ihrem Weg zu Höherem Bewußtsein werden Sie der komplizierten Rollenspiele gewahr werden, in die Sie auf vielfältige Weise verwickelt waren, mit versteckten »sollte« und »sollte nicht«, die komplizierte Muster von Forderungen und Erwartungen kreieren. Sie können wirksam auf das »wir« hinarbeiten, wenn Sie wahrhaftig und offen Ihre Gefühle mitteilen und Ihren Reigen um Sicherheit, Sinnesreiz und Macht bloßlegen. Durch ein klares Ausdrücken Ihrer Präferenzhaltungen Ihnen selbst und anderen gegenüber werden Sie diese Netze durchschneiden. Sie werden bemerken, daß eine aufrichtige Mitteilung Ihrer tiefsten Gefühle Ihrem Ego (und dem Ego anderer) hilft, sich von der suchthaften Programmierung zu befreien, die auf lange Sicht gesehen nur Unglück und Entfremdung hervorruft.

Achter Pfad

Mit liebender Anteilnahme empfinde ich die Probleme von anderen, ohne jedoch emotional in ihr Mißgeschick verwickelt zu werden, das ihnen Botschaften bietet, die sie für ihre Weiterentwicklung brauchen.

Alle Ihre emotionalen Probleme werden durch Ihre Suchtzwänge geschaffen. Ihr Wachstum auf dem Weg zu Höherem Bewußtsein besteht in der Befreiung aus diesen Fallen. Wenn Sie mit Menschen zu tun haben, die noch immer in ihre automatische emotionale Programmierung verwickelt sind, ist es wichtig für Sie zu lernen, ihre Probleme mit liebender Anteilnahme zu empfinden, ohne jedoch emotionell in ihr Mißgeschick verstrickt zu werden. Mitfühlendes Verständnis – ja; Mitleid – nein.

Anteilnahme bedeutet, daß Sie, wenn Sie mit den Mißgeschikken anderer mitfühlen, wortlos die Schwingungen aussenden: »Ja, ich weiß. Ich war auch da. Es ist in Ordnung, so zu fühlen, wie du es tust – wie auch immer, versuche zu erkennen, daß alles ein Drama ist. Das Leben hat immer seine ›Tiger‹ – und wir tun dagegen, was wir können. Aber laßt uns vor allem sicher sein, die ›Erdbeeren‹ ständig zu genießen. Es gibt immer genug Erdbeeren, unser Hier und Jetzt zu genießen, *sofern wir nicht unsere ganze Aufmerksamkeit den Tigern widmen!*«

Anteilnahme bedeutet, die Dualität und das Getrenntsein zu verstehen, die Sie durch Ihre Ablehnung des Hier und Jetzt in Ihrem Leben schaffen – aber Sie werden in ihr erschütterndes Drama nicht verstrickt. Anteilnahme heißt, zu erkennen, daß Sie am meisten für andere Menschen tun können, wenn Sie in ihrer Nähe zentriert und liebevoll bleiben, denn sie leben ihre Suchtzwänge aus, leiden durch sie und nehmen hoffentlich die Botschaften auf, die ihnen das Leben bietet. Anteilnahme heißt, sie aus einer klaren Liebe heraus zu lieben und dienlich zu sein – nicht aus einem Zwangs- oder Schuldgefühl heraus, die durch Ihre verbliebenen suchtartigen Forderungen nach Sicherheit, Sinnesreiz oder Macht bestimmt werden.

Sie lernen, keine Geschenke zu machen, die Sie sich emotionell nicht leisten können. Wenn Sie jemandem widerwillig helfen, schafft das Verpflichtungen, Dualität und Getrenntsein. Sie können es sich nicht leisten, so eine Hilfe anzubieten, und der Empfänger kann es sich nicht erlauben, diese anzunehmen. Der Preis an persönlicher Entfremdung und Trennung ist zu hoch, wenn Sie geben, um das Gefühl von »Schuld« beziehungsweise von »ich sollte« oder »ich müßte« zu vermeiden.

Wenn Sie jemandem eher aus dem Gefühl einer Verpflichtung oder Pflicht heraus helfen statt aus frei fließender Liebe, werden Sie dem Menschen eventuell vorwerfen, Ihre Hilfe zu benötigen. Diese negativen Gefühle können verhindern, daß Sie empfänglich für seine wirklichen Bedürfnisse im Hier und Jetzt sind und etwas wirklich Hilfreiches tun oder sagen. Häufig ist es hilfreicher, jemandem in einer liebevollen Atmosphäre einfach zuzuhören, als irgendeinen Ratschlag zu erteilen.

Wenn Sie jemandem mit einem Gefühl der Liebe und des Eins-Seins »helfen« können – *tu es einfach, weil du dich dabei gut fühlst.* Wenn Sie Eins-Sein mit anderen empfinden, gibt es keinen Gebenden oder Nehmenden – es gibt hier nur *wir*. Es ist, als ob eine Hand die andere wäscht. Sie lassen nur Energie durch Sie hindurchfließen.

Wenn Sie mit jemandem zusammen sind, der in seinem durch seine Suchtzwänge ausgelösten Leiden gefangen ist, können Sie das als eine Gelegenheit nutzen, an Ihrem Bewußtsein zu arbeiten. Das Beste, was Sie für »andere« tun können, ist, glücklich und liebevoll zu bleiben, wenn Sie mit ihnen zusammen sind. Egal, wie tragisch die Rolle, die sie in ihrem Drama des Lebens spielen, ist: Sie sollen sich nicht als Komparse einbeziehen lassen! Es ist ihre Sache, diese Rolle zu spielen. Sie haben diese Rolle wahrscheinlich gewählt (bewußt oder unbewußt) und hängen an ihr. Die beste Möglichkeit für Sie, ihnen eine Chance zur Befreiung von ihren suchthaften Fallen zu geben, ist, zu vermeiden, emotional von dem Kram gefangen genommen zu werden, den sie so ernst nehmen. Sie sind nicht der Kram, mit dem sie sich identifizieren.

Wie das Gesetz des Höheren Bewußtseins empfiehlt, heißt das Spiel: »Liebe jeden bedingungslos – einschließlich deiner selbst.« Wenn Sie für immer mehr Menschen bedingungslose Liebe empfinden, werden Sie der vielen Dramen um Sicherheit, Sinnesreiz und Macht gewahr werden, die jeder von ihnen eifrig auslebt. Sie erkennen, daß Sie in der Praxis nicht genügend Zeit und Energie haben, jeden zu lieben, wenn Sie als Reaktion auf den Haufen Probleme, den sie sich schaffen, ein »blutendes Herz« haben.

Leben funktioniert am besten, wenn Sie lieben, dienen und Ihre Energie fließen lassen – nicht aus einer Motivation des niederen Bewußtseins von »Ich helfe dir« oder »Ich werde dich retten«, sondern einfach aus der Erkenntnis, daß das Universum mir seine Energie gab und es ein schönes Gefühl ist, diese weiterzugeben. Während Sie bewußter werden, wächst auch Ihre Energie; und gleichzeitig wird weniger davon durch Ihre eigenen suchthaften Forderungen nach Sicherheit, Sinnesreiz und Macht abgezogen. Sie werden dann einen kontinuierlichen Energiefluß freisetzen, der sich auf liebende und dienende Menschen um Sie herum überträgt.

Wenn Sie emotional aufgebracht sind, aktivieren Sie die suchthaften Muster anderer Menschen, die ebenfalls in den

Neunter Pfad

Ich handle frei, wenn ich im Einklang mit meiner Umgebung und mir stehe, zentriert und liebevoll bin, doch ich vermeide es nach Möglichkeit, zu handeln, wenn ich emotional aufgebracht bin und mir selbst die Weisheit vorenthalte, die von Liebe und erweitertem Bewußtsein ausgeht.

niederen Ebenen des Bewußtseins gefangen sind. Sie werden Ihre Aufgebrachtheit widerspiegeln und weder mit Ihnen in Einklang, wahrnehmungsfähig sein noch völlig verstehen, was Sie ihnen mitzuteilen versuchen. Sie werden Ihre inneren Konflikte reflektieren, da Sie *ihre* Suchthaltungen auslösen werden – und das wird wirksame Kommunikation stören. Das, was Sie tun oder sagen, wenn Sie Ihre und die Gefühle anderer aufgewühlt haben, wird in einer Weise gehandhabt werden, die Frieden, Liebe und Eins-Sein zerstört. Sie werden vielleicht fähig sein, kräftig auf den Tisch zu hauen, damit etwas passiert – aber es fühlt sich für die Beteiligten nicht richtig an. Und Ihre zukünftigen Handlungen werden größere Konflikte verursachen.

Schlechte Schwingungen sind, wie die Masern, ansteckend. Jedesmal, wenn Sie mit Wut, Ablehnung und Angst interagieren, verstärken Sie die Suchthaltungen ein wenig, von denen wir frei werden wollen. Sie kennen wahrscheinlich die Geschichte von dem Mann, der seinen Freund anschnauzte: Der Freund ging nach Hause und stritt mit seiner Frau, die ihr Kind verprügelte, das dann die Katze trat.

Lassen Sie uns diese Geschichte umdrehen – denn gute Schwingungen sind ebenso ansteckend. Lassen Sie uns der Mann sein, der seinem Freund Komplimente machte; der Freund ging nach Hause und küßte seine Frau, die dann so besonders lieb zu ihrem Kind war, daß es der Katze sogar ungefragt Milch gab!

Um die Gesamtsumme schlechter Schwingungen in der Welt

nicht noch zu vergrößern, warten Sie mit Ihren Handlungen, bis Sie eingestimmt, zentriert und liebevoll sind, wenn Sie nicht gerade in körperlicher Gefahr stecken. Ihre Wahrnehmungsfähigkeit und Weisheit werden Sie dahin führen, eine wirksamere Handlungsweise zu wählen. Aber selbst wenn Sie genau das tun, was Sie ursprünglich vorhatten, ist der Erfolg jetzt wahrscheinlicher, weil die Bewußtseinsebene aller Beteiligten erhöht ist. Statt ein Drama der Suchtzwänge aufzuführen, teilen Sie sich hier und jetzt als ein in Einklang stehendes menschliches Wesen mit, erzählen, was Sie fühlen und was Sie lieber haben.

Der Siebte und der Neunte Pfad bringen Sie in eine interessante Zwickmühle. Der Siebte Pfad sagt Ihnen, Ihre tiefsten Gefühle mitzuteilen; nach dem Neunten Pfad sollten Sie sich nach Möglichkeit zurückhalten, bis Sie wirklich zentriert und liebevoll sind. Das bedeutet, immer bereit zu sein, sich vollständig zu öffnen und sich mit anderen zu verständigen; gönnen Sie sich aber genügend Zeit, an Ihrem Suchtzwang zu arbeiten – eher das, als die Kampf- oder Fluchtgefühle auszuleben, die Sie ausgelöst haben.

Ein Teil Ihres Wachstums auf dem Weg zu Höherem Bewußtsein wird damit verbunden sein, wie wahrnehmungsfähig Sie diese zwei Pfade handhaben. Sie können den Neunten Pfad anwenden, um sich zu verstecken – oder Sie können ihn dazu benutzen, Ihre Erwiderungen anderen gegenüber lange genug zurückzuhalten, um auch den anderen Pfaden die Gelegenheit zu geben, Sie vor den negativen Gefühlen, die Sie ausgelöst haben, zu retten. Denken Sie immer daran, daß Sie eine Offenlegung Ihrer tiefsten Gefühle nicht lange hinauszögern können, wenn Sie bewußt, wahrnehmend und liebevoll sein möchten. Unausgedrückte Gefühle wirken in Ihrem Gehirn wie Krebs, der sich bösartig ausbreitet – Ihre Wahrnehmungsfähigkeit verzerrt und Ihnen Entfremdung und Leiden bringt. Auf diese Art und Weise lernen Sie den Siebten und Neunten Pfad anzuwenden, um zunehmend Lebendigkeit und Schönheit in Ihren Beziehungen zu anderen Menschen zu schaffen.

8
Das Entdecken der bewußten Wahrnehmung

Die Zwölf Pfade bieten Ihnen eine vollständige Lösung für jedes Ihrer emotionalen Probleme. Immer, wenn Sie unangenehme emotionale Wellen erleben, entdecken Sie, daß die Pfade immer bereit sind, Sie um die Felsen herum in friedliche Gewässer zu steuern.

Zehnter Pfad

Ich beruhige unablässig meinen rastlos suchenden Verstand, damit ich die subtileren Energien wahrnehmen kann, die mich befähigen, mit allem, was mich umgibt, eins zu werden.

Wenn unsere wunderbaren Biocomputer durch unsere Suchthaltungen dominiert werden, ist unser Bewußtsein zerstreut und gehetzt. Es ist dann wie ein Fernseher, der keinen sauberen Empfang mehr hat, der abschaltet, wenn wir ihn benutzen wollen, der manchmal nicht ausgeschaltet bleibt, wenn wir schlafen wollen, der nicht scharf eingestellt bleibt und uns mindere Qualität gibt. Eine solche Leistung würden wir bei einem Fernsehgerät nicht dulden, aber leider sind die meisten von uns so an die traurigen Darbietungen unseres Verstandes gewöhnt, daß wir eine derartige Untauglichkeit häufig als »normal« akzeptieren.

Was ist damit gemeint, wenn der Zehnte Pfad Ihnen sagt,

Ihren unablässig rastlos suchenden Verstand zu beruhigen? Während Ihre Wahrnehmungsfähigkeit wächst, werden Sie allmählich bemerken, daß die Tätigkeit Ihres Verstandes üblicherweise durch Ihre Motivation von Sicherheit, Sinnesreiz und Macht angeregt wird. Sie versuchen, etwas, das Sie haben, festzuhalten, etwas zu bekommen, das Sie nicht haben, oder etwas zu vermeiden, das Sie nicht wollen. Sie entdecken, wie Ihr Verstand eine Schachfigur wurde, die von Ihrem Ego befehligt wird, um Ihre Forderungen und Erwartungen von Sicherheit, Sinnesreiz und Macht zu rechtfertigen. Sie erkennen, daß viele der klugen Äußerungen anderen Menschen gegenüber, die sich Ihr Verstand ausdenkt, sich als trennende und entfremdende Erwiderungen herausstellen, die Sie von dem »wir« fernhalten.

Wenn Sie die schwere Last der Suchthaltungen, die Sie getragen haben, erleichtern, wird Ihr Verstand immer ruhiger werden, und Sie beginnen, Ihre Einsicht und Wahrnehmungsfähigkeit zu steigern. Nun beginnen Sie, sich mit den subtileren Energien in Einklang zu bringen.

Der Weg der Gelebten Liebe befähigt Sie, in dem kraftvollen Reich des Höheren Bewußtseins zu leben, indem er Sie von Ihren Suchtzwängen, Zielen und Erwartungen befreit. Die Kultivierung der Präferenzhaltungen (anstelle der Suchthaltungen) hält Ihren Verstand nicht davon ab, zu brodeln und zu suchen – denn die Präferenzhaltungen sind von den Zielen, die Sie rastlos halten, nicht gefragt. Mit den Präferenzhaltungen fließen Sie einfach in dem Jetzt Ihres täglichen Lebens. Wann immer Ihnen das Hier und Jetzt eine Wahl bietet, entscheiden Sie sich für diejenige, die am besten zu Ihren Präferenzhaltungen paßt. Wie auch immer – alles fühlt sich richtig an. Ihr Verstand wird nicht zu rastloser, zielstrebiger Aktivität angeregt. Präferenzhaltungen lassen Sie mit dem Hier und Jetzt in Verbindung bleiben. Sie befähigen Ihren Verstand, immer ruhiger zu werden – bis er als ein kraftvoller, ruhiger, friedvoller und wirksamer Diener Ihres Bewußtseins arbeitet.

Somit befähigt Sie das System der Gelebten Liebe, Anspannungen, Ängstlichkeit und Konflikt in eine fließende Akzeptanz zu verwandeln. Ihr Entkommen aus den niederen Bewußtseinsebenen hilft, Sie von dem rastlosen Suchen Ihres Verstandes zu befreien, so daß Sie unablässig mit dem tiefen, ruhigen Ort in Ihnen in Berührung sind, von dem aus Sie friedvoll, liebevoll und glücklich das Drama Ihres Lebens beobachten können.

Elfter Pfad

Ich bin mir ständig bewußt, aus welchem der Sieben Bewußtseinszentren ich schöpfe, und ich fühle, wie meine Energie, Wahrnehmungsfähigkeit, Liebe und mein innerer Frieden wachsen, indem ich alle Bewußtseinszentren weit öffne.

Die Sieben Bewußtseinszentren bestehen aus einer siebenstufigen Skala, die Ihnen in jedem Moment Ihres Lebens genau sagt, wo Sie sich auf Ihrer Reise zu Höherem Bewußtsein befinden. Sie machen sich das andauernde Drama klar und fügen Ihrem Leben Realismus und Tiefe hinzu, indem Sie die siebenstufige Bewußtseinsskala anwenden. Sie entdecken, daß Ihre Energie, Liebe, Einsicht und Ihr innerer Friede schwanken, wenn Ihr Bewußtsein mit den unteren drei Zentren beschäftigt ist. Indem Sie lernen, Ihr Bewußtsein umzuwandeln, setzen Sie enorme Energie frei. Sie genießen, fähig zu sein, jeden bedingungslos zu lieben und zu akzeptieren. Wenn Sie Ihr Wachstum in die Höheren Bewußtseinszentren zulassen, werden Sie den inneren Frieden finden, den Sie immer in Ihrem Leben gesucht haben.

In der Gelebten Liebe arbeiten wir daran, alle Zentren zu integrieren. *Alles in deinem Leben wird von allen Zentren berührt.* Sie beginnen Ihr Wachstum auf dem Weg zu Höherem Bewußtsein, wenn Sie als erstes Ihrer völligen Inanspruchnahme durch die unteren drei Zentren der Sicherheit, Sinnesreize und Macht entkommen können – und Ihr Bewußtsein dahingehend umwandeln, daß das bedingungslose Zentrum der Liebe und das Zentrum der Fülle darin einbezogen werden. Dann beginnen Sie, Ihr Drama aus dem Zentrum der bewußten Wahrnehmung heraus zu beobachten. In der nächsten Phase des Bewußtseinswachstums geht man über das Zentrum der bewußten Wahrnehmung in das Siebte Zentrum über – Kosmisches Bewußtsein – der friedvolle Ort, an dem man persönliche Begrenzungen ausgemerzt hat und mit der Umgebung verschmolzen ist.

Zwölfter Pfad

Ich nehme alle Menschen einschließlich meiner selbst als erwachende Wesen wahr, die hier ihr angestammtes Recht auf die höheren Bewußtseinsebenen der bedingungslosen Liebe und des Eins-Seins verwirklichen wollen.

Jeder, dem Sie begegnen, hat die Kapazität für klare Wahrnehmungsfähigkeit, Weisheit, Wirksamkeit, Frieden und Liebe. *Wir sind gleiche Wesen.* Die suchtartigen Spiele, die uns getrennt und isoliert halten, erdrücken die in einem verborgene Herrlichkeit, solange man nicht auf Höheres Bewußtsein hinarbeitet. Wenn wir jeden, einschließlich uns selbst, als Reisegefährten auf der Straße des Erwachens betrachten, wird uns das auf unserer Reise zu Höherem Bewußtsein behilflich sein.

Wir bemerken allmählich, daß alles, was wir tun, entweder ein geschickter oder ungeschickter Versuch ist, Liebe und Eins-Sein zu finden. Wenn uns jemand anschreit oder schlägt, versucht er, uns zu manipulieren, so daß wir in seine Muster der Suchthaltungen passen – erlauben Sie ihm, Sie auf seine bedingte Weise zu lieben. Wenn Ihr Ego es zuläßt, daß Sie die Handlungen der Menschen des Hier und Jetzt aus der richtigen Perspektive betrachten, erkennen Sie, daß es nichts gibt, was irgend jemand tun kann, das Sie nicht bereits schon gemacht haben oder irgendwann in Ihrem Leben tun wollten.

Unser Ego und unser Verstand lassen uns weiter ständig über Menschen urteilen, sie ins Unrecht setzen und verschaffen uns so einen vermeintlichen Vorteil. Mit einer Anteilnahme, die aus Einsicht und Wahrnehmungsfähigkeit entsteht, nimmt ein bewußter Mensch wahr, daß sich jeder auf dem Weg zum Erwachen befindet. Wir lernen andere zu lieben, indem wir uns selbst akzeptieren und lieben – und umgekehrt.

Sie bemerken, daß anstelle der Bewertungen, mit denen wir uns in unserem Bewußtsein voneinander trennen, das Betrachten der Dinge als Grade des Getrenntseins und des Eins-Seins der einfachste und hilfreichste ethische Standpunkt ist. Sie beobachten die Sie trennenden Gedanken und Handlungen auf dem unteren Teil der ethischen Skala. Die Gedanken und Handlungen, die Sie vereinen, befinden sich auf dem oberen Teil der Skala. Anstelle der etikettierenden Worte »gut« oder »schlecht« setzen Sie einfach Ihre Einsicht ein, um festzulegen, bis zu welchem Maße Ihre Gedanken oder Handlungen Sie in Ihren Gefühlen für andere trennen oder vereinen. Das, wodurch Sie sich weiter getrennt fühlen, führt dazu, Ihr Leben unwirksam arbeiten zu lassen; das, was Sie für ein Erleben von Liebe und Einheit befähigt, läßt ein Harmonisieren Ihrer Energie mit der Energie Ihrer Umwelt zu. Wann immer Sie zweifeln, etwas zu tun oder es zu lassen, fragen Sie sich lediglich, ob Sie sich dadurch eher von Menschen getrennt fühlen oder liebevoller anderen gegenüber.

Wenn Sie sehen, wie alles ist – wenn Sie alles, was in Ihrem Leben geschieht, als ein ständiges Ausleben des bedeutenden Dramas Ihrer Suchtzwänge wahrnehmen –, werden Sie bemerken, wie Sie permanent Ihr in Ihnen vorhandenes Potential erdrücken. Höheres Bewußtsein bedeutet, eine fließende Harmonie mit allen interagierenden Menschen und der Umwelt zu erfahren. Das erlaubt Ihnen, alles im Hier und Jetzt Ihres Lebens emotional zu akzeptieren. Höheres Bewußtsein ist Ihr angestammtes Recht als Mensch.

9
Die Sieben Bewußtseinszentren

In dem System der Gelebten Liebe wenden wir eine siebenstufige Skala an, die Sie befähigt, Ihr Wachstum auf dem Weg zu Höherem Bewußtsein zu messen. Diese Skala besteht aus drei unteren Bewußtseinszentren – Sicherheit, Sinnesreize und Macht – und vier höheren Bewußtseinszentren – Liebe, Fülle, bewußte Wahrnehmung und kosmisches Bewußtsein.

Diese Zentren agieren als Filter, die Ihr spezifisches Erleben des Hier und Jetzt erzeugen. Die in Ihren Biocomputer eingehende Information – durch Ihre Augen, Ohren und andere Sinnesorgane sowie den Gehirnspeicher und die durch den Verstand erzeugten Gedanken – wird durch diese Programme verarbeitet. Diese Programmierungen bestimmen Ihr eigenes einzigartiges Erfahren des Hier und Jetzt. Die emotionalen Bereiche des Gehirns lösen verschiedene Gefühle aus, so wie sie Ihre suchtartige Programmierung jeweils erfordert. Dies fließt wiederum zurück und intensiviert Ihren speziellen Fluß der Energie und Gedankenmuster.

Die unteren drei Bewußtseinszentren wurden für das Überleben in der Dschungel-Phase unserer Spezies entwickelt. Im allgemeinen prüft die automatische Prioritätenbestimmung im Bewußtsein eines Tieres als erstes die eingehenden Informationen auf Sicherheit hin, als nächstes auf mögliche Sinnesreize (Nahrung oder Sex) und dann auf Bedrohung der Machtgrenzen, mit denen sich das Tier identifiziert. Eine Katze wird beispielsweise auf der Ebene der Sinnesreize handeln, wenn sie ihr Fressen genießt, wird aber sofort ein Sicherheitsbewußtsein aktivieren, das ein Tier auf Kampf oder Flucht vorbereitet, wenn sie ein unerwartetes Geräusch hört. Das alles geschieht auf einer automatisierten Basis ohne bewußtes Denken.

Trotz der Tatsache, daß das Potential für Höheres Bewußtsein für uns seit Verlassen unserer Kindheit zugänglich ist, bleiben wir häufig in den automatisierten Reaktionen des Sicherheits-, Sinnesreiz- und Machtbewußtseins gefangen. Wenn wir beispielsweise unsere Programmierung auf Sicherheit anwenden, lösen wir automatisch das Erleben von Angst aus. Wenn wir nicht die Sinnesreize bekommen, die wir uns wünschen, lösen wir automatisch ein frustrierendes Gefühl der Enttäuschung aus. Wenn unsere Grenzen von Macht, Stolz oder Prestige verletzt werden, lösen wir auf der Stelle – wie Automaten – das Erleben von Wut, Feindseligkeit, Gereiztheit, Haß usw. aus. Häufig kombinieren wir zwei oder drei dieser Filter gleichzeitig, um unser eigenes Bild des Jetzt zu kreieren.

Einer der Vorzüge der siebenstufigen Bewußtseinsskala ist, daß Sie befähigt werden, Ihr Drama aus der Perspektive zu sehen, um die Filter zu wählen, die Ihre Erfahrungen erzeugen. Diese bewußte Wahl eines Programms ist für ein Kind oder ein Tier nicht verfügbar.

Ein schöner Aspekt der Bewußtseinsskala ist, daß Ihnen das Leben jedesmal, wenn Sie eine Stufe höher gelangen, folgendes gibt:

1. **Mehr Energie**
2. **Mehr Kontakt mit Menschen**
3. **Mehr Genuß.**

Eine wichtige Eigenart der unteren drei Bewußtseinszentren ist, daß Sie nie genug bekommen können, um Ihr Leben andauernd zu genießen, wenn Sie die Filter für Sicherheit, Sinnesreize und Macht anwenden, um das Hier und Jetzt in Ihrem Leben zu interpretieren. Durch die Anwendung dieser Filter können Sie begrenzte Verbesserungen in Ihrem Leben einführen. Aber von den Milliarden von Menschen, die auf der Erde gelebt haben, hat niemand genug Sicherheit, genug herrliche Sinnesreize und genug Macht erlebt, um ständig glücklich und erfüllt zu sein. Erst wenn Sie beginnen, Ihr Bewußtsein mehr und mehr vom Vierten Zentrum aus zu entwickeln – dem Zentrum der Liebe –, werden Sie die Erfahrung, *genug zu haben,* machen. Die unteren Zentren können Ihnen nicht genug bringen, weil sie das Wahrnehmen von Menschen und Lebenssituationen dauernd verzerren. Diese Zentren halten Sie von bedingungsloser Liebe ab und lassen Sie zu Menschen als Objekte in Beziehung stehen. Durch sie verschwenden Sie zwangsweise Energie, während Sie auf Situationen zurennen beziehungsweise vor ihnen davonlaufen. Diese unteren Zentren machen Sie von gleichzeitigen, vielfachen Suchtforderungen abhängig, die einander widersprechen und von Ihrem Biocomputer verlangen, etwas mit der gewaltigen emotionalen Überbelastung zu tun. Wenn das Erfahren des Hier und Jetzt mit einander widersprechenden und unbefriedigten Suchtforderungen überladen ist, wird es durch Verdrängung, Ängstlichkeit, Depression und Trägheit verschleiert. Diese Gefühle werden von Ihrem Biocomputer eingesetzt, um Sie zu bremsen und Sie davon abzuhalten, sich selbst mit widersprechenden Forderungen, Verlangen und Erwartungen zu zerstören, die Ihr Sicherheits-, Sinnesreiz- und Machtbewußtsein erzeugt.

Es sollte bedacht werden, daß Leben in der Wildnis häufig eine unmittelbare Lebensbedrohung darstellt. Wir haben eine schöne weiße Katze, die schnurrt und höchst liebevoll zu den Menschen in unserem Haus ist. Wenn diese Katze auf den Hof geht, wird sie sich ducken, anpirschen und Vögel töten, wenn sie kann. Die automatischen Reaktionsmuster jedes Vogels in der Nähe müssen in der Lage sein, die Angriffslust der Katze auf Leben oder Tod unter Kontrolle zu haben, wenn diese ihre Dschungelprogrammierung ausspielt.

Unser Nervensystem wurde über Millionen von Jahren hinweg entwickelt, um der unmittelbaren Bedrohung des Lebens gewachsen zu sein. Es ist wahrscheinlich eine ziemlich lange Zeit her, seitdem wir wirklich unmittelbar vom Tod bedroht waren. Aber diese Kampf- oder Fluchtmechanismen, die im Urwald so schützend waren, arbeiten noch immer in unserem Biocomputer. Wenn Ihr Boot kentert und Sie eine Meile zur nahegelegenen Insel schwimmen müssen, können sie hilfreich sein. Diese Bedrohung Ihres Lebens würde bei der Verarbeitung durch Ihre unteren drei Bewußtseinsebenen automatische Reaktionen des Nervensystems auslösen, die Sie in einer Art und Weise schwimmen lassen, zu der Sie vorher nie fähig waren. Aber in über 99 Prozent Ihrer normalen täglichen Interaktionen mit den Sie umgebenden Menschen und Lebenssituationen helfen Ihnen diese Gefühle von Angst, Enttäuschung und Wut nicht, um vom Leben den meisten Genuß und die größte Wirksamkeit zu erhalten. Wenn Sie zum Beispiel jemand kritisiert, wird Ihre ärgerliche Erwiderung Ihnen eher zusätzliche Kritik einbringen – Ärger, den Sie vermeiden könnten, wenn Sie nur bewußt die Kritik hören könnten und sie vielleicht ignorieren, sofern sie unangemessen ist, oder sie benutzen, wenn sie berechtigt ist.

Die Sieben Bewußtseinszentren sollten als Werkzeuge zum Wachstum benutzt werden – und nicht als eine Möglichkeit, sich selbst zu kritisieren oder eine Erfahrung der Unzulänglichkeit oder der Unterlegenheit zu erzeugen. Sie müssen sich nicht selbst heftig angreifen, weil Sie sich auf der dritten Ebene erwischt haben, obwohl Sie beschlossen hatten, den Tag auf der vierten Ebene zu verbringen. Kein Teil des Systems der Gelebten Liebe sollte suchthaft angewendet werden, Erwartungen zu schaffen, durch die Sie sich selber aufreiben, ausschimpfen, sich über sich beklagen – oder über jemand anderen.

Der Weg der Gelebten Liebe funktioniert am besten, wenn Sie einfach dabei bleiben und in einer ruhigen, akzeptierenden, meditativen Weise bemerken, wo Sie in jedem Moment sind. Denken Sie daran, der Ort, an dem Sie sich befinden, ist perfekt für das Wachstum Ihres Bewußtseins – Sie sollten nirgendwo anders sein – hier und jetzt. Aus der Sicht der Gelebten Liebe bemerken Sie einfach, was in dem unaufhörlichen Strom Ihres Bewußtseins geschieht. Jedesmal, wenn Sie eine der Methoden der Gelebten Liebe anwenden, werden Sie feststellen, daß Sie in

Die Sieben Bewußtseinszentren

1. Das Sicherheitszentrum

Dieses Zentrum läßt dich mit Nahrung, Unterkunft oder was immer du mit deiner persönlichen Sicherheit gleichsetzt, beschäftigt sein. Diese Programmierung zwingt dein Bewußtsein dazu, ständig von dem Kampf darum dominiert zu werden, daß du von der Welt »genug« bekommst, damit du dich sicher fühlst.

2. Das Sinnesreizzentrum

Dieses Zentrum befaßt sich damit, Glück im Leben zu finden, indem du dich mit mehr und besseren Sinnesreizen und Aktivitäten versorgst. Für viele Menschen ist Sex der ansprechendste Sinnesreiz. Zu anderen suchthaften Sinnesreizen können der Klang der Musik, der Geschmack von Nahrung usw. gehören.

3. Das Machtzentrum

Wenn dein Bewußtsein auf dieses Zentrum eingeschärft ist, befaßt du dich damit, Menschen und Situationen zu dominieren und dein Prestige, deinen Besitz und deinen Stolz zu vermehren – zusätzlich zu Tausenden subtileren Formen von Hierarchie, Manipulierung und Kontrolle.

4. Das Zentrum der Liebe

In diesem Zentrum gehst du über die Subjekt-Objekt-Beziehungen hinaus und lernst, die Welt mit den Gefühlen und Harmonien einer fließenden Akzeptanz zu sehen. Du siehst dich in jedem – und jeden in dir. Du hast Mitgefühl für das Leiden derjenigen, die in den Dramen der Sicherheit, Sinnesreize und

Macht verwickelt sind. Du fängst an, jeden bedingungslos zu lieben und zu akzeptieren – sogar dich selbst.

5. Das Zentrum der Fülle

Wenn dein Bewußtsein durch dieses Zentrum erleuchtet ist, erlebst du die Freundlichkeit der Welt, die du kreierst. Du beginnst zu erkennen, daß du immer in einer perfekten Welt gelebt hast. In dem Maße, in dem du noch immer suchthafte Forderungen hast, besteht die Perfektion darin, dir die von dir benötigten Erfahrungen zu geben, um dich von deinen emotionsbedingten Forderungen zu befreien. Indem du deine suchthaften Forderungen umprogrammierst, wird die Perfektion als ein ständiger Genuß des Hier und Jetzt dieses Lebens erfahren werden. Während du liebevoller und annehmender wirst, wird die Welt zu einem »Füllhorn«, das dir mehr zum Glücklichsein gibt, als du brauchst.

6. Das Zentrum der bewußten Wahrnehmung

Es ist befreiend, ein Zentrum zu haben, von dem aus deine bewußte Wahrnehmung deinen Körper und Verstand bei seinen Aktivitäten auf den unteren fünf Ebenen beobachtet. Von hier aus bist du ein urteilsfreier Zeuge des Dramas deines Körpers und Verstandes. Von diesem Zentrum der Zentren lernst du, unbefangen deine sozialen Rollen und Spiele des Lebens von einem Ort aus zu beobachten, der frei von Angst und Verwundbarkeit ist.

7. Das Zentrum des kosmischen Bewußtseins

Wenn du vollständig im Sechsten Bewußtseinszentrum lebst, bist du bereit, über die Selbstbetrachtung hinauszugelangen und reines Bewußtsein zu werden. Auf dieser ultimaten Ebene bist du mit allem eins – du bist Liebe, Frieden, Energie, Schönheit, Weisheit, Klarheit und Effektivität.

einer Situation friedvoller und liebevoller werden, in der Sie früher emotional um sich geschlagen und sich selbst und andere aufgeregt hätten.

Auf den Seiten 68 und 69 finden Sie eine Zusammenfassung der Sieben Bewußtseinszentren. Sie hilft Ihnen, die 7-Punkte-Skala so gründlich zu lernen, daß Sie fühlen, auf welches Bewußtseinszentrum Ihr Biocomputer in jedem Moment einwirkt.

10
Die Drei Zentren des Unglücklichseins

Nichts an irgendeiner Bewußtseinsebene ist richtig oder verkehrt, gut oder schlecht, rein oder übel. Sie sollten sich frei fühlen, Ihr Bewußtsein jede der sieben Ebenen berühren zu lassen. Sie sind, wo Sie sind – hier und jetzt. Ihr Wachstum in der Gelebten Liebe wird von Ihrem vollständigen Akzeptieren Ihrer selbst und anderer abhängig sein – hier und jetzt – und nicht erst in irgendeiner Zukunft, wenn Sie Ihre Suchtzwänge überwunden haben.

Akzeptieren Sie einfach, wo Sie jetzt sind! Lassen Sie die Gefühle zu, die Sie für Ihre nächste Stufe im Wachstum benötigen. Ihr Wachstum wird in der schnellstmöglichen Weise geschehen, wenn Sie freudig Ihr Hier und Jetzt als Sprungbrett benutzen.

Hier ist die Skala der Gelebten Liebe, die Ihnen zeigt, wo Sie sich auf dem Weg zu Höherem Bewußtsein befinden:

Das Erste Bewußtseinszentrum – das Sicherheitszentrum

Wodurch fühlen Sie sich sicher? Wodurch unsicher? Ihre Antwort auf diese Fragen wird Sie wahrscheinlich irreführen, da Ihre Gefühle der Sicherheit durch Ihre emotionale Programmierung kreiert werden – das, was Sie sich innerlich selbst sagen. Durch Ihre äußeren Lebensbedingungen fühlen Sie sich weder sicher noch unsicher. *Sie lösen nur Ihre innere Programmierung aus.* Ein Mensch könnte sich sogar ohne jedes Geld sicher fühlen. Ein anderer könnte sich auch mit einer Million Mark auf dem Konto unsicher fühlen.

Wenn die Außenwelt nicht mit Ihrer Sicherheitsprogrammierung übereinstimmt, löst das Sicherheitszentrum automatisch Gefühle von Angst und Beklemmung aus. Beobachten Sie einmal, wieviel Zeit Sie mit dem unangenehmen Bemühen verbringen, Bedingungen zu schaffen, von denen Sie sich einreden, sie haben zu müssen, um sich sicher zu fühlen. Das Bewußtseinszentrum der Sicherheit ist sehr fordernd und zerrt Ihr Bewußtsein nachdrücklich von den Höheren Zentren weg.

Wenn Sie verstehen, daß Ihre Gefühle der Sicherheit oder Unsicherheit auf Ihre emotionale Programmierung zurückzuführen sind, werden Sie Ihrem Gefangensein auf der ersten Bewußtseinsebene entkommen können. Werden Sie bemerken, daß es unmöglich ist, *genug* von dem zu bekommen, das Sie mit Sicherheit gleichsetzen.

So paradox es klingen mag, Sie werden wahrscheinlich sicherer sein, wenn Sie niemals wieder in Ihrem Leben Angst empfinden – es sei denn, Sie sind tatsächlich in einer Dschungelsituation gefangen und mit dem Bedürfnis für unmittelbaren Kampf oder Flucht auf einer physischen Ebene konfrontiert. Sie werden weitaus sicherer sein, wenn das Bewußtsein die emotionalen Reaktionen der Angst ersetzt.

Es ist interessant, festzuhalten, daß die meiste Zeit in Ihrem gegenwärtigen Erwachsenenleben die Erfahrungen der Unsicherheit und Angst üblicherweise mit dem Zukunftsdenken Ihres Verstandes in Verbindung gebracht werden. Sie werden furchtsam und besorgt um das sein, was als nächstes geschieht. Sie neigen dazu, zu vergessen, daß Sie alle Situationen des letzten Jahres, die Sie durchgemacht haben, in dem jeweiligen Hier und Jetzt auf die eine oder andere Weise handhaben konnten. Wenn Sie auf all die »Drohungen« des vergangenen Jahres zurückblicken, werden Sie das Verständnis dafür entwickeln können,

Ein liebevoller Mensch
lebt in einer liebevollen Welt
Ein feindseliger Mensch
lebt in einer feindseligen Welt

Jeder, den du triffst,
ist dein Spiegel

Angst oder Gefühle der Unsicherheit nicht zu brauchen, um eine optimale Reaktion auf jede Lebenssituation Ihres Hier und Jetzt herzustellen. In Wirklichkeit haben Angst und Sorgenmacherei Ihre Energie und Ihr Potential zum Glücklichsein vergeudet. Werden Sie aktiv – handeln Sie! Das ist Handeln im Hier und Jetzt. Aber wenn Sie nichts tun können, kommt es darauf an, dieses von der Leinwand Ihres Bewußtseins verschwinden zu lassen. Sagen Sie sich, daß Sie die Energie, Wahrnehmungsfähigkeit und liebevolle Hilfe haben werden, die Sie für eine optimale Reaktion benötigen, wenn das Problem als Realität des Hier und Jetzt aufkommt. Das ist der Anfang der »Freiheit«!

Indem Sie ein inneres gründliches Verständnis dafür entwickeln, wie Ihr Hunger auf »Sicherheit« einzig Sache Ihrer emotionalen Programmierung ist, gelangen Sie über die Sicherheitsebene hinaus. Diese Reise findet in Ihrem Kopf statt! Ihre Gefühle der Unsicherheit sind nicht unbedingt eine Konsequenz der Sie umgebenden Menschen, Dinge und Umstände. Sie begreifen, daß Ihr Leben genau jetzt das ist, was es ist. Wenn Sie Ihre suchtartigen Modelle, wie Dinge sein sollten, abschaffen, haben Sie immer genug, sich genau hier und jetzt gut zu fühlen.

Wenn Sie es vorziehen, in Ihrem Leben Veränderungen vorzunehmen, können Sie diese weitaus wirksamer gestalten, wenn Sie über die suchthafte Programmierung hinausgelangen, die Sie sich unsicher fühlen läßt. Wenn Ihr Bewußtsein damit beginnt, immer mehr im Zentrum der Liebe und im Zentrum der Fülle zu arbeiten, wird Ihr Höheres Bewußtsein Sie befähigen, in Situationen hineinzufließen, die Ihnen weitaus mehr wirkliche Sicherheit bieten, als Ihnen der Kampf Ihres niederen Bewußtseins um »Sicherheit« jemals verschaffen kann. Denn wirkliche Sicherheit liegt nur in der Liebe und dem Fließen, das Sie durch Höheres Bewußtsein entdecken können.

Das Zweite Bewußtseinszentrum – das Sinnesreizzentrum

Ein Mensch, der am Sicherheitszentrum des Bewußtseins hängt, sagt sich: »Ich kann glücklich sein, wenn ich mich nur sicher fühlen kann.« Wenn er dann erst einmal anfängt, sich sicherer zu fühlen, wird er dies jedoch als nicht wirklich zutreffend empfinden. Er glaubt dann, glücklich sein zu können, wenn er die Menschen und Dinge um sich arrangieren kann, um sich ständig variierende Muster schöner Sinnesreize zu verschaffen.

Wie bei vielen Menschen kann Sex Ihr meistgesuchter Sinnesreiz sein. Ihr Lebensstil könnte darauf ausgerichtet sein, Ihnen sexuelle Sinnesreize zu verschaffen. Die Menschen, deren Nähe Sie suchen, Ihre Kleidung, Ihr Zuhause und Ihre Art zu denken, zu reden und sich zu geben, werden von dem bestimmt, was Sie sich errechnet haben, daß es Sie potentiellen Sexualpartnern gegenüber attraktiv wirken läßt. Das ist sexuelle Versachlichung, bei der Sie andere Menschen zur »Sache« machen. Dabei bewegen Sie sich auf einer Bewußtseinsebene, die Sie nicht glücklich machen kann. Denn Sex ist nie genug. Sie entsprechen lediglich einem kleinen Teil Ihrer selbst – und einem noch kleineren Teil in anderen. Weder sie noch Sie selbst reagieren auf den ganzheitlichen Menschen. Beide Partner spüren hinter dem aufreizenden Sexualgehabe die Oberflächlichkeit der Subjekt-Objekt-Beziehung.

Sinnesreize, wie angenehm sie auch sein mögen, können Sie nie glücklich machen, wenn Ihr Glück von ihnen abhängt. Wenn Sie hinter einem Sinnesreiz nach dem anderen herjagen, sind Sie getrieben, frustriert und nicht mit dem Fluß des Hier und Jetzt im Einklang. Aber die gleichen Sinnesreize können vollkommen erfüllend sein, wenn Ihr Bewußtsein nicht länger auf der zweiten Ebene haften bleibt!

Obwohl Sex der Sinnesreiz ist, nach dem viele Menschen am süchtigsten sind, ist er keineswegs die einzige Sucht auf der zweiten Ebene. Wir sagen uns, daß wir Glück durch geschmackvolle Nahrung, Musik, das Erleben einer besonderen Umwelt, die wir unser anspruchsvolles Heim nennen, und durch Film und Theater usw. finden können. Die Suche nach Glück durch Sinnesreize beschäftigt uns fortwährend, aber nichts ist je genug – bis *Sie genügen*. Alles kann als Teil des großen Dramas Ihres Lebens genossen werden, wenn Sie durch Höheres Bewußtsein genügen. Bis dahin befriedigt Sie nichts ganz, und der Genuß, den Sie suchen, wird Ihnen so lange entgehen, wie Sie suchthaft nach ihm verlangen.

Wenn Ihr Bewußtsein in erster Linie darauf ausgerichtet ist, Ihnen die Sinnesreizmuster zu verschaffen, die Sie suchthaft fordern, werden Sie mehr Energie haben.

Das Dritte Bewußtseinszentrum – das Machtzentrum

Das letzte der unteren Bewußtseinszentren ist das Machtzentrum. Der Versuch, durch das Machtzentrum Glück zu finden, ist in Ihrem Wachstum auf dem Weg zu Höherem Bewußtsein eindeutig ein Schritt nach vorne. Sie haben mehr Energie und interagieren mit mehr Menschen, wenn Sie vom Machtzentrum aus handeln. Was wollen Sie auf der Dritten Bewußtseinsebene erreichen? Ist es Geld als Mittel der Macht? Ist es Prestige? Sind Sie durch Ihre suchthaften Forderungen nach Macht ausschließlich mit äußeren Symbolen beschäftigt? Oder haben Sie das Spiel in innere Statussymbole umgewandelt?

Sie sind in dem Maß in der traditionellen Lebensweise des niederen Bewußtseins unserer Kultur gefangen, in dem Ihr Bewußtsein durch Sicherheit, Sinnesreize und Macht präjudiziert ist – und Sie finden im Leben nicht genug, um glücklich zu sein. Wenn Sie die völlige Sinnlosigkeit, Ihr Leben durch Anwendung der unteren Bewußtseinsebenen bewältigen zu wollen, gründlich begreifen, sind Sie für Ihren nächsten Schritt auf dem Weg zu Höherem Bewußtsein bereit! Das bedeutet nicht unbedingt, Ihre äußeren Handlungen drastisch ändern zu müssen. Denn das, was Sie ablegen, sind Ihre suchthaften Forderungen und nicht unbedingt das, was Sie tun. Sie geben Ihre emotionsbedingten Forderungen auf, die Sie davon abhalten, das reichhaltige Leben zu genießen, das Ihnen immer verfügbar war.

Es ist leicht, die offensichtlicheren Machtspiele zu erkennen, die Geld, politische Macht, Statussymbole, einander herumkommandierende Menschen usw. umfassen. Aber es ist hilfreich, sich unserer subtileren Machtspiele gewahr zu sein. Es ist zum Beispiel klar, daß jemand, der laut spricht, Menschen zu kontrollieren versucht; aber es kann sich ebenfalls um ein Machtspiel handeln, wenn jemand mit einer ungewöhnlich sanften Stimme redet, so daß die anderen, wenn sie ihn verstehen wollen, ruhig werden und aufmerksam zuhören. Jemand handelt vielleicht vom Machtzentrum aus, wenn er ständig Menschen herumkommandiert und eindringlich darauf besteht, daß die Menschen seine Meinung akzeptieren. Jemand, der sich immer ruhig verhält, könnte auf subtile Weise mit seiner Haltung des sanften Akzeptierens manipulieren. Diese Art der unterschwelligen Manipulation zwingt uns, Energie dafür zu verausgaben, herauszufinden, was die andere Person wirklich will. Dieses Spiel schafft eine Subjekt-Objekt-Art des Getrenntseins. Wir könnten uns fragen: »Was tue ich, um das, was ich will, zu bekommen?«, »Welche Masken trage ich?«, »Welche Rolle spiele ich in dem Drama?«

In Ihrem Kopf sind Hunderte von Dingen, die Sie jetzt als Teil Ihrer persönlichen Grenzen und gesellschaftlichen Position schützen. Während Sie allmählich erkennen, daß Sie all das nicht wirklich sind, werden Sie im Glücklichsein wachsen. Es ist nur egoverstärkte Programmierung, die Sie sich auf Ihrem Weg dorthin angeeignet haben. Indem Sie aufhören, die verschiedenen Manifestationen Ihres suchthaften Verlangens nach Sicherheit, Sinnesreiz und Macht zu bewachen, wird sich Ihre Energie gewaltig steigern und Ihr Schlafbedürfnis vermindern.

Ein Vorteil des Höheren Bewußtseins ist, daß Sie alles zurückbekommen, wenn Sie alles aufgeben. Was Sie aufgeben, sind Ihre inneren suchthaften Forderungen – Sie bekommen mehr von allem zurück, als Sie brauchen, um glücklich zu sein. Während Sie in das Vierte Bewußtseinszentrum hineinwachsen, werden Sie herausfinden, daß Sie alle Macht haben, die Sie in Ihrem Leben benötigen – in Wirklichkeit mehr, als Sie brauchen. Neue Türen werden sich für Sie öffnen. Wenn Sie das Leben jedoch mit suchthaftem Verlangen nach Macht angehen, wird Ihnen augenblicklich von anderen durch ihre suchthaften Forderungen Widerstand entgegengebracht. Sie verschließen sich und wirken automatisch Ihren bedrohenden Machtangriffen entgegen, anstatt sich zu öffnen, um Ihnen zu helfen, das zu bekommen, was Sie wollen. Während Sie in die Höheren Bewußtseinszentren hineinwachsen, erfahren Sie mehr und mehr eine nie zuvor gekannte Effektivität.

Die drei unteren Zentren schaffen Unglücklichsein im Leben

Einige der dramatischsten Handlungen Ihres Egos und Ihres Verstandes werden im Bewußtseinszentrum der Macht ausgelöst. Manche Methoden zum Bewußtseinswachstum behandeln das Ego und den Verstand als Feinde, die zerstört werden müssen. In der Methode der Gelebten Liebe betrachten wir Ego und Verstand als Freunde, die wirklich da sind, um uns zu helfen – sie können aber wie unkundige Freunde sein, die uns genauso häufig verletzen, wie sie uns helfen. Sinnvolle Hilfe erfordert sowohl Geschick als auch Verständnis. Ego und Verstand sind oftmals wie der wohlmeinende Nachbar, der seinen Freund, nachdem dieser von einem Auto erfaßt wurde, mit gebrochenem Rückgrat auf der Straße liegen sieht. Als der Nachbar ihn aufhebt, um ihn ins Krankenhaus zu bringen, quetscht die

Zentren	Damit verbundene Emotionen	Warum die drei unteren Zentren nur ein Auf und Ab der Lebensfreude bieten
1 Sicherheit	Angst, Besorgnis Beklemmung usw.	1. Dauernd antreibender Zwang. 2. Ständige Angst vor Verlust. 3. Der Verstand kann immer eine unendliche Kette zukünftiger Möglichkeiten auslösen, über die man sich Sorgen macht.
2 Sinnesreiz	Enttäuschung, Frustration, Langeweile usw.	1. Dauernd antreibender Zwang. 2. Ständige Angst vor Verlust. 3. Wenn wir einen genußreichen Sinnesreiz wiederholt erleben, werden wir übersättigt und langweilen uns.
3 Macht	Zorn, Verstimmung, Gereiztheit, Feindseligkeit, Haß usw.	1. Dauernd antreibender Zwang. 2. Ständige Angst vor Verlust. 3. Unsere Machtbedrohung stachelt andere zu Gegenangriffen an, und wir sind ständig dabei, uns zu verteidigen und zu versuchen, Kontrolle zu haben.

gebrochene Wirbelsäule die Rückgratnerven derart zusammen, daß der Freund nie wieder gehen kann. In dem Versuch zu helfen schadet der Nachbar seinem Freund. Auf ähnliche Weise halten Ego und Verstand unser Leben immer von einem Funktionieren ab, das optimalen Genuß schafft, wenn sie die niedere Bewußtseinsprogrammierung anwenden.

Der Weg der Gelebten Liebe versucht nicht, Ihr Ego oder Ihren Verstand zu töten. Da sie unsere Freunde sind, die uns gerne helfen würden, setzen wir sie ein, uns bei dem Ausmerzen unserer Suchtzwänge zu helfen und diese in Präferenzhaltungen umzuwandeln. Wir begreifen, daß unser Ego ein Gefühl der Unbehaglichkeit auslöst, wenn die äußere Welt nicht zu unseren suchthaften Vorstellungen paßt. Andererseits gibt es uns ein Gefühl von Genuß, wenn die äußere Welt zu unseren Suchtzwängen paßt. Auf jeden Fall brauchen wir unser Ego, um uns die emotionalen Erfahrungen zu verschaffen, die uns dazu befähigen, unserer suchthaften Forderungen gewahr zu werden – und den gewaltigen Preis zu verstehen, den wir früher oder später für sie zahlen müssen, wenn sie nicht in Präferenzhaltungen umgewandelt werden.

Ziel ist nicht, Ihr Ego zu töten – aber es mangels Arbeit in den Ruhestand zu schicken. Ihr Ego spielt eine wesentliche Rolle dabei, Ihnen die Suchtzwänge vor Augen zu führen, an denen Sie noch zu arbeiten haben. Es wird automatisch damit aufhören, negative Emotionen auszulösen, die Ihr Glück beeinträchtigen, wenn Sie Ihre Suchtforderungen neu programmieren. So heißen Sie Ihr Ego willkommen! Beobachten Sie dessen Tätigkeit und benutzen Sie es als einen notwendigen Teil Ihrer selbst, der Ihnen die notwendigen Erfahrungen vermitteln wird, um in Höheres Bewußtsein hineinzuwachsen.

11
Die Zwei
Zentren der Freude

Im vorigen Kapitel sahen wir, daß man sich nicht darauf verlassen kann, daß die Bewußtseinszentren für Sicherheit, Sinnesreiz und Macht uns das Gefühl geben, »genug« für ein glückliches Leben zu bekommen. Ein Problem des Sicherheitszentrums ist, daß wir mit ein wenig Phantasie immer wieder ein kleines Loch in unserem Sicherheitsgebilde finden können, das gestopft werden muß. Und es gibt kein Ende...

Das Sinnesreizzentrum des Bewußtseins kann auch kein Glück für Sie schaffen, weil Sie sehr wahrscheinlich durch alles, das Sie wiederholt machen, gelangweilt sein werden. Sie versuchen, der Langeweile durch mehr und mehr Abwechslung zu begegnen, aber das bringt Ihnen nur noch mehr Probleme. Über das Machtzentrum des Bewußtseins Glück herzustellen, wird auch nicht funktionieren, weil Ihr Drängen, Dominieren und Manipulieren ähnliche Handlungsweisen bei anderen anregt. Deren defensive und offensive Taktiken zwingen Sie, noch dominierender und energischer zu sein, aber das funktioniert nur für eine kurze Zeit, bis die Menschen um Sie herum noch heftiger reagieren. Was Sie als einfache Lösung einer Situation vorausgesetzt haben, wirft in Wirklichkeit die nächsten Probleme in Ihrem Leben auf. Wenn Sie den unbewußten Reigen erkennen, in den Sie sich verwickelt haben, beginnen Sie zu begreifen, daß ein Höheres Bewußtseinszentrum erforderlich ist, um das Leben zu genießen.

Wir haben gelernt, daß wir beachtlichen äußeren Erfolg erlangen können, wenn unser Bewußtsein auf den unteren drei Zentren für Sicherheit, Sinnesreize und Macht tätig ist – aber im Sinne des Glücklichseins innere Versager sein können. Wir beginnen auf unserer Reise des Erwachens etwas zu erreichen, wenn sich unser Bewußtsein zunehmend aus der Sicht der beiden Zentren der Freude – dem Zentrum der Liebe und dem Zentrum der Fülle – mit dem Drama unseres Lebens befaßt.

Das Vierte Bewußtseinszentrum – das Zentrum der Liebe

Das Vierte Bewußtseinszentrum auf dem Weg der Gelebten Liebe wird das Zentrum der Liebe genannt. Liebe entsteht aus dem bedingungslosen Akzeptieren von jedem und allem, was uns umgibt. Wie machen wir das? Wenn Ihr Bewußtsein im Zentrum der Liebe lebt, akzeptieren Sie sofort alles, was auch immer getan wird oder geschieht – aber die Akzeptanz ist nur auf einer emotionalen Basis. Sie haben immer noch ein Recht auf Ihre Präferenzhaltung. Eine Mutter wird ihr Kind immer noch lieben, auch wenn es den Milchbecher umkippt und er zerbricht. Sie zieht es vor, daß der Becher heil bleibt. Aber wenn die Milch verschüttet ist, ist das hier und jetzt. Warum soll sie sich emotional aufregen und sich und das Baby damit verstimmen?

Wie lieben Sie jeden bedingungslos, egal, was er tut oder sagt? Das gelingt nur, wenn Sie über Ihre suchthaften Forderungen nach Sicherheit, Sinnesreiz und Macht hinausgelangen – denn es ist nur Ihre emotionale Programmierung, die Sie irritiert, wenn die Geschehnisse draußen nicht mit Ihrer inneren Programmierung übereinstimmen. Während Ihre Suchtzwänge sich auflösen, beginnen Sie, alles und jeden um Sie herum auf eine andere Weise zu erleben. Sie begreifen, daß jeder Mensch das Bedürfnis hat, genau das zu tun, was er tut – hier und jetzt, daß jeder eine Welt kreiert, in der seine Suchtzwänge ausgelebt werden. Wenn Sie bewußt die Hohlheit und das Leiden wahrnehmen, die diese

Suchthaltungen verursachen, gewinnen Sie Einsichten, die Ihnen helfen, sich davon zu befreien.

Sie sind im Zentrum der Liebe, wenn Sie alles, was die Menschen tun, als Teil ihrer Reise zum Erwachen akzeptieren. Während Ihre Suchtforderungen mehr und mehr in Präferenzhaltungen umgewandelt werden, beginnen Sie festzustellen, sofort akzeptieren zu können, was für Sie früher emotional nicht akzeptabel war. Letztendlich haben Sie gar keine Wahl: Was immer ist – Ist!!!

Während Sie lernen, zunehmend im Bewußtseinszentrum der Liebe zu leben, erschaffen Sie eine neue Welt, in der Ihr Bewußtsein wohnt. Menschen und Umstände sind für Sie keine Bedrohung mehr – denn niemand kann Ihre Präferenzhaltung bedrohen. »Andere« können nur Ihre Suchtzwänge bedrohen. Und diese verlieren Sie schnell. Also wird Ihr Verstand bald keine »anderen« mehr kreieren.

Während Ihre Suchtforderungen umprogrammiert werden, hat Ihr Ego immer weniger zu tun und aktiviert das Ego anderer Menschen immer weniger. Selbst wenn sie noch immer in den unteren drei Zentren feststecken, werden sie herausfinden, daß sie selten mit angespannten Gefühlen in Berührung kommen, wenn sie mit Ihnen zusammen sind. Sie können einen Vorgeschmack bekommen, wie es ist, in den freudigeren Bewußtseinszentren zu leben!

Wenn Sie zunehmend im Bewußtseinszentrum der Liebe leben, verbessert sich auch Ihr Kreislauf – es kann sein, daß Hände und Füße wärmer werden. Ihre Blutgefäße sind nicht länger verengt, Gesicht, Nacken und Hinterkopf werden warm. Das ist einer der schönen physiologischen Aspekte auf Ihrem Weg des Wachstums zu Höherem Bewußtsein! Die aktivere Durchblutung wirkt sich auch auf Ihr Gehirn und andere Organe aus, so daß sie besser funktionieren. Erkältungen und Krankheit werden selten.

Während Sie mehr Zeit im Vierten Bewußtseinszentrum verbringen, genießen Sie, Menschen zu berühren. Während Sie die Illusion der Dualität und des Getrenntseins durchbrechen, begreifen Sie, daß Sie vorher nur Ihr Kopf davon abgehalten hat, Menschen bedingungslos zu lieben. Es waren nicht ihre Handlungen, wie Sie bislang geglaubt hatten.

Sie betrachten die weltlichen Dramen der Suchtzwänge, die Menschen immer noch auf den unteren drei Bewußtseinsebenen ausspielen, mit Einsicht; entwickeln Mitgefühl für diejenigen, die noch immer der Illusion des Getrenntseins verhaftet sind. Sie wissen, daß der beste Weg, ihnen zu helfen, Ihre innere Arbeit ist, so daß sie – vielleicht zum ersten Mal in ihrem Leben – die bedingungslose Liebe wahrnehmen können. Sie fangen an sich zu sagen: »Da ist jemand, der mich die ganze Zeit akzeptiert – egal, was ich tue oder sage.«

Liebe verlangt nicht von Ihnen, sich verwickeln zu lassen, während sie auf der Suche nach Sicherheit, Sinnesreizen und Macht durchs Leben stolpern. Sie akzeptieren sie einfach, weil sie da sind – weil sie ein Recht darauf haben, da zu sein – und weil es für ihr Wachstum perfekt ist, dort zu sein, wo sie sind – und für Ihres.

Jede Erfahrung mit anderen Menschen läßt Sie entweder friedvoll und liebevoll werden, oder Sie werden dadurch Ihrer verbliebenen Suchtforderungen gewahr, die umprogrammiert werden müssen. Wenn jemand etwas tut, das für Sie früher nicht akzeptabel war, das Sie jetzt aber emotional akzeptieren können, können sie sich sagen: »Großartig! Ich mache Fortschritte. Er hat mich gerade geprüft, und ich habe die Prüfung bestanden, von dieser Suchtforderung frei zu sein.«

Es ist nichts falsch dabei, sich von Ihrem Ego ein bißchen dafür loben zu lassen, daß Sie zunehmend im Zentrum der Liebe leben!

Im Vierten Bewußtseinszentrum erfahren Sie »Arbeit« als einen Ausdruck von Liebe und Zuwendung. »Arbeit« wird nicht länger unbewußt oder mechanisch mit dem Gefühl verrichtet, daß man das Leben wieder vollkommen genießen kann, wenn der Job erledigt ist. Indem Sie lernen, Energie den Bedürfnissen »anderer« zu schenken, als ob sie Ihre eigenen Bedürfnisse wären, beschleunigt sich Ihr Wachstum in Höheres Bewußtsein.

Ein altes Sprichwort sagt: »Wenn ich nicht weiß, wer ich bin, DIENE ich allen; wenn ich weiß, wer ich bin, BIN ICH EINES mit allen.«

Selbstloses Dienen ist ein schöner Weg, sich von den unteren drei Bewußtseinszentren zu befreien. Ein nach Sicherheit, Sinnesreiz und Macht greifendes Ego wird immer Energie für etwas eintauschen wollen, das seiner illusorischen Betrachtung einer niederen Bewußtseinssituation am besten entspricht. Wenn Sie nur die Aufgaben ausführen, die angenehm oder unvermeidbar sind, Ihr Sicherheits-, Sinnesreiz- oder Machtverlangen bestärken, lassen Sie sich von Ihrem Ego gefangenhalten. Ein Merkmal des Vierten Bewußtseinszentrums ist das selbstlose Dienen ohne einen Gedanken an eine Belohnung.

Sie lernen nun, daß das Leben in einer Welt der Liebe immer *genug* ist. Sie sind sich bewußt, daß Ihre Gefühle der Isolation, des Getrenntseins und der Paranoia immer durch Ihre emotionale Programmierung künstlich erschaffen werden. Sie begreifen, daß wir in dem Reich der bewußten Wahrnehmung alle gleich sind, obwohl sich unsere Körper und unser Verstand unterscheiden.

Und so wie eine Mutter ihr Kind liebt, egal, was es tut, können nun auch Sie, während Sie in Höheres Bewußtsein hineinwachsen, jeden in Ihrem Umfeld annehmen und lieben – ungeachtet dessen, was er sagt oder tut. Wenn Sie jemand heftig mit Worten angreift, lebt er einfach seine Suchtzwänge aus. Er versucht, Sie zu einer anderen Handlungsweise zu bewegen, so daß ihn seine Suchthaltungen nicht belasten, wenn er mit Ihnen zu tun hat.

Schließlich erreichen Sie den Ort, wo Sie nichts, was in Ihrem Umfeld geschieht, aus dem Zentrum der Liebe herauswerfen kann. Sie können alles emotional akzeptieren. Egal, was eine Person macht oder sagt, Sie geben immer Liebe zurück. Und indem Sie dieses tun, geben Sie Ihr Bestes, den anderen zu helfen, Ihre Suchtforderungen zu überwinden. Wenn Sie liebevoll bleiben, auch wenn andere Sie zu verletzen suchen, können auch Sie beginnen, in sich den Ort der Liebe zu finden.

Beziehungen, die durch: »Ich sollte...« und »Ich sollte

nicht...« zusammengehalten werden, verlieren ihre spontane Hier-und-jetzt-Lebendigkeit. Liebe kann keine programmierte Suchtforderung sein, die durch Angst oder Druck zusammengehalten wird. Wirkliche Liebe gedeiht und verweilt dort, wo keine Suchthaltungen sind – aber statt dessen eine lebendige, völlig dem Hier und Jetzt entsprechende Situation besteht. Eine optimale Zukunft geht immer von einem frei fließenden, von Erwartungen unbelasteten Moment der Gegenwart aus.

Wenn Sie Verpflichtungen haben, erledigen Sie diese! Denn wenn Sie Ihre Reise zum Höheren Bewußtsein beginnen, starten Sie von dort aus, wo Sie genau jetzt sind. Sie kreieren eine »Ich-die«-Einstellung, wenn Sie Ihre Verpflichtungen ignorieren oder umgehen. Dieses schafft keinen Raum für das Harmonieren der Energien in ein »Wir«-Bewußtsein. Indem Sie sich bewußt mit Ihren Verpflichtungen auseinandersetzen, lösen Sie sie durch Ihre innere Arbeit.

Sie finden heraus, daß Sie jeden bedingungslos lieben können, wenn Sie im Bewußtseinszentrum der Liebe leben und relativ frei von Suchtzwängen sind. *Denn es sind Ihre Verstrickungen, die an Bedingungen geknüpft sind – nicht Ihre Liebe.*

Wenn tiefstes Harmonieren von Energien zwischen Menschen stattfindet, genießen sie es, einfach zusammenzusein. Es ist nicht nötig, ständig ein volles Programm an Aktivitäten zu haben – man kann auch still beisammen sein und die Gegenwart des anderen genießen. Sie sind fähig, tiefen inneren Frieden zu erfahren, indem Sie einfach in der Gegenwart des anderen sind.

Wenn sich zwei Menschen vom Vierten Bewußtseinszentrum aus lieben, erleben sie ihre Liebe für andere Menschen nicht als vermindernd oder bedrohend für die Liebe, die sie teilen. Sie werden nicht durch ein eifersüchtig romantisches Modell der Liebe zusammengehalten, das eine Suchtforderung darstellt, die sie anfällig für Leiden macht. Sie halten ihr Bewußtsein in einem Stadium, in dem sie vollkommen engagiert sind – und doch völlig ohne suchthaftes Verlangen. Sie geben einander völlige Freiheit und bedingungslose Akzeptanz. Sie lieben und dienen einander in einer relativ egofreien Weise. Lieben und Dienen

Glück
findet statt,
wenn dein
Bewußtsein nicht
von Suchthaltungen
und Forderungen
dominiert wird —
und du das Leben als
eine Parade der Präferenzen
erlebst

bringen beiden gleichermaßen ein Maximum aller schönen Dinge, die das Leben bieten kann.

Indem Sie Frieden, Harmonie, Liebe erfahren, die Sie in Ihrem Leben kreieren, begreifen Sie, daß sich alle Probleme von alleine lösen, wenn wir fünf Milliarden Menschen auf der Erde in einer Weise leben, die durch Liebe und Mitgefühl gekennzeichnet ist. Sie wissen, daß jedes Gefühl, jeder Gedanke und jede Verständigung zu der liebevollen Energie auf der Welt beiträgt, die sich wie eine Kette fortsetzen kann.

Das Fünfte Bewußtseinszentrum – das Zentrum der Fülle

Je mehr Sie im Bewußtseinszentrum der Liebe leben, desto mehr öffnen Sie sich Menschen und Lebenssituationen gegenüber. Sie schließen jetzt Freundschaften, für die Ihnen zuvor der Mut gefehlt hätte, erforschen ganz neue Lebensbereiche. Sie erleben sie jetzt in einer offenen, entspannten Weise – statt voreingenommen und bewertend zu sein. Sie sind Erfahrungen viel offener gegenüber, als zu der Zeit, in der Sie Entscheidungen aus den unteren Bewußtseinszentren heraus getroffen haben.

Dieses Offensein beginnt Sie Fließen und Leben auf eine wunderbare Weise erfahren zu lassen. Da Sie nun offen sind, gibt es für die meisten bisher problematischen Lebenssituationen nun schöne Lösungen. Ereignisse werden im Sinne von Ergebnissen und Geschehnissen betrachtet und nicht aufgrund der vermeintlichen Einstellungen von Menschen Ihnen gegenüber. Menschen, die Ihnen etwas beibringen können, begegnen Ihnen nun vermehrt. Ihre Wahrnehmungsfähigkeit hat sich enorm gesteigert. Sie sind beständiger in Ihrem Denken, können Hilfe geben und annehmen.

Sie beginnen, Ihr Leben als Aneinanderreihung »wundersamer« Ereignisse zu empfinden, verstehen, daß das Wunder immer da war, daß Sie aber erst jetzt in der Lage sind, es zu sehen. Das Leben bietet Ihnen jetzt ein »Füllhorn« an!

Das »Wunder« des Bewußtseins der Fülle tritt aufgrund von drei mächtigen Faktoren ein, die Sie automatisch unterstützen, wenn Sie die Zahl Ihrer Suchtforderungen beträchtlich verringern:

1. Da Suchthaltungen Ihre Energie verschwenden, werden Sie jetzt über einen riesigen Energievorrat verfügen, den Sie nach Belieben einsetzen können.
2. Da Suchthaltungen Sie blenden, sehen Sie nun klar vor sich, was Sie in verschiedenen Lebenssituationen tun sollten oder nicht.
3. Da Suchthaltungen Sie von anderen trennen, leben Sie nun in einem Feld liebevoller Energie, in dem Menschen Sie lieben und Ihnen helfen.

Indem Sie Einsicht in das Bewußtseinszentrum der Fülle gewinnen, empfinden Sie die Welt, in der Sie leben, als freundlich.

Ein paranoider Mensch dagegen hat das Gefühl, daß jeder versucht, ihn von dem fernzuhalten, das er braucht, um glücklich zu sein. Die Welt ist für ihn eine riesige Verschwörung, die ihm zusetzen will. Das Fünfte Bewußtseinszentrum verkörpert das Gegenteil von Paranoia. In diesem Zentrum erleben Sie die Menschen und Situationen um sich herum als Teil einer freigiebigen Welt, die Ihnen dauernd alles bietet, das Sie zum Glücklichsein benötigen.

Zunehmend leben Sie im Zentrum der Fülle, wenn Sie Ihre Welt als freundlichen, unterstützenden Zustand begreifen. Überall fühlen Sie sich zu Hause.

Wer könnte mehr verlangen? Und dennoch gibt es mehr, wenn Sie weiter auf dem Weg zu den beiden letzten Bewußtseinszentren wachsen.

12
Die erfüllenden Zentren

Sie steigern Ihre Einsicht in Ihr Leben, wenn Sie erkennen, daß alles, was Sie tun oder fühlen, eine größere oder geringere Beziehung zu den ersten fünf Zentren hat. Beim Essen beispielsweise erleben Sie die Speisen vorwiegend über das Sinnesreizzentrum, während Sie ihren Geschmack genießen. Essen hat jedoch Aspekte, die das Sicherheitszentrum berühren, denn Nahrung kann als emotionale Stütze dienen. Und natürlich hat der Nährwert der Nahrung mit Sicherheit zu tun. Oder Nahrung kann aus der Sicht des Zentrums der Fülle als eine weitere Bestätigung gewürdigt werden, daß Sie in einer schönen Welt leben, die Ihnen alles gibt, was Sie brauchen, um in Höherem Bewußtsein zu leben. Im Zuge Ihres Wachstums erfahren Sie Nahrung über jede beliebige Kombination der fünf Zentren oder über sie alle.

Bei jedem der vorangegangenen fünf Zentren stellen Sie fest, daß Sie ständig über sich selbst urteilen. Zu einem gewissen Grad vergleichen Sie Ihre Gedanken und Handlungen mit einem Zentrum des Bewußtseins, um festzustellen, ob Sie den Maßstäben des Zentrums entsprechen. Jedes Zentrum konfrontiert Sie mit etwas, das Sie tun sollten: (1) Sicherheit erlangen, (2) Sinnesreize erleben, (3) Macht entwickeln, (4) die Fähigkeit erlangen, jeden und alles bedingungslos zu lieben und zu akzeptieren, was immer auch geschieht, und (5) die Freundlichkeit und Perfektion von allem, was Sie umgibt, erfahren.

Obwohl Sie sich nicht antreiben sollten, fragen Sie sich vielleicht doch, ob Sie wirklich rasch Fortschritte machen. Sie werden Phasen durchlaufen, in denen Sie suchthaft nach dem Zentrum der Liebe und dem Zentrum der Fülle verlangen. Es mag sein, daß Sie ungeduldig werden, weil Sie glauben, bedingungslos zu lieben – und Sie stoßen auf etwas, das Sie emotional nicht akzeptieren können. Dann beschleicht Sie das Gefühl: »Ich muß nur dies schnell hinter mich bringen, dann kann ich wieder entspannen und aufhören, die mich umgebenden Menschen und Dinge zu manipulieren. Ich kann wirklich damit anfangen, den Rest meines Lebens zu fließen, wenn ich mich durch dieses Problem durcharbeite.«

Sie werden erleben, daß Sie jede der ersten fünf Bewußtseinsebenen als Standard erfahren, mit dem Sie sich vergleichen, obwohl Ihr Wachstum auf dem Weg zu Höherem Bewußtsein mit dem bedingungslosen Akzeptieren Ihrer selbst und anderer verbunden ist. Ist dieses nicht eine Suchthaltung? Jedes dieser fünf Bewußtseinszentren mag als Kette betrachtet werden, die Sie für Angst, Verstimmung, Zorn, Beklemmung, Sorgen usw. empfänglich hält. Selbst wenn Ihr Bewußtsein die meiste Zeit im Zentrum der Fülle weilt, ist es noch immer angekettet – obwohl diese als eine leichte Kette aus feinem Gold angesehen werden kann.

Das Sechste Bewußtseinszentrum – das Zentrum bewußter Wahrnehmung

Um von diesen Ketten frei zu werden, müssen Sie Ihr Bewußtsein in Ihrem Zentrum bewußter Wahrnehmung verweilen lassen. Dies ist ein friedvoller Ort, der aus Ihrem tiefen Inneren heraus erfahren wird, wo nur Sie Zeuge Ihres Dramas in all den anderen fünf Zentren sind. In diesem Zentrum urteilen oder bewerten Sie in keiner Weise, sondern sind nur Zeuge Ihrer selbst.

Von dem losgelösten Zentrum bewußter Wahrnehmung aus beobachten Sie nur sich selbst, wie Sie in allen anderen fünf

Zentren agieren. Sie loben oder kritisieren sich in keiner Weise. Sie genießen das Schauspiel mit Wonne, sind ein unvoreingenommener Zeuge Ihrer selbst.

Sie benutzen das Zentrum bewußter Wahrnehmung als Megazentrum, von dem aus Sie sich von Ihrer Beschäftigung mit den vorangegangenen fünf Bewußtseinszentren befreien – denn alle fünf Zentren binden Sie auf die eine oder andere Weise, indem sie eine spezielle Version dessen, was sich ereignet, kreieren. Sie sprengen alle Ketten, wenn Sie jeden Moment Ihres Lebens von dem ruhigen inneren Ort aus erleben, von dem aus Sie alles beobachten – und alles akzeptieren.

Das Zentrum bewußter Wahrnehmung verschafft Ihnen einen Raum zwischen Ihnen und der Umwelt. Von diesem Zentrum aus sind Sie nicht länger Höhen und Tiefen ausgesetzt. Endlich sind Sie frei – nichts kann Sie beunruhigen oder betrüben, auch wenn Körper und Verstand diverse Dramen durchmachen. Sie müssen den Alltag auch weiterhin bewältigen, ungeachtet des Bewußtseinszentrums, in dem Sie sich befinden! Sie werden auch weiterhin eine aktive Rolle in der umgebenden Welt spielen! Sie werden auch künftig Verschiedenes lernen, mit Menschen zu tun haben und Ihren Teil dazu beitragen, eine schönere Welt zu schaffen, indem Sie ein bewußtes Leben leben. Aber *Sie* werden es nicht tun. Es werden nur Ihr Körper und Verstand sein, die in diese täglichen Dramen des Arbeitens, Spielens, Fühlens, Machens usw. verwickelt sind. Ihre bewußte Wahrnehmung aber wird alles von einem schönen Ort tief in Ihnen, wo alles friedvoll ist, als Zauberspiel betrachten. Selbst wenn Körper und Verstand die Manifestationen von Ärger oder Eifersucht durchmachen, sind Sie sich bewußt, nur eine der suchthaften Rollen Ihres Repertoires auszuleben. Denn Sie sind nur ein stiller Zeuge, wie Körper und Verstand die Stichworte aufgreifen und Ihre Zeilen aufsagen.

Wenn Sie im Sechsten Bewußtseinszentrum leben, erfahren Sie sich als Schauspieler auf der großen Bühne des Lebens. Jeden Tag leben Sie die Zeilen aus, die durch die Programmierung Ihres Biocomputers diktiert werden.

Jeder von uns kreiert eine Welt, die von den Bewußtseinszentren erzeugt wird, die wir im heutigen Drehbuch des kosmischen Schauspiels anwenden. Die Regie hat diverse Menschen auftreten lassen, die als Schauspieler verkleidet sind, um Ihnen in Ihrem Wachstum des Bewußtseins zu helfen. Aber Ihr Höheres Bewußtsein ist draußen im »Publikum« und beobachtet Ihren Körper und Verstand, wie sie mit anderen auf der Bühne interagieren.

Der Weg, festzustellen, für wen oder was Sie sich halten, ist, genau zu beobachten, was Ihr Ego bewacht. Welche Fassaden oder gesellschaftlichen Rollen leben Sie gerade aus? Was löst Zorn, Angst, Eifersucht oder Kummer aus? Wen verteidigt Ihr Verstand?

Wie sehen Sie sich selbst? Was für einen Eindruck machen Sie auf andere? Vielleicht beschützt Ihr Ego Ihr Selbstverständnis als jemand, der die Schwächen unserer Zivilisation klar erkennt und eindeutig über allem steht. Es kann sein, daß Sie diese unbedeutenden Darstellungen Ihres Selbstverständnisses hinter sich gelassen haben. Erregen Sie sich, wenn jemand darauf aufmerksam macht, daß Ihr Weg nicht der einzige Weg oder der beste Weg für ihn ist? In welchen diversen Spielen leitet Ihr Ego Ihre Energie und Ihr Bewußtsein an diesem Punkt in Ihr Leben?

Wenn Sie klar Ihre verschiedenen Aktivitäten, Spiele und persönlichen Grenzen als Schauspiel erkennen, das Ihr Ego jetzt zu beschützen und zu steigern sucht, sehen Sie, für wen Sie sich jetzt halten... Aber Sie sind nichts davon! Es sind einfach Stationen, die Sie durchlaufen, um das bewußte Wesen zu entdecken, das Sie wirklich sind. Wenn Sie eine Liste all der Aktivitäten, charakteristischen Eigenschaften, Persönlichkeitsmerkmale und persönlichen Grenzen aufschreiben würden, die Ihr Ego jetzt verteidigt, wäre festzustellen, daß viele davon vor zehn Jahren nicht auf der Liste waren. Und wenn Sie auf dem Weg zu Höherem Bewußtsein wachsen, werden die meisten von ihnen in zehn Jahren verändert sein. Während Sie an Bewußtsein gewinnen, erkennen Sie, wie Sie eifrig damit beschäftigt sind, Rollen zu spielen, die Sie selbst programmiert haben.

Die Welt ist da, damit wir sie genießen, aber wir können sie nur vollständig genießen, wenn wir frei davon sind, uns mit den Rollen zu identifizieren, die wir in dem Schauspiel des Lebens spielen. Die einzige Möglichkeit, ein Schachspiel durchgehend zu genießen, ist, es nicht so ernst zu nehmen, daß wir emotional an dem Ausgang des Spieles hängen. Menschen genießen es, Probleme zu lösen. Aber wir neigen dazu, diese Probleme mit so einer Ernsthaftigkeit anzugehen, daß wir die Lebendigkeit und den Spaß unserer Hier-und-jetzt-Lebenssituation töten. Wir benötigen eine Methode, um zwischen dem, was wir essentiell sind, und den Motivationsmodellen zu unterscheiden, die unser Verhalten erzeugen.

Um von unserer Identifikation mit den gesellschaftlichen Spielen frei zu werden, in denen wir gefangen sind, müssen wir die Spiele klar als das erkennen, was sie sind. Wie können wir die vielen Prestigespiele, die wir jetzt betreiben, so ernst nehmen? Wie kann unser Stolz uns in den bedeutungslosen »Verlust oder Gewinn«- und »Ruhm oder Schmach«-Spielen gefangenhalten, die wir vorher für lebensnotwendig hielten?

Ein bewußter Mensch lehnt weder seine eigenen noch die gesellschaftlichen Spiele ab – er betreibt sie nur als Spiele. Wenn unsere Gruppe bestimmt: »Laßt uns das Spiel spielen, unsere Geschlechtsteile bedeckt zu halten, wenn wir die Hauptstraße entlanggehen«, wird das als Teil des Hier-und-jetzt-Spiels des Lebens akzeptiert. Wenn ein bewußter Mensch an einem Ort ist, wo die Gruppe sagt »Hier ist ein Strand bzw. eine warme Quelle, wo gebadet wird«, kann ein Mensch ohne Suchtzwänge in diesem Bereich ebenfalls mit dem, was hier und jetzt ist, fließen. Bewußte Menschen fließen mit den Aktivitäten und Gefühlen der Gruppe, wenn dabei niemandem Schaden zugefügt wird. Ihr Bewußtsein, ihre Liebe, Einsicht und Flexibilität vermitteln uns Botschaften, die uns helfen, uns von den gesellschaftlichen Steifheiten zu befreien, die wir für »natürlich« hielten.

Also lernen wir allmählich, daß wir nicht die Persönlichkeit haben, die unser Ego so tapfer verteidigt. Haben wir nicht diese Persönlichkeit, diese Anhäufung von Motivationen, die wir von der Gesellschaft angenommen haben – wer oder was sind wir dann? Viele von uns identifizieren sich mit ihrem Körper – dieser veränderlichen Struktur aus Knochen, Muskeln und anderen Organen, die von Haut umgeben ist. Wenn es unserem Körper nicht gut geht oder er ein Schmerzsignal an unseren Biocomputer sendet, neigt unser Ego dazu, die Aufmerksamkeit ausschließlich auf den Schmerz zu richten, so daß wir uns vollständig damit identifizieren. Mit zunehmend Höherem Bewußtsein erkennen wir, daß wir nicht die Körper sind, die wir bewohnen. Unsere Körper sind lediglich *Tempel*, in denen unser Bewußtsein lebt.

Sobald Sie aufhören, sich mit Ihren diversen gesellschaftlichen Rollen und Ihrem Körper zu identifizieren, werden Sie wahrscheinlich sagen: »Aha! Meine Essenz ist mein Verstand.« Denn ist dies nicht die Essenz des menschlichen Seins? Dies ist der Teil Ihres Biocomputers, der die Fähigkeit besitzt, Sprache anzuwenden, zu analysieren, zu kalkulieren, Gedanken und Bilder zu produzieren, Empfindungen auszusortieren, diese im Gedächtnis zu speichern und wieder hervorzuholen, Symbole zu benutzen, Überzeugungen und Vermutungen zu vergleichen usw.

Definierte nicht Aristoteles den Menschen als ein rationales Tier? Aber auch hier ist Ihr Verstand nicht Ihre Essenz. Ihr Intellekt oder Verstand ist ein großartiger »sechster Sinn«, der Ihnen auf dem Weg zu Höherem Bewußtsein helfen kann, wenn Sie ihn richtig anwenden. Oder er kann Sie hilflos in den unteren drei Bewußtseinszentren gefangenhalten, indem er sklavenhaft mit Ihrem Ego zusammenarbeitet, um starre, logische Rechtfertigungen zu schaffen, die all Ihre jetzigen Programmierungen aufrechthalten.

Wir nähern uns dem Kern der Sache: Wenn Sie nicht Ihre gesellschaftlichen Rollen, Ihr Körper oder Ihr Verstand sind, was bleibt eigentlich übrig? Sind Sie Ihre Sinne – die verschiedenen Tore, durch die Seh-, Hör-, Tast-, Geschmacks- und Geruchseindrücke empfangen werden? Oder Ihre Emotionen – diese Gefühlsstimmungen, auf die Sie soviel Energie verwenden? Ihre Programmierung – die Ansammlung von Wünschen, Motivationen, Erwartungen und Forderungen, auf die Ihr Ego Ihre meiste Aufmerksamkeit und Energie lenkt? Oder sind Sie Ihr Ego – der Chefprogrammierer, der so ein absoluter Diktator ist, wenn Sie in den unteren drei Bewußtseinszentren gefangen sind? *Glücklicherweise ist unser essentielles Du keines davon!* Deshalb fahren wir mit der Suche fort. Könnte es sein, daß die Suche nach der Essenz durch unsere egobedingte Programmierung überschattet ist, die möchte, daß wir »jemand« sind? Bilden Name, Gedächtnis und Verstand eine Einheit, um uns die Illusion zu vermitteln, ein besonderes Wesen zu sein?

An diesem Punkt mögen Sie das Gefühl haben: »Von mir ist nichts übrig.« Aber Ihre Essenz ist etwas, das Sie erfahren können, um in Höheres Bewußtsein hineinzuwachsen. Auf dem Weg der Gelebten Liebe definieren wir Ihre Essenz als Ihre *bewußte Wahrnehmung.* Damit Sie verstehen, was wir damit meinen: Blicken Sie geradeaus und beobachten Sie eine Minute lang die Bilder, die durch Ihre Augen übermittelt werden. Dann schließen Sie die Augen. Tun Sie es jetzt, bevor Sie weiterlesen...

Die visuellen Sinnesreize sind verschwunden – aber Ihre bewußte Wahrnehmung ist geblieben. Hinter all diesen Gedanken, Sinnesreizen und Bildern ist immer Ihre bewußte Wahrnehmung. Die meiste Zeit ersticken wir sie unter einem unablässigen Schwall von Worten, Aktivitäten, Gedanken und Sinnesreizen, die unseren Verstand weiter analysieren, kalkulieren, symbolisieren, reden, erinnern und an die Zukunft und Vergangenheit denken lassen.

Das oben geschilderte Experiment demonstriert, daß Ihr Gesichtsfeld und Ihre bewußte Wahrnehmung nicht das gleiche sind. Lassen sie uns weitergehen. Schließen Sie Ihre Augen. Halten Sie sie jetzt eine Minute lang geschlossen, bevor Sie weiterlesen...

Was war Ihnen bewußt? Als Sie die visuellen Eingänge in Ihren Biocomputer abgeschaltet hatten, haben Sie wahrscheinlich Geräusche zur Kenntnis genommen. Aber Geräusche sind nicht Ihre bewußte Wahrnehmung. Nehmen Sie an, Sie gehen an einen völlig dunklen, stillen Ort. Wenn die visuellen und akustischen Eingänge aufhören, beginnen Sie, sich mit Ihrem Körper auf immer tieferen Ebenen in Einklang zu bringen. Sie erleben körperliche Sinnesreize, die vorher durch die dominanteren Ereignisse Ihrer fünf Sinne in den Hintergrund gerückt waren. Sie erleben Ihre Essenz nun vollkommen, wenn Sie Ihr emotionsbedingtes Drama, das durch Ihren Verstand produziert wird, beruhigt haben.

Mit anderen Worten: Sie sind die Wahrnehmung Ihres Bewußtseins! Vielleicht möchten Sie sich einen Bildschirm mitten in Ihrem Kopf vorstellen, auf den all Ihre Gedanken, Bilder und Emotionen projiziert werden. Es ist alles da – einschließlich optischer Eindrücke, Geräusche, Worte und Gedanken. Alles läuft über diesen imaginären Bildschirm. Aber Sie sind nicht der Bildschirm oder die Bilder. *Sie sind das, das sich all dessen, was über den Bildschirm läuft, bewußt ist.* Ram Dass sagt dazu: »Beobachte die Szene von einer ruhigen Ecke deines Verstandes aus, wo es nichts zu tun gibt außer zu ›sehen‹.«

Sie sind das Bewußtsein, das einfach »sieht«, was auf dem Bildschirm geschieht. Ihre Essenz ist reine bewußte Wahrnehmung.

Als Beobachter des Bildschirms sind Sie perfekt! Der Bildschirm mag einen fürchterlichen Film zeigen, der alle Arten von Schmerz und Leiden enthält. Oder er gibt einen erfreulichen Film wieder, der einen schönen Sonnenuntergang, ein wunderbares sexuelles Erlebnis oder eine genüßliche Mahlzeit zeigt. Hinter dem, was Sie zu sein glauben – SIND SIE!

Ihr Ego kann entspannen, und Sie können Ihr Leben genießen, wenn Sie begreifen, wer oder was Sie wirklich sind. Denn nichts stellt weiterhin eine Bedrohung oder eine »absolute Notwendigkeit« für Sie dar!

Wenn Sie sich vom Sechsten Bewußtseinszentrum aus als Betrachter des Schauspiels erleben, tragen Sie nicht länger die Illusion mit sich herum, Ihr intellektuelles Bemühen, Ihr Wille, Ihre Wachsamkeit seien notwendig, damit die Welt weiterhin richtig funktioniert. Statt dessen erleben Sie die Kraft, den tiefen

Frieden und die vollkommene Schönheit dessen, Ihre Energie mit den Energien um Sie herum harmonieren zu lassen. Indem Sie sich mit dem Ozean der Sie umgebenden liebevollen Energie in Einklang bringen, erkennen Sie, daß Sie weitaus mehr Sicherheit, genußreiche Sinnesreize, Wirksamkeit und Liebe haben können, als Sie jemals benötigen, um ein andauernd schönes Leben zu genießen.

Das Siebte Bewußtseinszentrum – das Zentrum Kosmischen Bewußtseins

Sie werden beobachten, daß sich Ihr Wachstum auf dem Weg zum Höchsten Zentrum des Bewußtseins naturbedingt in drei Phasen aufteilen kann:

1. Während Ihr Bewußtsein beginnt, zunehmend im Zentrum der Liebe und im Zentrum der Fülle zu verweilen, entwickeln Sie eine zentrierte Wahrnehmung, die Sie befähigt, alle Ihre Gedanken und Handlungen von den ersten fünf Zentren aus zu betrachten.
2. Dieses mehrfach zentrierte Bewußtsein fortsetzend, lernen Sie, sich selbst auf dem losgelösten Zentrum der bewußten Wahrnehmung (dem Sechsten Zentrum) zu betrachten. Auf dieser Ebene gibt es kein Gefühl von niederem oder höherem Bewußtsein mehr – vom Zentrum bewußter Wahrnehmung aus ist alles gleich. Dann
3. gehen Sie hinter das Zentrum bewußter Wahrnehmung zur selbstlosen, vereinenden Sphäre des Zentrums kosmischen Bewußtseins.

Das Sechste Bewußtseinszentrum ist dadurch gekennzeichnet, daß Sie Ihrer selbst gewahr sind. Dort ist Ihre Essenz – Ihre bewußte Wahrnehmung –, und dort ist das tägliche Drama Ihres

Körpers, Ihrer Sinne und Ihres Verstandes. Sie betrachten alles daran mit Einsicht und Perspektive. Obwohl dieses ein friedvolles, schönes Bewußtseinszentrum ist, herrscht dort immer noch Dualität. Es gibt immer noch eine feine Trennungslinie zwischen Ihnen und der Welt.

Auf der Siebten Bewußtseinsebene wird man vom Selbst-Bewußtsein in reines Bewußtsein katapultiert. Mit anderen Worten, man betrachtet sich nicht länger selbst. Der Körper, Verstand, die Sinne und bewußte Wahrnehmung sind nicht getrennt. In diesem Bewußtseinszentrum erfährt man nicht Sicherheit, Sinnesreize, Macht, Liebe und Fülle – man *ist* Sicherheit, Sinnesreize, Macht, Liebe und Fülle des Lebens. Der höchste Bewußtseinszustand wird durch eine Umprogrammierung dessen erreicht, was das »Selbst« genannt wird. Die gedankliche Aktivität ist beruhigt. Die Richtung der Wahrnehmung hat sich von einer Subjekt-Objekt-Manipulation durch eine Phase liebender Akzeptanz hin zu einer Einheit mit allem verschoben.

Auf der Ebene des Kosmischen Bewußtseins können wir mit enormer Effektivität funktionieren, weil die Gitter, die die Aufnahmefähigkeit beschränkt haben, nicht mehr da sind. Wir sind jetzt auf die subtileren Nuancen des Umfeldes eingestimmt, sind offen für das breite Spektrum all der subtileren Signale, die die Welt die ganze Zeit über ausgesandt hat – die aber bislang nicht empfangen wurden von unserem Bewußtsein, beschäftigt mit Sicherheit, Sinnesreiz und Macht der unteren Ebenen sowie Liebe, Fülle und Betrachten auf den mittleren Ebenen.

Und nun, am Ende der Reise ins Höhere Bewußtsein, sind wir gottähnliche Wesen geworden. Als vollkommen bewußtes Wesen sind wir optimal wahrnehmungsfähig, optimal weise und optimal effektiv. Anderen »dienen« ist das einzige im Leben, das wir zu tun haben, weil wir alle persönlichen Grenzen überschritten haben und kein Getrenntsein von irgend jemandem oder irgend etwas in der Welt erleben. Denn es gibt keine »anderen«.

Vielleicht ist an dieser Stelle ein Ratschlag hilfreich. Das Siebte Zentrum ist extrem schwierig zu erlangen. Es sind vielleicht nur hundert Menschen – von den fünf Milliarden Menschen auf dieser Erde –, die ständig in dem Zentrum weilen. Es zu erreichen, erfordert meistens einen besonderen Lebensstil und eine lange Zeit intensiven Bewußtseinswachstums. Selbst Präferenzhaltungen müssen ausgemerzt werden, um dieses Zentrum zu erreichen. Der Autor dieses Buches erzeugt seine Lebenserfahrung durch Anwendung des Vierten, Fünften und Sechsten Zentrums und genießt das Leben dauernd. Dies bedeutet nicht, daß er zu hundert Prozent frei von Suchtzwängen ist, aber häufig verbringt er viele Wochen ohne irgendwelche trennenden Emotionen.

Wenn Sie ungefähr 99 Prozent Ihrer suchthaften Programmierung gelöscht haben, wird der verbleibende Rest wahrscheinlich sehr subtil sein und das Glück nicht beeinträchtigen. Wenn Sie die erforderliche innere Arbeit getan haben, um auf diese Ebene der Effektivität zu kommen, wissen Sie genau, welcher Pfad oder welche Methode anzuwenden ist, wenn sich eine Folge von Suchtforderungen anbahnt. Innerhalb von kürzester Zeit arbeiten Sie sich durch alle suchthaften Forderungen von Sicherheit, Sinnesreiz oder Macht, die sie auslösen, und dann sind Sie wieder genau im Zentrum der Liebe oder im Zentrum der Fülle. Diese Zentren sind völlig ausreichend, Sie zu befähigen, ein glückliches, erfülltes, weises, wirksames und genußreiches Leben zu führen. Es lohnt sich, vom Dasein des Zentrums Kosmischen Bewußtseins zu wissen, aber lassen Sie es nicht zu einer neuen Suchtforderung werden! Wenn Sie hart daran arbeiten, das Vierte, Fünfte oder Sechste Bewußtseinszentrum anzuwenden, um Ihre eigenen Energien und die Energien der Sie umgebenden Welt zu bearbeiten und zu interpretieren, werden Sie tiefen Frieden in Ihrem Herzen erleben.

13
Fünf Methoden für Ihre innere Arbeit

Der Weg der Gelebten Liebe zu Höherem Bewußtsein bietet Ihnen Fünf Methoden, die Sie für Ihre innere Arbeit anwenden können. Diese Methoden sind für aktive Menschen ausgewählt worden, die tief in verschiedene Dramen des Lebens verwickelt sind. Sie nehmen Sie nicht aus Ihren täglichen Abläufen heraus. Die Methoden der Gelebten Liebe können angewendet werden, während Sie Ihren Geschäften nachgehen, lieben, saubermachen oder einen Film ansehen. Diese Methoden führen Sie in Ihre Lebenssituationen und verlangen von Ihnen, die Menschen und Dinge um Sie als Ihre Lehrer anzusehen. Sie selbst aber bleiben Ihr Meisterlehrer!

Sie finden eine tiefreichende Befriedigung in Ihrem täglichen Bewußtseinsstrom, wenn Sie diese Fünf Methoden ständig anwenden. Sie helfen Ihnen, sich von alten Programmierungen zu lösen, und machen Sie zu dem liebevollen Wesen, als das Sie gedacht sind.

> **Methode 1**
>
> Lerne die Zwölf Pfade auswendig und wende sie an, damit sie dich durch deine täglichen Lebenssituationen führen.

Bei ihrer Anwendung im Alltag entdecken Sie, daß die Zwölf Pfade Sie mit der vollständigen Lösung für jedes emotionale

Problem in Ihrem Leben ausrüsten. Doch um maximalen Nutzen aus ihnen zu ziehen, müssen Sie sie intuitiv auf den tiefsten Ebenen des Bewußtseins anwenden. Stetes Üben beschleunigt Ihre Entwicklung!

Wann auch immer Sie sich besorgt, ärgerlich, eifersüchtig, angstvoll, angespannt fühlen, vermittelt Ihnen das Leben eine Botschaft. Es sagt Ihnen, daß Sie nicht die Zwölf Pfade befolgen. Ihr nächster Schritt ist, diejenigen herauszufinden, die Sie nicht anwenden, und Ihnen zeigen zu lassen, was Sie tun müssen, um sich wieder gut zu fühlen.

Hören Sie endlich mit dem Grübeln auf!

Statt wie bisher mit Ihnen selbst zu reden, wiederholen Sie einfach die Zwölf Pfade! Ihr einziger Zweck ist es, Sie bewußt und liebevoll sein zu lassen. Sie sind nicht da, um Ihnen zu helfen, Menschen und Dinge zu manipulieren, damit sie zu Ihren inneren Suchtzwängen passen. Die Zwölf Pfade werden Ihnen helfen, Ihren Verstand umzuprogrammieren, so daß ALLE Ihre Suchtforderungen zu Präferenzhaltungen werden. Sie zeigen, was es bedeutet, wahrhaft lebendig zu sein.

Methode 2

Sei dir zu jeder Zeit bewußt, welches Bewußtseinszentrum du erfährst.

Sie werden entdecken, daß die Arbeit an Ihrem Bewußtsein das erfüllendste ist, das Sie in Ihrem Leben tun können. Ob Sie Auto fahren, lesen oder in eine Auseinandersetzung mit jemandem verwickelt sind – Sie können immer zur Schönheit Ihres äußeren Dramas beitragen, wenn Sie wissen, welches Bewußtseinszentrum Sie anwenden.

Alles, was Sie tun, hat Aspekte auf allen Bewußtseinsebenen. Wir können das Leben auf allen Ebenen genießen – und uns nicht nur an die unteren drei Zentren klammern. Wenn Sie zum Beispiel beim Liebesspiel sind, können Sie sich der Sicherheitsaspekte bewußt sein (das Sicherheitszentrum), nur die schönen Empfindungen genießen (das Sinnesreizzentrum) oder sich der Unterordnung oder Kontrolle bewußt sein (das Machtzentrum). Es kann für Sie ein Akt reinen Akzeptierens des anderen sein und ein Erfahren bedingungsloser Liebe (das Zentrum der Liebe). Der Liebesakt ist eine weitere Manifestation der Art und Weise, in der Ihnen die Welt alles bietet, das Sie brauchen (das Zentrum der Fülle). Oder Sie beobachten das ganze Schauspiel von Ihrem Zentrum der Zentren aus (dem Zentrum bewußter Wahrnehmung).

Während Sie ständig das Bewußtseinszentrum, das Sie erleben, erhöhen, entdecken Sie, daß Sie jedesmal, wenn Sie ein höheres Zentrum erreichen, mit immer mehr Menschen Kontakt haben. Ebenso setzen Sie zunehmend mehr Energie frei.

Ihr Bewußtsein dessen, welches Zentrum Sie gerade erleben, und Ihre Anwendung der Zwölf Pfade, die Sie ständig führen, sind der Weg der Gelebten Liebe zum Meditieren. Dieses tun Sie fortwährend, so daß Ihr *gesamtes Leben* Meditation wird. Auf dem Weg der Gelebten Liebe ist Meditation kein heiliges Ritual, das ein- oder zweimal am Tag durchgeführt wird. Es ist eine Methode, Dinge ununterbrochen klar und bewußt zu sehen – hier und jetzt.

Methode 3

Verbinde ein Leiden mit der entsprechenden suchthaften Forderung, um die intellektuelle und emotionale Einsicht zu erlangen, daß deine suchthafte Forderung dein Leiden verursacht.

Um Sie mit der enormen Wirksamkeit von dem Weg der Gelebten Liebe in Einklang zu bringen, ist es wesentlich, sich zunehmend jeder Ihrer Suchthaltungen bewußt zu werden und der Weise, wie sie eine Serie von Ereignissen erzeugen, die Sie leiden lassen. Wichtig ist, zu bemerken, wie jede Suchthaltung Ihr Ego und Ihren Verstand miteinbezieht – der, statt die Suchthaltung loszulassen, anfängt, eine »rationale« Lösung zu produzieren, die weitere Probleme in Ihrem Leben auslöst.

Veränderungen, die zum Glück führen, kommen am schnellsten, wenn Sie sowohl Ihr Ego als auch Ihren Verstand (zwei Ihrer kraftvollsten Fähigkeiten) vollkommen in das Spiel einbinden können. Manche Suchthaltungen werden rasch wegschmelzen. Einige der tieferliegenden aber, die in den ersten Lebensjahren schmerzhaft in Ihren Biocomputer einprogrammiert wurden, erfordern mehr innere Arbeit und mehr »Ausleben«, um die ausgedehnten Verästelungen der Leidensmuster vollständig zu erkennen. Der Schlüssel zur Dritten Methode ist, bewußt alles Leiden in Ihrem Leben mit den suchthaften, emotionsbedingten Modellen und Erwartungen zu verbinden, die Sie glauben haben zu müssen, um glücklich zu sein.

Diese Methode ist so elementar und tiefgreifend, daß es schwierig ist, ihre Bedeutung zu übertreiben. Wenn Sie extrem aufgebracht sind und sich nicht an die Pfade, die Sieben Bewußtseinszentren oder eine andere Methode erinnern, sollte diese Dritte Methode in der Lage sein, Ihnen zu helfen, wieder bewußt zu werden! Fassen Sie jetzt den Entschluß, Ihr Ego und Ihren Verstand nie wieder versuchen zu lassen, Sie davon zu überzeugen, daß die äußere Welt die Ursache für Ihr Leiden sei! Sie verewigen Ihr Gefangensein in Ihrer Sicherheits-, Sinnesreiz- und Machtprogrammierung, wenn Sie stets andere Menschen und Dinge für Ihre emotionalen Gefühle verantwortlich machen! Um aus den Fallen des niederen Bewußtseins auszubrechen, müssen Sie stets die volle Verantwortung dafür übernehmen, was Sie erleben, und so schnell wie möglich an der Suchtforderung arbeiten.

Indem Sie die volle Verantwortung übernehmen, geben Sie

Ihrem Ego und Ihrem Verstand eine vollkommen andere Richtung. Sie beginnen daran zu arbeiten, Ihnen bei der Umprogrammierung zu helfen, anstatt Sie zu ermuntern, die Menschen in Ihrem Leben zu manipulieren und zu bekämpfen. Diese geänderte Richtung der Aufmerksamkeit von der Außenwelt zu Ihrer eigenen inneren Programmierung ist der Schlüssel, aus dieser ungewöhnlich raschen Methode des Bewußtseinswachstums Nutzen zu ziehen. Wenn Sie ein Experte darin werden, die Suchtforderung genau zu bestimmen, die Sie benutzen, um Ängste, Ärger, Kummer, Verstimmung oder Eifersucht auszulösen, sind Sie innerhalb einiger Monate fähig, das Vierte Bewußtseinszentrum einen großen Teil der Zeit zu genießen.

Machen Sie die folgenden vier Schritte Ihrer Befreiung:

UM FREI ZU SEIN
1. Erforsche das Leiden.
2. Bestimme die suchthafte Forderung genau.
3. Programmiere die suchthafte Forderung um.
4. Erlebe das Freisein.

Um in der Anwendung der Dritten Methode kompetent zu werden, sollten Sie Ihre eigene Technik entwickeln, den Suchtzwang zu erkennen, der Sie vom Hier und Jetzt in Ihrem Leben entfremdet. Mit Fragen wie: »Was geschieht genau jetzt?« (Beim Antworten nicht den Intellekt benutzen!) »Welche spezifische Emotion erlebe ich?« (Zur Beantwortung sagen, was Sie *fühlen* – nicht, was Sie denken!) »Was sage ich mir im Moment?« »Was für Schmerzen oder Anspannungen sind in diesem Augenblick in meinem Körper hervorgerufen worden?« »Wie sehen meine Körperhaltung und mein Gesicht aus?« »Was für einen Tanz führt mein Verstand jetzt auf, um zu beweisen, daß ich recht habe und alle anderen unrecht?« »Was möchte ich an der Außenwelt ändern, statt die innere Arbeit zu leisten, meine eigene Reaktion darauf zu ändern?« »Was für eine Art unechter Fassade versucht mein Ego aufrechtzuerhalten?« »Welche

Ereignisse aus der Vergangenheit waren besonders schmerzhaft und gaben meinem Biocomputer diese Programmierung, die mich aufregt, wenn ein ähnliches Ereignis geschieht?« »Habe ich genug gelitten?« »Möchte ich wirklich von dieser automatischen Reaktion frei sein, wann immer das Hier und Jetzt meines Lebens mich prüft?« »Was genau lehne ich im Hier und Jetzt ab?« »Was lehne ich an mir ab?« »Was für eine Bedrohung verkörpert diese Person oder Situation für mich?« »Was ist das Schlimmste, das passieren könnte?« »Könnte ich dies akzeptieren und immer noch glücklich sein?« »Was verteidige ich?« »Was verberge ich?« »Was ist es an mir, von dem ich glaube, daß andere Menschen es nicht lieben können?« »Was meine ich, denkt die andere Person wohl?« »Was für eine Maske trage ich?« »Was für einen Tanz lassen mich mein Stolz und mein Prestige aufführen?« »Was verlange ich, um mich glücklich und zufrieden zu fühlen? Von mir selbst? Von anderen? Von der Außenwelt?« »Was für ein Modell habe ich davon, wie ich sein sollte oder müßte?« »Was für ein Modell habe ich davon, wie ich behandelt werden sollte?« »Was sind die spezifischen Details meines Modells von der Welt, wie sie sein sollte, damit ich akzeptierend, liebevoll und fließend sein kann?« »Von welchem Bewußtseinszentrum aus handle ich?« »Wenn in diesem Moment ein Flaschengeist erscheinen würde und er die Macht hätte, die Situation exakt so zu ändern, wie ich angebe, was würde ich von ihm verlangen?«

Wenn Sie einmal die Suchtforderung genau bestimmt haben, ist Ihr nächster Schritt, diese in eine Präferenzhaltung umzuwandeln. Benutzen Sie dabei Ihren Willen und Ihre Entschlossenheit, um Ihrem Biocomputer klare, eindeutige Betriebsanweisungen zu erteilen! Sagen Sie ihm, daß er auf Ihren Wunsch zukünftig bei der Verarbeitung eingehender Daten auf eine andere Weise zu funktionieren hat! Geben Sie ihm eine neue Betriebsanweisung ein! Umprogrammierung funktioniert am besten, wenn Sie die Anweisung dafür viele, viele, viele Male wiederholen. Ganz einfach: Werden Sie sich der Beziehung von Ursache und Wirkung zwischen Ihren Suchtzwängen und dem daraus resultierenden Unglücklichsein bewußt, und Sie sind bereits auf dem direkten Weg zum Vierten Bewußtseinszentrum!

Methode 4

Benutze den Katalysator VERWENDE IMMER GELEBTE LIEBE als Werkzeug für kognitives Zentrieren.

Sie können Ihr inneres Wachstum beschleunigen, wenn Sie in Ihrem Verstand einen Katalysator als Vordergrundfigur benutzen, während all Ihre Sinnesreize, Gefühle und Gedanken den Hintergrund bilden. Diese ständige Wiederholung hilft Ihnen, Ihren Verstand zu beruhigen, Ihre Konzentrationskraft zu verstärken, Ihre Wahrnehmungen zu erweitern, Ihre intuitive Weisheit hervortreten zu lassen.

Nachdem Sie längere Zeit Erfahrung mit dem Katalysator gesammelt haben, werden Sie wahrscheinlich seine Schwingungen und Implikationen auf immer tieferen Ebenen spüren. Da nur eines zur Zeit Ihre ungeteilte Aufmerksamkeit haben kann, kann diese Zentrierungstechnik negative Gedanken und Gefühle wegschieben und sie mit den Schwingungen Gelebter Liebe ersetzen. Dieses läßt Sie Ihren ruhelosen Verstand unter Kontrolle bringen, wann immer Sie es sich wünschen.

Ein wiederholter Satz ruft Ihre Aufmerksamkeit immer wieder zurück. Der Katalysator *verwende immer Gelebte Liebe* kann benutzt werden, um Ihre Stimmung auf positive Weise zu verändern. Wenn Sie aufgeregt sind oder ein ärgerliches Erlebnis haben, wiederholen Sie diesen Satz, bis Sie sich ruhig und zentriert fühlen. Mit konsequenter Anwendung wird er zunehmend Wirksamkeit entwickeln.

Dieses Werkzeug für kognitive Zentrierung kann so am effektivsten sein:

1. Nacheinander betonen Sie jedes der Worte wie folgt: »*Verwende* immer Gelebte Liebe«, »Verwende *immer* Gelebte Liebe«, »Verwende immer *Gelebte* Liebe« usw.
2. Wenn Sie es laut sagen, öffnen Sie Ihren Mund weit. Fühlen Sie es in Ihrem Herzen mitschwingen. Lassen Sie die gesamte Welt in Ihr Offensein einfließen. Wenn Sie es stumm sagen, fühlen Sie dieses Offensein!
3. Sagen oder singen Sie jedes Wort liebevoll und liebkosend! Gewöhnlich ist Singen wirksamer als nur Sprechen, um den Verstand zu beruhigen, denn es hinterläßt wenig oder gar keinen Raum für ziellose Gedanken auf dem Bildschirm Ihres Bewußtseins.
4. Schon vom ersten Mal an kann der Katalysator derart wirksam Frieden und Ruhe in Ihren Verstand bringen, daß es besser wäre, nicht autozufahren oder gefährliche Maschinen zu bedienen, bis Sie in seiner Anwendung erfahrener sind. Mit Erfahrung werden Sie fähig sein, Ihre Anwendung so zu »regulieren«, daß Sie die Energie und Wahrnehmungsfähigkeit für Hier-und-jetzt-Aktivitäten haben, ohne unaufmerksam zu werden.
5. Jemand, der ernsthaft am Wachstum des Bewußtseins arbeitet, sollte den Katalysator eine halbe Stunde am Tag für mindestens einen Monat benutzen, um in seiner Anwendung geübt zu werden. Er wird dann ein wirksames Werkzeug des Bewußtseins, das bei Bedarf verfügbar ist. In Zeiten großen Stresses kann es nützlich sein, ihn ununterbrochen über den ganzen Tag hinweg zu benutzen.

Um Ihr Gespür für Menschen zu verbessern, können Sie den Katalysator anwenden, während Sie sie sehen. Das hilft Ihnen, Ihre und ihre Spiele zu erkennen und an den Ort zu gelangen, wo wir nur liebende Wesen sind. Sie wollen vielleicht Augenkontakt vermeiden, da dieser das Ego miteinbeziehen kann (»Ich kann dich durchdringender anblicken als du mich«). Finden Sie statt dessen einen kleinen Lichtfleck auf der Nasenwurzel zwischen den Augen, der fast immer erkennbar ist. Erleben Sie, mit Ihrem

Blick auf diesen Punkt fixiert, die vielen Veränderungen in dem Gesicht.

Methode 5

Eine der kraftvollsten Methoden der Gelebten Liebe ist die Technik der Bewußtseinseinschärfung. Diese Methode ist in den nächsten zwei Kapiteln detailliert erläutert.

14
Bewußtseinseinschärfung

Bewußtseinseinschärfung ist eine der kraftvollsten Methoden, starke Suchtzwänge umzuprogrammieren. Wenn sie wirksam angewendet wird, kann eine lebenslange Suchtforderung manchmal in überraschend kurzer Zeit aus der emotionalen Programmierung gelöscht werden. Je größer die Möglichkeit ist, die uns etwas für Sicherheit, angenehme Sinnesreize oder Macht anbietet, desto mehr werden wir suchthafte Programmierungen entwickelt haben, die uns Enttäuschung und Leiden aussetzen. Bewußtseinseinschärfung hilft uns, diese starken Suchtzwänge umzuprogrammieren, durch die wir soviel nutzlose Energie darauf verwenden, sie zu beschützen und sie täglich auszuleben.

Bewußtseinseinschärfung hilft uns, unsere täglichen Lebenssituationen für maximales Wachstum zu benutzen. Um diese neue Methode anzuwenden, gehen wir eher im Leben vorwärts, als uns von ihm zurückzuziehen. Wenn beispielsweise Ihre Partnerbeziehung problematisch ist oder Sie sich beruflich aufregen, können Sie diese wirksame Technik anwenden, um schneller zu wachsen.

Bewußtseinseinschärfung beruht auf der Tatsache, daß Ihre emotionale Programmierung durch das etabliert wird, was Sie sich mit starken Gefühlen einreden, wenn Sie Schmerzen haben und leiden. Tatsächlich haben Sie Bewußtseinseinschärfung Ihr Leben lang angewendet. Vielleicht haben Sie als kleines Kind Ihren Finger in eine Lampenfassung gesteckt und einen Schlag bekommen. Sofort haben Sie Ihren Finger herausgezogen und sich eingeredet, daß die Lampenfassung Ursache des Schmerzes war. Das mag das letzte Mal gewesen sein, daß Sie das jemals getan haben, weil Ihr Biocomputer die Anweisung tief einprogrammiert hat. »Ich werde meinen Finger nicht in Lampenfassungen stecken, weil es wehtut.« Von da ab ging in Ihrem Leben immer ein »rotes Warnsignal« an, wenn Sie Ihren Finger auch nur in die Nähe der Innenseite einer Lampenfassung brachten, um sicherzugehen, nicht wieder einen Schlag zu bekommen.

Wenn Sie friedvoll und ruhig sind, besteht die beste Möglichkeit, Ihren Verstand umzuprogrammieren – aber nicht Ihre emotionsbedingten Suchtforderungen. Aber wenn Sie emotional aufgebracht sind, bietet sich Ihnen die beste Gelegenheit, Ihre Suchtzwänge durch die Anwendung der Methode der Bewußtseinseinschärfung neu zu programmieren! Denn jedesmal, wenn Sie sich ängstlich, eifersüchtig, besorgt oder ärgerlich fühlen, bietet Ihnen das Leben eine goldene Gelegenheit, diese Methode anzuwenden, um sich selbst von einer Suchthaltung zu befreien!

Bewußtseinseinschärfung kann zu jeder Zeit angewendet werden, um an einer Suchthaltung zu arbeiten. Sie ist jedoch am wirksamsten beim Ausräumen einer suchthaften Forderung nach Sicherheit, Sinnesreiz und Macht auf tieferer Ebene, wenn Sie in den vergangenen Wochen (1) die Pfade angewendet haben, (2) sich immer bewußt waren, welches Bewußtseinszentrum Sie benutzt haben, sich aufzuregen, (3) die Dritte Methode verwandt haben, die Suchthaltung mit dem von Ihnen empfundenen Leiden zu verbinden.

Auf diese Weise wird die Methode der Bewußtseinseinschärfung angewendet:

Schritt 1.
Das Leiden untersuchen

Betrachten Sie nochmals die nackten Tatsachen des Zwischenfalls, der Angst, Ärger, Eifersucht oder andere störende Gefühle auslöste. Spüren Sie, wie es Ihrem Körper geht – dem Kopf, den Schultern, Ihrem Herz, dem Magen, Ihren Beinen, Rücken, Armen usw. Beschreiben Sie mit einfachen Worten, was Sie *fühlen*. Benutzen Sie dabei Worte wie furchtsam, angespannt, deprimiert, eifersüchtig, ärgerlich, verstimmt, gereizt usw. Denken Sie nicht darüber nach oder begründen Sie – beobachten Sie nur, was Sie fühlen, und liefern Sie Beschreibungen in einem Wort, die sich auf Gefühlszustände beziehen.

Schritt 2.
Die Suchtforderung genau bestimmen

Jetzt identifizieren Sie die Suchtforderung, die für Ihr Leiden in der vorstehend beschriebenen Situation verantwortlich ist. Formulieren Sie deutlich die genauen suchthaften Forderungen, die Sie stellen. Vielleicht möchten Sie dazu die Dritte Methode nochmals betrachten (vgl. S. 113). Sie müssen erst die unmittelbare Ursache für das Leiden kennen, um es loszuwerden! Die Ursache des Leidens wird immer ein emotionsbedingtes Programm in Ihrem Kopf sein. Wenn Sie diese suchthafte Forderung nicht hätten, wären die äußeren Ereignisse machtlos:

Wenn Sie den mittleren Faktor entfernen, gibt es keinen Weg für das äußere Ereignis, sich eine unglückliche Erfahrung erzeugen zu lassen. Ihr Ego und Verstand haben dem linken Kästchen (äußeres Ereignis) die Schuld an Ihrem Leiden gegeben. Sie trainieren jetzt Ihr Nervensystem, die Verantwortung für Ihre Erfahrung zu übernehmen. Sie haben Ihren Verstand gründlich davon zu überzeugen, daß Ihre suchtartigen Forderungen die unmittelbare Ursache Ihres Leidens sind. Seien Sie sehr präzise, wenn Sie die Forderung bestimmen! Was möchten Sie genau in der Situation? Was würden Sie gerne in der Situation ändern wollen? Bringen Sie sich mit Ihren Gefühlen in Einklang und stellen Sie sicher, daß Sie genau die Forderung bestimmt haben, die Ihr Leiden verursacht.

Schritt 3.
Wählen Sie Ihre Umprogrammierungssätze aus

Blicken Sie zunächst auf alle vergangenen Leiden zurück, die Sie sich selbst in ähnlichen Situationen zugefügt haben. Meistens geben Ihr Ego und Ihr Verstand anderen die Schuld an Ihrem Unglücklichsein. Das hielt Sie von der Erkenntnis ab, daß es Ihre eigenen Suchtzwänge sind, die die Probleme in Ihrem Leben kreiert haben. Betrachten Sie die lange Kette ähnlicher Ereignisse in Ihrer Vergangenheit. Übernehmen Sie die volle Verantwortung für die Tatsache, daß Sie es sich selbst angetan haben. Jetzt blicken Sie über die Gegenwart hinaus in die Zukunft! Wie lange möchten Sie damit fortfahren, unglücklich zu sein? Haben Sie wirklich genug Unglück und Gefühle der Entfremdung, Schmerzen und des Getrenntseins durch diese suchthafte Forderung gehabt? Fahren Sie fort, wenn Sie sicher sind!

Wählen Sie jetzt eine Anweisung zur Umprogrammierung aus, die Sie mit Nachdruck in Ihren Biocomputer eingeben wollen. Dies wird ein direkter Befehl an Ihren Biocomputer sein. Die Erfahrung hat gezeigt, daß dieser Befehl entweder in einer negativen Form erfolgen kann wie: »Ich muß nicht eifersüchtig sein, wenn mein Geliebter mit jemand anderem zusammen ist« oder in einer positiven Form wie »Ich bin genug.« Ihr wunderbarer Biocomputer ist excellent in der Verarbeitung von Anweisungen, um etwas zu tun oder zu unterlassen. Wählen Sie einen Ausdruck der Umprogrammierung aus, der kurz und prägnant ist und sich gut anfühlt, wenn Sie ihn mit Intensität schnell sprechen. Fangen Sie mit einem Ausdruck der Umprogrammierung an, der sich direkt auf die Situation bezieht, die im obigen Schritt 1 behandelt wird. Dementsprechend ist: »Ich muß mich nicht wertlos fühlen, wenn Sue mich ablehnt«, eine spezifische Ebene, mit der angefangen werden kann. Danach können Sie zu allgemeineren Programmierungen übergehen wie: »Es ist wirklich harmlos, abgelehnt zu werden!« »Ich muß mich nicht aufregen, wenn ich abgelehnt werde!« »Du gewinnst etwas und du verlierst etwas!« *Fangen Sie mit der Umprogrammierung nicht eher an, als bis Sie die suchthafte Forderung gründlich satt haben!* Sie sind bereit, die Umprogrammierung zu beginnen, wenn Sie klar erkennen, daß Ihr Suchtzwang Ihr Leiden unmittelbar verursacht, und nicht die Situation selbst! Wenn Sie noch immer fühlen, daß Sie Ihre suchthaften Forderungen eher befriedigen als loswerden wollen, sind Sie nicht bereit zum Umprogrammieren! In dem Fall benutzen Sie die anderen Methoden, um Einsichten zu gewinnen. Verbinden Sie das Leiden mit der Suchthaltung! Betrachten Sie ständig das Leiden, das die Suchthaltung in Ihrem Leben kreiert! Und erkennen Sie, wie nur Ihre suchthafte Programmierung das Leiden kreiert – nicht die Außenwelt.

Schritt 4.
Schärfen Sie Ihr Bewußtsein auf Umprogrammierung ein

Spannen Sie jetzt Ihren ganzen Körper an, um in Ihrem Nervensystem eine Spannung aufzubauen und dadurch zu Ihrer Bereitschaft beizutragen, die emotionale Programmierung zu modifizieren. Wenn Sie auf dem Fußboden knien, den Kopf nahe an die Knie gebeugt, wird diese Methode gefördert. Wiederholen Sie einen, oder besser mehrere Umprogrammierungssätze, für die Sie sich entschieden haben! Weinen oder schreien Sie. Ballen Sie Ihre Fäuste, oder schlagen Sie auf den Boden, während Sie den Umprogrammierungssatz sagen. Spannen Sie Ihre Arm- oder Beinmuskulatur an, oder tun Sie irgend etwas anderes, das sich gut anfühlt, während Sie sich Ihren Umprogrammierungssatz in den tiefsten Teilen Ihres Biocomputers einhämmern. Wenn Sie während der Bewußtseinseinschärfung schreien, können Sie ein Kissen verwenden, um den Lärm zu dämpfen.

Schärfen Sie weiter Ihre Umprogrammierungssätze in Ihrem Biocomputer, indem Sie sie immer und immer wieder mit intensiver Entschlossenheit wiederholen! Wenn Ihr Biocomputer bereit ist, die alte Leiden verursachende Programmierung loszulassen, wird die emotionale Ladung, die Sie während der Wiederholung der Sätze erfahren, immer weniger. Allmählich entwickelt sich das Gefühl von Spannkraft und Freiheit in Ihnen. Bewußtseinseinschärfung fühlt sich großartig an, wenn sie richtig gemacht wird! Bewußtseinseinschärfung funktioniert zu dem Grad, zu dem Sie wirklich Befreiung von der Suchthaltung erstreben. Falls ein Teil von Ihnen eigentlich noch immer möchte, daß die Außenwelt sich ändert, um glücklich zu werden, werden Ihre Bemühungen um die Bewußtseinseinschärfung nur teilweise wirksam sein. Sie können Ihren Biocomputer zu keiner Umprogrammierung verleiten, solange Sie es nicht ernst meinen.

Wenn Sie an eine Ihrer Suchthaltungen kommen, wenden Sie nach Möglichkeit unverzüglich Bewußtseinseinschärfung an! Es funktioniert immer am besten, wenn Sie den ersten emotionalen Schub benutzen, der Sie furchtsam, ärgerlich, eifersüchtig oder verstimmt macht. Verwenden Sie eine der anderen Methoden, wenn Sie für Bewußtseinseinschärfung nicht bereit sind, so daß Sie die Einsichten gewinnen können, die Sie befähigen, die Suchthaltung fallenzulassen. Wenn Ihre Emotionen abkühlen, wird es schwieriger sein, die emotionale Energie zu erzeugen. Aber zu einem späteren Zeitpunkt angewendet, kann Bewußtseinseinschärfung immer noch sehr effektiv sein und helfen, unsere Suchtzwänge stückchenweise abzubauen.

Falls Sie mit einer Suchtforderung in Verbindung kommen, während Sie in einem Aufzug sind oder in der Mitte eines großen Publikums sitzen, werden Sie sich wahrscheinlich kaum auf dem Boden zusammenkauern und sich mit verbaler, unerbittlicher Umprogrammierung beschäftigen. In öffentlichen Situationen können Sie die Fähigkeit entwickeln, Ihre Entschlossenheit zu erhöhen und die Umprogrammierungssätze, die Sie ausgesucht haben, nur stumm anzuwenden.

Die oben aufgeführten vier Schritte sind grundlegende Vorgänge für die Bewußtseinseinschärfung. Es gibt eine Anzahl an Hintergrundtechniken, die Ihnen helfen werden, Bewußtseinseinschärfung zu verbessern.

Wenn Sie in negativen, trennenden Emotionen ertrinken

Schritt I:
Das Leiden untersuchen.

1. Atme einige Male durch; schließ deine Augen; bring dich mit deinen Gefühlen in Einklang; laß dich sie wirklich erfahren.
2. Kreiere nochmals geistig ein tatsächlich objektives Bild der Szene, in die du verwickelt warst, gerade bevor du die intensivsten Emotionen erlebt hast. Wer ist darin verwickelt? Wo geschieht es? Was geschieht? Was wird gesagt?
3. Jetzt versetze dich in die Szene zurück, und erlebe bewußt die Emotionen, die du erzeugst:
a. Bringe dich mit deinem Körper in Einklang. Beschreibe die körperlichen Empfindungen. Beschreibe die Gefühle. Genau welche Emotionen erlebst du? Benenne sie: Angst, Zorn, Enttäuschung usw.
b. Setz dich mit deiner Interpretation des Zwischenfalls in Verbindung. Stell dir die Frage: »Was für Worte gehen durch meinen Kopf? Was erzähle ich mir, das diese Emotionen schafft?«
c. Um mit den grundlegenden Unsicherheiten in Verbindung zu treten, die suchthaften Forderungen unterworfen sind, frage dich: »Was ist es, das mich am meisten plagt?« »Was ist das Schlimmste, das passieren könnte?«

Schritt II:
Die Suchtforderung genau bestimmen.

1. Wie wolltest du die Dinge zur Zeit des Zwischenfalls haben? Was für programmierte Einstellungen oder Modelle hattest du in bezug darauf, wie du sein solltest, wie andere sein sollten, wie das Drama hätte gespielt werden »sollen«?

2. Um die tieferliegenden suchthaften Forderungen herauszufinden, stell dir die Frage: »Was bekomme ich, wenn die Dinge so laufen, wie ich es möchte, und mein programmiertes Modell erfüllt ist?« »Falls ich nicht das bekomme, was ich möchte, und mein Modell, wie Dinge sein sollten, nicht erfüllt ist, was bedeutet das für mich?« »Wie fühle ich mich über mich selbst?«
3. Bestimme jetzt genau deine prinzipiellen suchtartigen Forderungen, indem du dich fragst: »Was genau verlange ich suchthaft in dieser Situation?« »Was glaube ich, haben zu müssen, um glücklich zu sein?«

Schritt III:
Wähle deine Umprogrammierungssätze aus.

1. Erkennst du, wie du aufgrund dieser Suchthaltung wie ein Roboter handelst, der automatisch reagiert?
2. Erkennst du, wie du dich selbst aufgrund dieser Suchthaltung leiden läßt?
3. Kannst du das wiederholte Leidensmuster erkennen, das diese Suchthaltung in deinem Leben kreiert hat?
4. Hast du genug Leid gehabt? Willst du die Forderung loslassen? Falls nicht, vergewissere dich, daß dich die von dir gewählte Forderung wirklich in der Situation plagt, und wiederhole Schritt III.
5. Wähle zur Veränderung der alten Programmierung einen oder zwei kurze, prägnante Umprogrammierungssätze, die spezifischen Forderungen entgegenwirken. Um demzufolge der Forderung nach Anerkennung entgegenzuwirken, wäre »Ich brauche keine Anerkennung« ein geeigneter Satz. Um die Forderung zu bekämpfen, keine Fehler zu machen, würde »Ich muß mich nicht selbst ablehnen, falls ich Fehler mache« helfen. Sie sollten sich richtig anfühlen, wenn sie mit Intensität rasch gesprochen werden.
6. Bereite das Umprogrammieren vor, indem du die Szene wiederholst und deine Emotionen wiedererlebst. Setz dich wirklich mit dem Leiden in Verbindung, das deine Suchtzwänge verursacht hat, und mit deiner Entschlossenheit,

frei zu werden. Laß deine Energie wachsen für einen Schritt zur Freiheit.

Schritt IV:
Auf Umprogrammierung einschärfen.

1. Schließ deine Augen. Mach zehn tiefe, schnelle Atemzüge. Spann deine Muskeln an. Bau so viel emotionale Energie auf, wie du kannst.
2. Programmiere dann mit Intensität und Kraft um. Wiederhole deine Umprogrammierungssätze mit absoluter Entschlossenheit, bis du fühlst, daß sie in deinem Biocomputer eingerastet sind.
3. Lies die Zwölf Pfade laut und betrachte das Bewußtseinszentrum, das du benutzt, um hilfreiche Einsichten zu bekommen.
4. Versetz dich in dieselbe Szene zurück – diesmal mit der neuen Programmierung in Betrieb. Bestätige nochmals die neue Programmierung durch Visualisieren deiner selbst, wie du auf die Situation mit neuen positiven Erwiderungen und Gefühlen reagierst, die auf deiner neuen Programmierung beruhen. Bestätige nochmals, daß du von alter Programmierung frei sein kannst – frei, um so zu sein, wie du wirklich sein möchtest, um alles im Leben zu genießen.

15
Techniken der Bewußtseinseinschärfung

Es gibt hintergründige Einstellungen und Fähigkeiten, die die Wirksamkeit der Bewußtseinseinschärfung steigern. Dieses Kapitel erläutert praktische Anregungen, die Ihnen helfen, diese Methode zur Umprogrammierung Ihrer Suchtzwänge anzuwenden. Aber lassen Sie uns zuvor noch einmal die vier Schritte der Bewußtseinseinschärfung wiederholen:

1. Das Leiden untersuchen.
2. Die Suchtforderung genau bestimmen.
3. Wähle deine Umprogrammierungssätze aus.
4. Schärfe dein Bewußtsein auf Umprogrammierung ein.

Mit diesen Schritten können Sie Ihre Effektivität erhöhen, indem Sie diese Fünfte Methode anwenden:

Begrüßen Sie die Menschen und Situationen, die Ihnen helfen, sich Ihrer Suchthaltungen klar und deutlich bewußt zu werden.

Normalerweise schützen Sie sich sorgfältig vor Menschen, die Sie »einfach nicht leiden können«. Sie wechseln die Richtung, wenn Ihnen das Leben eine »unangenehme« Beziehung bietet. Zu Beginn Ihrer inneren Arbeit mit der Methode der Bewußtseinseinschärfung versuchen Sie sich nicht länger von Menschen oder einer Lebenssituation zurückzuziehen, solange Sie sich durch sie Ihrer Suchtforderungen bewußt werden. Begrüßen und schätzen Sie die Situation, denn sie versorgt Sie mit ständigen Impulsen von der Außenwelt, die Ihnen keine emotionalen Programmierungen bewußt machen. Die Methode der Bewußtseinseinschärfung kann nicht angewendet werden, wenn Sie friedvoll, zentriert und liebevoll sind. Sie kann nur in den Momenten wirksam angewendet werden, wenn Ihre vorhandene emotionale Programmierung in Ihnen Gefühle der Dualität und des Getrenntseins schafft und Ihre Kapazität zu lieben zerstört.

Was immer du dir in dieser Zeit sagst, ist von höchster Wichtigkeit. Also sei sicher, daß du für alle deine Mißstände deine suchthafte Programmierung verantwortlich machst.

Sie müsen die Art und Weise ändern, in der Sie mit sich selbst über Ihre Lebenssituation sprechen, um nicht länger vorauszusetzen, irgend etwas außerhalb von Ihnen wäre die unmittelbare Ursache Ihres Unglücklichseins. Anstatt zu sagen: »Joe macht mich verrückt«, sagen Sie: »Ich mach mich selbst verrückt, wenn ich bei Joe bin.« Anstatt zu sagen: »Mary reizt mich, wenn sie zu spät kommt«, sagen Sie: »Mary erinnert mich ständig daran, daß ich suchthaft nach Pünktlichkeit verlange, indem sie nicht pünktlich erscheint.«

Dies befähigt Sie, die Methode der Bewußtseinseinschärfung anzuwenden, um allmählich den Teil Ihrer Programmierung loszuwerden, der Sie verkrampft macht, wenn etwas nicht Ihren Erwartungen entspricht.

Es ist wichtig, sehr genau bei der Anwendung der Bewußtseinseinschärfung zu sein, um Ihre unbewußten Ebenen neu zu programmieren! Was immer Sie sich sagen, wenn Sie emotional aufgebracht sind, wird eine Rolle bei der Programmierung spielen, mit der Sie zukünftig leben müssen. Wenn Sie den üblichen Fehler begehen, die Außenwelt verantwortlich zu machen, stärken Sie einfach Ihre Suchthaltungen. Wenn Sie etwas sagen, das Sie von der Außenwelt trennt, wie: »Männer sind entsetzlich« oder »Frauen sind furchtbar«, programmieren Sie sich in einer Weise, die Sie eher entfremdet, als Sie mit der

Welt zu vereinen. Die Welt ist, wie sie ist – warum sich darüber aufregen? Anstatt zu sagen: »Die Städte sind gräßlich«, sagen Sie: »Ich muß mich von dem Teil meiner suchthaften Programmierung lösen, der mich aufgeregt werden läßt, wenn ich gewisse Dinge in Städten erlebe.« Mit anderen Worten: Sie müssen damit aufhören, sich einzureden, der Grund für Ihre Anspannung und Ihr Unglücklichsein liege »da draußen« – wenn Sie in Wirklichkeit einfach Ihre innere Programmierung ständig angespannt sein läßt. Wenn Sie die Suchthaltung umprogrammiert haben, können Sie beschließen, Ihre Energie dafür zu geben, Dinge auf die effektivste Weise zu ändern – und damit aufhören, Energie in etwas zu stecken, das Sie nicht ändern können.

Was Sie sich zu dieser kritischen Zeit, in der Sie emotional durcheinander sind, gefühlsmäßig sagen, ist die *Essenz* der Bewußtseinseinschärfung. Alles, was Sie sich sagen, wenn Sie emotional aufgebracht sind, ist wesentlich für die Programmierung. Sie können sich programmieren, jeden zu hassen, indem Sie sich in aufgeregtem Zustand mehrmals sagen: »Alle sind hinter mir her.« Sie können dieses so fest in Ihren Verstand einprogrammieren, daß es Ihre Wahrnehmung von jedem, den Sie sehen, ändert. Wenn Sie Menschen lieben möchten, nützen Sie die Gelegenheit, ein »Programm der Liebe« einzugeben: »Ich bin es leid, von allem ausgeschlossen zu sein. Ich möchte lernen, jeden zu lieben – keine Dualität und kein Getrenntsein mehr für mich. Ich muß jetzt lernen, bedingungslos zu lieben – ohne Forderungen.«

Wenn Menschen emotionell aufgebracht sind und sich ständig Entfremdendes sagen, programmieren sie sich direkt in Neurose oder Psychose hinein. Wenn Sie emotional aufgebracht sind und diese Gelegenheit nutzen, sich mit den positiven Wegen Gelebter Liebe zu programmieren, löschen Sie alte Verletzbarkeiten.

Finde die Sätze und Gedanken, die die stärksten Emotionen erzeugen, wenn du aufgebracht bist.

Wenn Sie die Methode der Bewußtseinseinschärfung anwenden möchten, um lebenslang von einem suchthaften Programm befreit zu sein, ist es wichtig, nach allen Sätzen und Gedanken zu suchen, die Ihre turbulenten Gefühle intensivieren. Zwingen Sie sich dazu, Ihre Emotionen in der stärksten Weise zu erfahren. Sagen Sie sich zum Beispiel: »Ich habe es gründlich satt, immer böse zu werden. Es ist die Hölle, wie ein Roboter zu sein, der diese albernen Emotionen auslöst. Es ist dumm von mir, mich davon ersticken zu lassen.«

Seien Sie genau. Wenn beispielsweise Eifersucht Ihr Problem ist, sagen Sie sich: »Ich möchte nie wieder in Eifersuchtsgefühlen gefangen sein.« Begeben Sie sich in das gefangene Gefühl, und suchen Sie weiter nach Sätzen, die starke Gefühle auslösen. Wenn Sie einen Satz finden, der Ihre Gefühle intensiviert und Sie weinen läßt, wiederholen Sie ihn wieder und wieder, bis er keine Reaktion mehr hervorruft. Finden Sie andere Sätze und leben Sie sie aus. Kehren Sie dann zurück und testen Sie Ihre Fähigkeit, starke Emotionen auszulösen.

Denken Sie daran: Sie müssen es wirklich wollen! Zögern Sie bei der Umprogrammierung nicht, sich selbst anzuschreien, auf ein Kissen zu schlagen, die Fäuste zu ballen und die Zähne zusammenzubeißen oder irgend etwas anderes zu tun, das Ego und Verstand zeigt, daß Sie fest entschlossen sind, Ihre Programmierung zu ändern. Denken Sie daran, daß viele dieser Suchtzwänge seit zehn, zwanzig, dreißig oder mehr Jahren in Ihrem Biocomputer wirken; es wird viel Entschlossenheit und Arbeit Ihrerseits benötigen, sie umzuprogrammieren!

Die von Ihnen verwendeten Umprogrammierungssätze müssen sich »richtig anfühlen«. Umprogrammierungssätze sollten neue Einsichten verkörpern, die Sie gewonnen haben, während Sie sich und die entsprechende Situation analysiert haben. Durch die Anwendung der Pfade oder der Bewußtseinszentren können Sie beispielsweise erkennen, daß Kritik für Sie nicht wirklich eine Bedrohung darstellt oder schädlich ist. Beginnen Sie, Kritik als ein wertvolles Feedback wahrzunehmen, das Ihnen helfen kann, Ihre Leistung zu verbessern. Um diese neue Einstellung gegenüber Kritik zu verstärken und sie zu einem permanenten Teil Ihrer Umprogrammierung werden zu lassen, ist es wertvoll, sich mit solchen Sätzen wie: »Kritik ist wirklich nicht schädlich« oder: »Ich kann Kritik begrüßen« oder: »Ich muß nicht defensiv werden, wenn mich jemand kritisiert« neu zu programmieren.

Wenn Sie Sätze anwenden, die sich nicht »richtig anfühlen« oder an die Sie nicht bewußt glauben, werden Sie herausfinden, daß Sie auf einen steigenden Widerstand in sich stoßen, während Sie den Satz benutzen. Statt sich erleichtert frei und selbstsicher durch Ihre Umprogrammierung zu fühlen, werden Sie vielleicht sogar immer angespannter und aufgebrachter. Falls das geschieht, kann es sein, daß Sie nicht bereit sind, eine bestimmte Forderung fallenzulassen. Sie können den Umprogrammierungssatz abwandeln, so daß er Ihnen geeigneter erscheint. Wenn sich demzufolge: »Ich muß keinen Geliebten haben« nicht richtig anfühlt, könnten Sie es mit: »Um glücklich zu sein, brauche ich nicht den und den« oder: »Ich brauche nicht verletzt zu sein, wenn ich nicht mit dem und dem zusammen bin« versuchen.

Überholen Sie sich nicht selbst! Warten Sie ab, bis Sie sich wirklich bereit fühlen, eine Forderung fallenzulassen! Wenn Sie erkennen, daß Sie etwas nicht wirklich benötigen, was Sie zu brauchen glauben, wird es Ihnen leichter fallen, die suchthafte Forderung danach fallenzulassen. Wenn Sie klar die Absurdität Ihrer alten Programmierung erkannt haben, werden Ihnen spontan Umprogrammierungssätze einfallen.

Hier sind einige Beispiele von Umprogrammierungsanweisungen an Ihren Biocomputer, die Ihnen hilfreich sein können: »Das Leben ist mein Lehrer.« »Ich bin nicht meine suchthafte Programmierung.« »Ich bin liebenswert.« »Ich bin Herr meines Lebens.« »Ich brauche Menschen nicht unter Kontrolle zu bringen.« »Ich kann das, was ist, akzeptieren.« »Ich brauche nicht die Zustimmung anderer Menschen.« »Es ist okay, einen Fehler zu machen.« »Es ist okay, ich zu sein.« »Ich brauche mich nicht zu verbergen.« »Ich habe nichts zu befürchten.« »Ich kann loslassen und nur sein.« »Ich liebe mich.« »Es ist okay, wenn ich in der Öffentlichkeit einen Narren aus mir mache.« »Verstand – hör auf, mir diesen Kram zu schicken.« »Ich bin genug.« »Ich akzeptiere mein Hier und Jetzt.« »Ich muß mich nicht ablehnen, wenn ich (was immer zutrifft) verärgert bin, einen Fehler mache, mich eifersüchtig fühle, nicht liebe.« »Es ist o.k., genau dort zu sein, wo ich bin.« »Ich werde frei.« »Ich muß kein Roboter sein.« »Ich muß nicht aufgebracht sein, wenn dies geschieht.« »Ich muß nicht in die Programmierung eines anderen verwickelt werden.« »Ich kann jeden genau so lieben, wie er ist.« »Alles ist WIR.« »Ich brauche nicht (was immer zutrifft) äußere Akzeptanz, Anerkennung, Respekt, Liebe, besondere Aufmerksamkeit, enge Beziehungen, zu kontrollieren, zu manipulieren, süchtig zu sein, furchtsam zu sein.«

Erstellen Sie Ihre eigenen, Ihrer Situation entsprechenden Sätze. Während Sie ein Experte der Umprogrammierung werden, überrascht Sie wahrscheinlich Ihre Effektivität. Durch Ausdauer und Entschlossenheit können Sie all Ihre suchthaften Forderungen neu programmieren – egal, wie eingefleischt oder stark sie sind.

Sie können nicht all Ihre unerwünschten Programmierungen der vergangenen Jahre in einem Durchgang der Bewußtseinsschärfung auslöschen, weil Sie meistens nur über eine Sache zur gleichen Zeit aufgebracht sind. Denken Sie daran: Sie können nur das neu programmieren, das Sie hier und jetzt aufregt! Also sprechen Sie mit sich selbst nur über das spezifische Problem, das Sie sich genau *jetzt* schlecht fühlen läßt.

Reden Sie sehr präzise mit sich selbst, denn die Gefühle, die Sie erleben, wenn Sie aufgeregt sind, sind die Gefühle, die zu einem gewissen Maße in Ihrer Zukunft programmiert sein werden. Sagen Sie so etwas wie: »Ich kann diese Suchthaltung umprogrammieren. Ich brauche über diese Situation nicht aufgebracht zu sein. Es ist nur meine Programmierung, die mich aufgeregt sein läßt. Ich kann diese Programmierung ändern. Diese Programmierung dient mir in keiner Weise. Ich brauche sie für gar nichts. Ich brauche nicht an der emotionalen Reaktion festzuhalten. Liebe ist wichtiger. Es ist alles in meinem Verstand.«

Als eine Möglichkeit, dein Leiden zu untersuchen (Schritt 1), willst du vielleicht bewußt deine alte Programmierung ausleben.

Es ist hilfreich, zwischen der Aufhebung alter Programmierung und dem Schaffen neuer Programmierung zu unterscheiden. Wenn Sie bewußt eine störende Situation noch mal erleben und mit der vollen Intention, diesen »Müll« aus Ihrem Verstand loszuwerden, schreien: »Ich hasse dich, ich hasse dich!«, verstärken Sie eine negative Programmierung nicht aufs neue; Sie befreien sich von ihr. Wann immer Ihr Ego und Ihr Verstand eine negative Emotion automatisch rechtfertigen, sind Sie dabei, sie zu verewigen. Aber Sie helfen sich, sich von der suchthaften Programmierung zu befreien, wenn Sie eine störende Situation erneut erleben und die Emotionen bewußt mit dem Zweck entladen, sie loszuwerden. Ihr Biocomputer mag eine neue, konstruktive Programmierung bereitwilliger entgegennehmen, wenn die alte Programmierung bewußt durchgelaufen ist und als unnötig erkannt wurde. Die bewußte Entladung suchthafter Programmierung kann Energie erzeugen, die für eine Bereitschaft zur Bewußtseinseinschärfung nützlich sein kann.

Es mag hilfreich sein, noch mal zu erleben, was Sie sich gesagt haben und was Sie diese trennenden Emotionen erzeugen ließ. Vielleicht haben Sie sich ängstlich gemacht, indem Sie sich sagten: »Es wäre furchtbar, wenn ich dieses Examen nicht bestehe.« Kummer kann durch Ihre Worte kreiert worden sein: »Ich kann es nicht ertragen, ohne Jane zu leben. Ich bin so allein.« Ärger wird durch Gedanken erzeugt wie: »Er hat kein Recht, mich so zu behandeln. Für wen hält er mich!« Sie können die Situation vollständig neu erleben, indem Sie all diese Emotionen erzeugenden Behauptungen voller Intensität ausdrücken, während Sie zur selben Zeit klar erkennen, daß Sie nur alte Programmierung entladen. Es geht darum, alles zu durchschauen und neue und bessere Wege zu entwickeln, auf solche Situationen zu reagieren!

Erhöhe die Energie deiner emotionellen Reaktionen.

Die wirksame Anwendung der Methode der Bewußtseinseinschärfung erfordert von Ihnen, die stärksten Emotionen zu erzeugen, die Ihnen möglich sind. Tun Sie alles, was Sie können, die elektrochemische Spannung Ihrer emotionalen Reaktion zu vergrößern. Die meisten Ihrer Suchthaltungen wurden Ihnen durch Leiden und Schmerz einprogrammiert. Eine Möglichkeit, sie neu zu programmieren, ist das Nutzen der Anspannung, die mit Ihren stärkeren Gefühlen verbunden ist. Sie können eine starke lebenslange Suchtforderung in kurzer Zeit loswerden – wenn, und nur wenn, Sie Ihre emotionale Intensität aufbauen können. Falls Sie nicht stark und konsequent in Ihre Emotionen hineingehen, kann es Monate und Jahre dauern, die Suchthaltung umzuprogrammieren.

Weinen Sie soviel wie möglich – denn Weinen hilft, schneller umzuprogrammieren. Sagen Sie sich, während Sie weinen: »Ich muß mich hierüber nicht ärgern. Ich brauche keine trennenden Emotionen. Ich kann von dieser Forderung frei sein. Ich muß nicht daran festhalten.« Je länger Sie weinen und Ihr Bewußtsein auf das Ausmerzen der Suchthaltung einschärfen, desto fähiger sind Sie, die jeweilige Programmierung wirksam zu löschen.

Lassen Sie sich nicht durch Personen oder Gedanken abkühlen! Hören Sie nur auf, wenn Sie die Emotion nicht länger brodeln lassen wollen! Es könnte hilfreich sein, jemanden bei sich zu haben, der ruhig anhört, aber *nichts* sagt. Vorschneller Trost hält Sie ab, die Methode der Bewußtseinseinschärfung richtig anzuwenden, die Programmierung auf der unbewußten Ebene auszubrennen, wegen der Sie leiden. Wenn Sie beginnen, Dinge zu tun, benutzen Sie Ihre Sinne und Ihren Verstand, das Problem zu ersticken. Zeitweilig fühlen Sie sich vielleicht gut, aber es wird Sie in dem Griff Ihrer automatischen Programmierung halten, wenn Sie zukünftig in ähnliche Situationen kommen.

Jeder, der mit Ihnen zusammen ist, sollte verstehen, was Sie tun. Er sollte einfach Ihre Schwingungen erleben und Sie *still* ermutigen, zu weinen. Tun Sie alles mögliche, Ihre emotionale Intensität aufzubauen, denn nur so haben Sie die großartige Gelegenheit, eine Suchthaltung umzuprogrammieren!

Entwickle das Selbstvertrauen, absoluter Herr deiner selbst sein zu können.

Sagen Sie sich weiterhin, daß Sie sich vor vielen Jahren programmiert haben und daß Sie dieses neu programmieren können. Denken Sie daran, daß Sie sich alles selbst angetan haben! Sie sind nicht in der Gewalt von Kräften außerhalb Ihrer Kontrolle! Durch die Methode der Bewußtseinseinschärfung können Sie Herr über Ihren Verstand werden. Sie sind ein vollkommenes Wesen – reine bewußte Wahrnehmung. Ihr einziges Problem ist, daß Sie im Griff zu vieler Dinge sind, von denen Sie glauben, sie zu brauchen. Sie erlegen der Außenwelt zu viele Bedingungen auf, die sie (und die Menschen) wahrscheinlich nicht erfüllen können. Sie sind ein Leben lang frei, wenn Sie Ihre Suchtzwänge umprogrammiert haben. Das ganze Glück und die Schönheit der Welt werden Ihnen gehören.

Ihre emotionsbedingten Suchthaltungen werden nicht sofort verschwinden, wenn Sie beginnen, die Methode der Bewußtseinseinschärfung anzuwenden; aber mit jeder weiteren Anwendung der Methode werden Sie allmählich Ihre Suchthaltung in eine *Präferenzhaltung* abändern. Seien Sie geduldig und geben Sie sich ausreichend Zeit, die gewünschten Ergebnisse zu erzielen. Es ist nicht hilfreich, in einem erregten Moment zu sagen oder zu denken: »Diese Umprogrammierung funktioniert nicht.« Sie könnten Ihre Umprogrammierung so steuern, daß sie nicht funktioniert! Statt dessen sagen Sie sich: »Langsam, aber sicher werde ich von diesen emotionalen Auslösern frei.«

Der Weg Gelebter Liebe zu Höherem Bewußtsein bietet Ihnen Fünf Methoden, die alle Typen von Menschen von jeglichen suchthaften Forderungen befreien können. Wenn Sie Ihre Reise in Ihr Höheres Bewußtsein beschleunigen wollen, sollten Sie sich Mühe geben, schon bald alle Fünf Methoden maximal anwenden zu können. Und Sie merken schon bald, daß Ihr Biocomputer automatisch die beste Methode für jedes Problem weiß.

Zunächst werden Sie fasziniert sein, wenn Sie die Funktionen Ihres Bewußtseins aus der Sicht der Zwölf Pfade, der Sieben Zentren und der Fünf Methoden verstehen. Sie sollen Sie befähigen, sich mit dem Jetzt des Lebens in Einklang zu bringen – frei von den Verzerrungen, die von Suchtzwängen verursacht sind. Indem sie beginnen, für Sie zu arbeiten, wird sich Ihr Leben allmählich glätten.

Der Hauptzweck dieser Werkzeuge ist, Ihnen zu helfen, mit diesen Dingen aufzuhören, die Sie von den Menschen und Ihrer Umwelt trennen – einander zu akzeptieren und zu lieben und in den Raum einzufließen, in dem nur »wir« sind – genau hier – genau jetzt.

16
Der Sofortige Bewußtseinsverdoppler

Der Sofortige Bewußtseinsverdoppler kann Ihnen helfen, viele Ihrer Suchtforderungen zu umgehen. Meistens erfordert eine größere Ausdehnung Ihres Bewußtseins eine kontinuierliche innere Arbeit, aber es gibt eine Abkürzung durch das Dickicht, die »Sofortiger Bewußtseinsverdoppler« genannt werden kann. Da Bewußtsein und Liebe gleichbedeutend sind, könnten Sie dies auch als Sofortigen »Liebesverdoppler« ansehen.

Hier sind die Anweisungen für eine bedeutende sofortige Erweiterung Ihres Bewußtseins:

Erweitere deine Liebe, dein Bewußtsein und deine liebende Anteilnahme, indem du alles so erlebst, als ob du es getan oder gesagt hättest.

Wenn Sie diesen Sofortigen Bewußtseinsverdoppler benutzen, bringen Sie eine bestimmte Programmierung in Ihren Biocomputer ins Spiel, die Sie jetzt im Reagieren auf die Handlungen und Worte anderer Menschen vielleicht nicht bewußt anwenden. Meist sind Ihnen einige der inneren Gründe und Gefühle bewußt, die das erklären, was Sie tun. Aber wenn Sie ein ähnliches Verhalten bei einem anderen Menschen wahrnehmen, interpretieren Sie sie gewöhnlich mit einer anderen Programmierung, als Sie sie für das Erfahren Ihrer eigenen Gedanken und Handlungen anwenden.

Dieses verleitet uns zu psychologischen Wertbeimessungen wie: »Ich bin definitiv, du bist hartnäckig, er ist dickköpfig.« »Ich bin direkt, du bist grob, er ist unhöflich.« »Ich genieße mein

Essen, du ißt zuviel, er ist ein Vielfraß.« »Ich korrigiere Menschen gelegentlich zu ihrem eigenen Vorteil, du bist ziemlich streitsüchtig, er ist jähzornig.« In all den oben geschilderten Situationen hätten die äußeren Handlungen die gleichen sein können, aber die Programmierung, die wir zur Interpretation der Situation einsetzen, ist vollkommen unterschiedlich.

Der Sofortige Bewußtseinsverdoppler soll Sie daran erinnern, daß Sie für das Verständnis Ihrer eigenen Handlungen und Worte die gleiche Programmierung benutzen wie für die Wahrnehmung und Interpretation der Handlungen und Worte anderer Menschen. Wenn Sie Ihre Reaktion auf jede Situation einfach lange genug hinauszögern, um sie durch die Programmierung laufen zu lassen, die Sie für sich reserviert haben, können Sie feststellen, daß sich Ihre Fähigkeit, andere Menschen zu verstehen und zu lieben, sofort verdoppelt. Vielleicht können Sie die alte Programmierung einfach umgehen und durch Nichtbenutzen verkümmern lassen. Sie begreifen allmählich, daß Sie wahrscheinlich dieselben Dinge fühlen und sagen würden, die andere Menschen tun und sagen, wenn Sie nur an ihrer Stelle wären und die Dinge aus ihrer Sicht sehen würden.

Um den Sofortigen Bewußtseinsverdoppler anzuwenden, geben Sie die Situation in die Programmierung ein, die Sie verwenden, wenn Sie die Wahrnehmung Ihrer eigenen Gefühle und Handlungen konkretisieren. In vielen Situationen kann dies augenblicklich Ihre Wahrnehmungsfähigkeit und Weisheit, akzeptierend und liebend auf jeden um Sie zu reagieren, verdoppeln. Nahezu jedes Mal, wenn Sie sich gereizt oder ärgerlich fühlen, entfremden Sie sich von einem anderen Menschen, der wahrscheinlich genau dasselbe tut, das Sie sehr oft getan haben – und das Sie in sich völlig akzeptiert haben.

Nehmen Sie zum Beispiel an, Sie bitten jemanden, etwas für Sie zu tun, und er entgegnet auf gereizte Weise: »Warum tust du es nicht selbst?« Wenn diese Worte über Ihr Gehör in den Interpretationsbereich Ihres Biocomputers eingefüttert werden, werden Sie wahrscheinlich eine Bedrohung Ihres Machtzentrums erleben. Dies ist der Augenblick, in dem Sie den Soforti-

WANN
wirst du begreifen,
daß das einzige,
was du nicht hast,
die unmittelbare Erfahrung ist,

daß es nichts gibt,
was du brauchst,

das du nicht schon hast?

gen Bewußtseinsverdoppler benutzen. Sie sagen sich: »Es gab viele Male, wo ich verärgert war, wenn mich jemand um etwas gebeten hat. Vielleicht war ich beschäftigt. Vielleicht hatte ich das Gefühl, sie könnten es leichter und besser als ich, und sie sollten mich nicht zuerst fragen. Oder ich war vielleicht müde. Vielleicht hielten mich meine Suchtzwänge in dem Moment davon ab, sie genug zu lieben, um hilfreich sein zu wollen. Ich kann Dutzende von Gründen finden, Menschen nicht helfen zu wollen.«

Wenn Sie den Sofortigen Bewußtseinsverdoppler anwenden, bekommen andere Menschen all die Vorteile des inneren Verständnisses, das Sie anwenden, sich selbst zu vergeben, wenn Sie auf entfremdende Weise reagieren. Statt ärgerlich zu werden, wenn jemand seine Hilfe verweigert, benutzen Sie den Sofortigen Bewußtseinsverdoppler, um das in einer größeren Perspektive wahrzunehmen, die Sie diesen Menschen akzeptieren und lieben läßt. Dieses hilft, sich von dem dualistischen Programm zu befreien, das für die Wahrnehmung der Handlungen »anderer« Menschen verwendet wird.

Der Sofortige Bewußtseinsverdoppler hilft uns, zu begreifen, daß es keine »anderen« in dieser Welt gibt. Wir alle haben die gleichen Gefühle, die gleichen Probleme, durch unsere suchthaften Forderungen nach Sicherheit, Sinnesreiz und Macht beherrscht zu sein, und die gleichen Bedürfnisse nach Liebe und Eins-Sein. Wenn wir dieses mit dem Bewußtsein des Hier und Jetzt erfahren, könnten wir etwas anderes für unsere Brüder und Schwestern empfinden als Liebe und Akzeptanz?

17
Unser Verstand

Für die meisten Menschen ist das Leben ein Schlachtfeld zwischen der Außenwelt und ihren sicherheits-, sinnesreiz- und machtbeherrschten Egos. Um die Schönheit des Lebens erfahren zu können, ist es für unseren Verstand notwendig, zu der sanften Ruhe zurückzukehren, die viele Babys lange Zeit genießen. Um Ihr Leben kontinuierlich vom Vierten, Fünften oder Sechsten Bewußtseinszentrum aus zu genießen, müssen Sie sich nicht so verkrampfen, bis Gedanken nicht spontan auftreten und kein freier Strom des Bewußtseins mehr stattfindet. Die Dringlichkeit, Grelle und Hartnäckigkeit Ihrer Gedankenströme sollte auf die Geschwindigkeit einer sehr leichten Brise verlangsamt werden, die sanft das Laub eines Baumes bewegt – statt eines mächtigen, böigen Sturmes, der die Äste hin und her peitscht.

Als Sie geboren wurden, hatten Sie sehr wenige emotionsbedingte Forderungen. Die wichtigste war die nach Sättigung, wenn Sie hungrig waren. Seit der Zeit haben Sie sich mit einer Vielzahl emotionsbedingter Forderungen programmiert, die nichts mit der physiologischen Aufrechterhaltung Ihres Lebens zu tun haben. Die meisten dieser Suchthaltungen sind mit dem sozialen Reigen verbunden, unsere verschiedenen Rollen auszuleben, an denen wir emotional hängen. Ein emotionsbedingtes suchthaftes Modell oder eine Erwartung ist wie ein aufgeblasener Ballon, den Sie ständig bewachen müssen, damit ihn nicht jemand platzen läßt. Während Ihr Ego irrigerweise versucht, Sie durch ein automatisches Auslösen Ihrer Sicherheitsängste, Sinnesreizsehnsüchte und Ihres Zornes zu schützen, arbeitet Ihr Verstand weiter daran, seinen Teil zu der Unterstützung des

Egos zu leisten. Er liefert Begründungen, weshalb Sie »recht« haben und die andere Person »unrecht«. Er manipuliert und plant, Ihnen zu helfen, Ihr Modell von »Erfolg« in den verschiedenen Rollen und Dramen auszuleben, mit denen Sie sich identifizieren.

Während Sie in Höheres Bewußtsein hineinwachsen, begreifen Sie, daß all die Angst, der Kummer und Ärger, den Sie erfahren, einfach Lehren sind, die Ihnen das Leben bietet, um Sie von Ihrer hohlen Routine zu befreien. Jedes Gefühl der Entfremdung, Verstimmung, des Mißtrauens oder der Gereiztheit durch irgendwas, das jemand tut oder sagt, sollte als Erinnerung betrachtet werden, daß Sie das Spiel des Lebens nicht bewußt spielen. Die Welt erzählt Ihnen, daß

das Leben nur ein Spiel ist, das wir spielen – und es gibt keine spezielle Methode!

Ego und Verstand leiden unter der unnachgiebigen Programmierung, es gebe einen speziellen Weg, wie die Welt sein sollte und wie die Menschen handeln sollten – und es ist Sache Ihres Verstandes, alles richtigzustellen. Wenn Ihr Leben Sie mit etwas konfrontiert, das nicht zu Ihrem suchthaften Modell paßt, löst Ihr Ego im Verstand eine beharrlich ausufernde Gedankenkette aus. Gleichzeitig ruft das Ego solche negativen Emotionen wie Ängstlichkeit oder Verstimmung hervor. Ihr Herz beginnt, schneller zu schlagen; Adrenalin und andere Hormone werden in Ihr Blut geleitet. Dieser psychosomatische Aufruhr fließt in Ihren Verstand zurück und feuert zu weiterer Aktivität an. Solange Sie nicht verstehen, wie Ihr Bewußtsein funktioniert, akzeptieren Sie diesen Aufruhr als etwas »Wichtiges«, auf das Sie achten müssen, damit Ihr Leben funktioniert. Durch Höheres Bewußtsein entwickeln Sie die Fähigkeit, Ihren Verstand allein arbeiten zu lassen, ohne sich automatisch in den Ausbruch des emotionalen Aufruhrs zu verwickeln.

Wenn Sie beispielsweise keine Perspektive zu den Aktivitäten haben, die jenes Trio aus suchthafter Programmierung, Ihrem

Ego und Ihrem Verstand betreibt, werden Sie automatisch verärgert sein, sollte jemand Sie kritisieren. Wenn Ihr Machtzentrum des Bewußtseins nicht mehr Ihre Reaktionen erzeugt, haben Sie die freie Wahl der Reaktion. Vielleicht hören Sie nur ruhig zu oder sind dankbar, daß jemand genügend Zuneigung empfindet, sich mit Ihnen zu befassen. Nehmen Sie von der Kritik an, was Sie verwenden können – und lassen sie den Rest vorüberziehen. Vielleicht kann Ihnen der andere auch helfen, sich zu ändern – mit anderen Worten, wenn Sie eher aufnahmefähig und bewußt sind als hyperreaktiv und gereizt, haben Sie die Wahl der Reaktionen!

Dieses sofortige, automatische Alarmsystem (in dem Ihre Programmierung, Ihr Ego und Verstand ein Gefühl der Dringlichkeit kreieren) entstand, um unsere Ahnen durch die Risiken des Dschungels hindurchzubringen. Solange wir nicht mit einer Situation konfrontiert sind, die einen unmittelbaren körperlichen Schaden oder eine Bedrohung unseres Lebens beinhaltet, finden wir die optimale Lösung für jedes »Problem« gewöhnlich am besten, indem wir unsere Energien in Harmonie mit den Energien unserer Umwelt bringen. Voraussetzung für harmonisches Fließen in einem »Wir«-Bewußtsein (anstelle eines »Ich-gegen-die«-Bewußtseins) ist, ruhig genug zu sein, um mit der Einsicht und Wahrnehmungsfähigkeit in Verbindung zu treten, die uns immer erreichen, wenn wir unsere Suchthaltungen in Präferenzhaltungen umwandeln.

Wenn Sie in der Anwendung der Pfade zunehmend geübter werden, erkennen Sie das Spiel klar, mit dem Ihr Verstand Sie getäuscht hat. Sie erkennnen die Art und Weise, wie er über Ihr Ego und Ihre suchthafte Programmierung hineingezogen wird, lange Ketten kritischer, entfremdender Gedanken zu produzieren. Sie lernen, diese Gedanken als reinen Unsinn zu erkennen, den Sie erzeugen, wenn Sie aufgebracht sind: Sie akzeptieren sie nicht – und Sie lehnen sie nicht ab. Sie lassen sie lediglich geschehen, beobachten sie und erleben, wie friedvoll es ist, nicht länger emotional in ihnen festgehalten zu sein. Dies befähigt die intuitive Weisheit, die immer in Ihnen ist, hervorzutreten.

Nehmen sie zum Beispiel an, jemand drängt Sie, Ihre Meinung über etwas zu ändern. Sie erleben, daß Ihre Macht-, Prestige- und Stolzgrenzen verletzt werden. Ihr Verstand wird durch Ihr Ego aktiviert werden, eine kräftige, scharfe Erwiderung zu produzieren, um den Menschen, der so dumm ist, Ihnen nicht zuzustimmen, völlig zu vernichten. Sie haben die Wahl zwischen einer Reaktion, die trennt, und einer, die Liebe und Eins-Sein schafft, wenn Sie fähig sind, Ihren Verstand zu beobachten. Handeln Sie auf unteren Bewußtseinsebenen, haben Sie keine Wahl. Sie neigen dazu, jeden »dringenden Gedanken« unverzüglich zu äußern, der Ihnen in den Kopf kommt – selbst wenn das bedeutet, eine andere Person zu unterbrechen. Sie sind fähig, einfach den computerhaften, vollautomatisierten »Ausdruck«, der in Ihrem rationalen Verstand stattfindet, zu beobachten, während Sie in Höheres Bewußtsein hineinwachsen. Sie betrachten es als einen sechsten Sinn – lediglich eine weitere Sinneseingabe. Indem Sie Ihre Suchthaltungen in Präferenzhaltungen umwandeln, veranlassen Ihre Gedanken Ihre Emotionen nicht länger, automatisch aufzubrausen. Zum ersten Mal in Ihrem Leben beginnen Sie, sich vom Kreislauf Ihres Verstandes zu befreien.

Das bedeutet keinesfalls Unterdrückung! Wenn Sie unterdrücken, drücken Sie das, was Sie fühlen, nicht aus, weil Sie vor den Konsequenzen Angst haben. Unterdrückung ist eines der unbewußtesten und schädlichsten Dinge, die Sie sich antun können! Programmieren Sie lieber Ihre emotional erzeugte Energie der Suchthaltung in eine Präferenzhaltung um! Damit nutzen Sie die Energie konstruktiv und vorteilhaft. Im Zuge Ihrer wachsenden Bewußtwerdung werden nach und nach keine negativen Emotionen mehr zu unterdrücken sein! Wie ein Feinschmecker, der nicht irgendeine Speise nimmt, setzen Sie wählerisch Einsicht und Wahrnehmungsfähigkeit ein, um bewußt zu entscheiden. Ein bewußtes Wesen weiß, daß das Leben immer am besten funktioniert, wenn wir von einer liebenden Sphäre ausgehen, die uns Menschen als nicht anders als wir selbst aufnehmen und erleben läßt.

Wenn Ihr Biocomputer beginnt, alle eingehenden visuellen, akustischen und anderen Daten in einer Weise zu verarbeiten, die Sie weder reizt noch aufregt, merken Sie, daß der Bildschirm Ihres Bewußtseins nicht länger durch einen konstanten Konflikt zwischen Ihnen und der Außenwelt beherrscht wird. Dann sind Sie fähig, sich mit den subtileren Aspekten der Sie umgebenden Menschen und Situationen in Einklang zu bringen; Einsicht und Wahrnehmungsfähigkeit steigern sich immens. Mehr und mehr lassen Sie sich von Ihrer angeborenen Weisheit leiten. Denken Sie daran: Nur wenn Ihr Verstand ruhig ist, können Sie optimal auf jede Situation Ihres Lebens reagieren.

Eine bewährte Methode, dies zu erreichen, ist die Meditation. Bei vielen Meditationen sitzen wir mit geradem Rücken in einem stillen Raum und richten die Aufmerksamkeit auf ein Objekt oder eine geistige Vorstellung, um Streugedanken zu verdrängen. Wir können uns beispielsweise darauf konzentrieren, das Atmen bewußt zu erleben. Oder wir stellen eine brennende Kerze vor uns auf und trainieren unser Bewußtsein, während der Meditation nur von der Flamme beherrscht zu sein. Wenn ablenkende Gedanken auftauchen wie: »Ich frage mich, wie lange dies braucht, um wirklich Ergebnisse zu erzielen« oder: »Mein rechtes Knie fühlt sich nicht gut an«, bleiben wir nicht bei den Gedanken und erlauben es ihnen, umherzuschweifen. Allmählich entwickeln wir die Fähigkeit, die Gedanken einfach ziehen zu lassen und behutsam und beständig zum Gegenstand der Meditation zurückzukehren. Indem wir ununterbrochen ein Objekt oder einen Gedanken im Bewußtsein halten, trainieren wir den Verstand allmählich, sein zielloses Streunen einzustellen, damit er uns ein angenehmerer, erfreulicherer Diener sein kann.

Falls Sie bereits eine traditionelle Meditationsmethode anwenden, wollen Sie vielleicht damit fortfahren – besonders, wenn Sie einen guten Meditationslehrer haben. Jedes Meditationssystem harmonisiert mit dem Weg der Gelebten Liebe! Falls Sie noch nicht meditieren, können Sie die beschriebenen Fünf Methoden benutzen, um Ihren Verstand während Ihrer

Wachstumsphase in das Vierte Bewußtseinszentrum zu beruhigen (vgl. S. 101 f.). Diese Fünf Methoden der Gelebten Liebe verlangen von Ihnen nicht, die Welt auch nur für eine Stunde abzuschalten oder sich von Ihren täglichen Aktivitäten loszulösen. Sie befähigen Sie, eine Kapazität zu entwickeln, viele der Vorzüge der Meditation zu erlangen, während Sie eifrig mit den Aktivitäten Ihres Lebens beschäftigt sind. Eines der Hauptziele von Meditation ist, Sie und die Sie umgebende Welt klar und bewußt zu erfahren – frei von emotionsbedingten Forderungen, Verknüpfungen, suchthaften Modellen, Kindheitstraining usw. Für viele Menschen führt der direkteste Weg dorthin durch die Arbeit mit den Zwölf Pfaden, Sieben Zentren und Fünf Methoden. Wir betrachten diese Techniken als eine Form von »Meditation in Aktion«.

Eine wichtige Phase Ihres Wachstums zu Höherem Bewußtsein ist, den Verstand zu beruhigen, indem Sie die Last der Suchtzwänge verringern, die ihn aktiviert bleiben läßt. Da wir eine tierhafte Vergangenheit von Millionen von Jahren im Dschungel haben, wo Leben oder Tod von blitzschnellem Handeln entschieden wurden, sind unsere Emotionen, unser Ego und Verstand überreaktiv auf das, was um uns herum geschieht. Während Ihres Wachstums zu Höherem Bewußtsein werden Sie aufnahmefähiger und offener. Sie lassen nur die Sinneseindrücke eingehen – von selbst sortieren sie sich aus und ziehen dann weiter. Sie erkennen die »Warnungen«, die von Ihrem Verstand gesendet werden, aber Sie haben gelernt, Ihren Verstand seinen Gedankenstrom produzieren zu lassen, ohne Ihr Ego darin zu verstricken. Wenn Ihr Verstand sicherheits-, sinnesreiz- und machtbegründete Gedanken erzeugt, wissen Sie, daß Sie momentan auf den unteren Bewußtseinsebenen agieren. Zunehmend merken Sie, wann Ihr Verstand in wildem Aufruhr ist. Aber zunehmend sind Sie auch entschlossen, Ihre in Einklang gebrachte Einsicht in das Hier und Jetzt und Ihre Fähigkeit zur bedingungslosen Liebe nicht zu verlieren. Dann wird jede Handlung, die Sie vornehmen, effektiv und sowohl jetzt als auch zukünftig optimale Ergebnisse bewirken.

Die Liebe und der Friede Höheren Bewußtseins fließen nur aus Sein – und genießen alles. Alles, was Sie tun, wird nicht genug sein, wenn Sie sich nicht mit *Sein* erfüllt fühlen. Üblicherweise sind wir nicht glücklich, wenn wir damit aufhören, etwas zu tun, was immer es sein mag, von dem wir glauben, wir müßten es tun. Tun schafft Erwartungen, die unserer Welt und den uns umgebenden Menschen entsprechen oder nicht. Dinge, die wir *tun*, verschwinden mit der Zeit. Wir müssen lernen, es zu würdigen, im Jetzt irgendeiner Situation, in der wir uns befinden, nur zu leben.

Zufriedenheit ist nicht nur ein Vorteil Höheren Bewußtseins, sondern auch eine der Arbeitsmethoden auf dem Weg dorthin. Bestehen Sie darauf, daß Ihr Verstand seine Ablehnung des Hier und Jetzt verlangsamt, mit seinen nicht enden wollenden Vergleichen und Urteilen, die häufig das Erleben des Anders-Seins schaffen. Es gibt Zeiten, in denen Sie ihm sogar nachdrücklich sagen müssen, daß er still sein soll, damit Sie Ihr Hier und Jetzt genießen können! Immer gibt es Dinge, über die wir nachdenken können, um Verstand und Emotionen in Aufregung zu halten! Und es gibt immer Gelegenheiten, die genau hier und jetzt zu genießen sind! Genießen oder sich quälen – das hängt davon ab, wie gut Sie lernen, einfach zu ändern, was zu ändern ist, ohne Menschen aus Ihrem Herzen zu werfen – und dann ruhig zu akzeptieren, was Sie nicht ändern können.

Im Bewußtwerden, wie Ihr Verstand vorgeht, um Sie und andere zu entfremden, müssen Sie genau auf den »Kettenreaktions-Effekt« achten. Nehmen wir an, Sie genießen es, mit jemandem zusammenzusein, haben viele Dinge gemeinsam, die Sie verbinden. Vielleicht haben Sie aber auch einen starken Suchtzwang, der Sie dazu führt, wütend zu werden und diese Person aus Ihrem Herzen zu verbannen. Wenn Sie den Suchtzwang nicht schnell beherrschen und wachsendes Bewußtsein zeigen, stellen Sie fest, daß die dadurch ausgelöste entfremdende Einstellung sich wie Krebs ausbreitet und Sie veranlaßt, diesen Freund auf eine Weise zu verurteilen, die nichts mit dem ursprünglichen Suchtzwang zu tun hat. Ihr Verstand fügt sich einfach dem unbewußten Wirken des Egos und Ihrer suchthaften Programmierung. Sie fühlen sich auf einmal getrennt und fremd dem Freund gegenüber. Ihr Verstand wird in den Karteien des Gedächtnisses nachprüfen und beginnen, vergangene Ereignisse neu zu interpretieren, sie »in ein neues Licht zu rücken« – mit der Absicht, zu beweisen, daß die Beziehung eigentlich doch nicht so schön ist, wie es ursprünglich den Anschein hatte. Er wird sowohl die Vergangenheit als auch die Gegenwart genau im Licht Ihrer weiteren suchthaften Forderungen nach Sicherheit, Sinnesreiz und Macht betrachten und dazu neigen, Nebensächlichkeiten in große, trennende »Probleme« aufzubauschen.

Lassen Sie uns beispielsweise annehmen, Tom und Mary sind verheiratet und haben eine gegenseitig liebevolle, harmonische Beziehung. Nehmen wir ferner an, Tom müßte zu einer längeren Tagung in eine entfernte Stadt. Da er dort durchgehend beschäftigt sein wird, zieht er es vor, Mary nicht mitzunehmen. Nun nehmen wir an, Mary verlangt suchthaft danach, Tom auf dieser Geschäftsreise zu begleiten. Ihr Machtzentrum des Bewußtseins verlangt, daß Tom sie nicht über Nacht allein zu Hause läßt. Wenn sie sich nicht bewußt werden kann, was sie sich mit diesem emotionsbedingten suchthaften Verhaltensmuster antut, könnte ihr Verstand den Gedanken aufkommen lassen, daß Tom, ihrer überdrüssig, eine Affäre erleben will, Bestätigung sucht und sie nicht wirklich liebt, der Rest ihres Lebens wahrscheinlich davon überschattet sein wird, daß Tom sie immer häufiger zu Hause läßt. Vielleicht schämt sich Tom ihrer und möchte nicht, daß seine Geschäftspartner sie kennenlernen, und so weiter und so fort. Es gibt kein Ende des Unsinns, den der Verstand als Marionette des Egos ausspinnen kann! Eine Person, die in Höheres Bewußtsein hineinwächst, lernt, dieses Wühlen im Müll zu erkennen, und weigert sich, durch die Aktivitäten des Verstandes irgendwelche negativen Emotionen auslösen zu lassen. Sie können auf viele erbitterte Kämpfe mit Ihrem Verstand gefaßt sein, wenn es darum geht, bewußt zu bleiben.

Unser Verstand kann genau wie jedes andere komplexe Gerät einen wertvollen Beitrag zu unserem Wohlbefinden leisten, wenn wir seine Begrenzungen und Problembereiche feinfühlig wahrnehmen. Die Techniken der Gelebten Liebe befähigen Sie, ein erfahrener »Entstörer« zu werden, der seinen Verstand für sich arbeiten läßt – nicht gegen sich. Ihr Verstand ist Meister darin, Ihnen zu beweisen, daß Sie »recht« haben – und die andere Person »unrecht«. Aber um ein bewußtes, liebendes, glückliches und erfülltes Wesen zu sein, reicht es nicht aus, »recht« zu haben. In Einzelbegegnungen und Auftritten in gesellschaftlichen Situationen können Sie »recht« haben – und ein vollkommen miserables, entfremdetes, unglückliches Leben führen. Wir alle kennen Menschen, die sich fast durchweg »richtig« verhalten und »recht« haben – und ihr Leben verschafft diesen Menschen kein Glück. Es ist viel erfüllender, geliebt zu werden, als »recht« zu haben. *Liebe bringt mehr Glück, als »Effektivität« es tut.* Es ist häufig besser, anderen Menschen Platz einzuräumen, ihre Fehler selbst zu entdecken oder die natürliche Kette der Ereignisse in ihrem Leben ihnen zeigen zu lassen, wo sie sich ändern müssen. Wenn ein Mensch Sie fragt, ob Sie denken, er habe recht, sollten Sie sich ganz öffnen und ihm Ihre Gedanken und Gefühle zukommen lassen. Das Streiten bei jeder Gelegenheit, um Leute zu überzeugen, daß Sie recht haben und andere im Unrecht sind, bedeutet einfach, daß Sie noch von Ihrem Verstand gefangen sind und unbewußt und mechanisch Ihre suchthaften Forderungen nach Sicherheit, Sinnesreiz und Macht ausleben.

Ein Zen-Meister hatte eine schöne junge Frau als Schülerin. Sie wurde schwanger und gab fälschlicherweise ihren Lehrer als Vater ihres Kindes an. Als das Kind geboren wurde, brachte es ihre Familie entrüstet zu dem Zen-Meister und bezichtigte ihn, seine schöne junge Schülerin ausgenutzt zu haben. Seine einzige Entgegnung war »Ah-so«. Sie ließen das Kind bei dem Zen-Meister, der Freude daran hatte, es zu umsorgen, und viele schöne Stunden spielend mit ihm verbrachte. Nach ungefähr einem Jahr wurde die junge Frau sehr krank, und da sie nicht mit dieser falschen Anschuldigung auf dem Gewissen sterben wollte, erzählte sie ihrer Familie, daß der wirkliche Vater ein junger Mann sei, der in einer nahegelegenen Stadt lebte. Ihre Eltern gingen augenblicklich zu dem Lehrer, verbeugten sich tief, entschuldigten sich und baten um das Baby. Der Zen-Meister überließ ihnen das Kind und sagte »Ah-so.«

Als sie ihn ausgänglich beschuldigten, wurde der rationale Verstand des Zen-Meisters nicht in einer langen Kette egobedingter Argumente verwickelt. Er leugnete nicht erbost die Vaterschaft, protestierte nicht gegen die ungerechte Beschuldigung, drohte nicht, die Lüge öffentlich bloßzustellen, die über ihn verbreitet wurde, oder ähnliches. Vielmehr hatte er begriffen, daß eine Mutter und ein Vater dem Wort eines Mannes gegenüber dem Wort ihrer schwangeren Tochter wahrscheinlich nicht glauben würden. Er erkannte einfach, daß sie nicht geöffnet waren und seine Seite nicht hören wollten. Sie fragten ihn nicht, ob er der Vater wäre – beschuldigend behaupteten sie, er sei es. Der Zen-Meister ließ das Drama einfach stattfinden, er stimmte weder zu noch widersprach er, sondern blieb in seinem friedvollen Stadium Höheren Bewußtseins und genoß einfach, was geschah. Und er war fähig, die Freude auszuleben, mit dem Baby einige Zeit zu verbringen. Als sie zurückkamen und sich für ihre falschen Anschuldigungen entschuldigten, sagte sein Verstand nicht: »Ich hätte es euch sagen können, aber ihr hättet nicht gehört.« Er erkannte einfach friedfertig, daß sie jetzt verstanden, und es gab nichts zu sagen. Er konnte fortfahren, den neuen Akt des Geschehens zu genießen.

Diese Geschichte sagt uns nicht, daß wir niemals in irgendeiner Situation unsere Ansicht mitteilen dürfen. Sie besagt einfach, daß Sie, wenn Sie bewußt leben, die Wahl haben, sich in eine Diskussion einzulassen, da Sie im voraus wissen, ob das Argument Sie und die andere Person in ein engeres Stadium von Liebe und Eins-Sein bringen wird oder ob es Sie voneinander entfernt. Unter den Umständen war die Entgegnung des Zen-Meisters »Ah-so« die beste Antwort, um die größte Harmonie zu schaffen, die in dieser Situation zu erreichen war. Später übergab er das Kind willig und liebend ohne Gegenbeschuldigungen. Dieses stellte für alle Beteiligten eine fließende, harmonische Handlungsmöglichkeit dar. Die meisten Menschen, mit denen Sie interagieren, werden offener sein als die Eltern des schwangeren Mädchens. Normalerweise können Sie den Siebten Pfad anwenden, der Ihnen sagt, sich vollständig anderen Menschen gegenüber zu öffnen. Aber benutzen Sie auch den Neunten Pfad, um sich in einer zentrierten, ruhigen und liebevollen Weise zu öffnen.

So wie Sie lernen, sich zunehmend mit Ihrer bewußten Wahrnehmung zu identfizieren, entdecken Sie, daß Ihr Verstand zu einem nützlichen Werkzeug wird, so wie Ihre anderen Sinne auch. In Verbindung mit Ihren gespeicherten Erinnerungen ist er der Sinn, der Hypothesen, Theorien, Annahmen und Möglichkeiten produziert. Sie wissen, daß, genau wie Ihre Augen oder Ohren Sie irreführen können, Ihr Verstand dies ebenfalls kann.

Wenn sich Ihre Suchthaltungen in Präferenzhaltungen umwandeln, werden Sie feststellen, daß Ihre Sinne und Ihr Verstand weniger Verzerrung wiedergeben und stärker kooperieren, um Ihr Leben besser funktionieren zu lassen. Dann erst können Sie Ihr Geburtsrecht als Mensch richtig genießen! Dann erst sind Sie Meister Ihrer Emotionen, Ihres Egos und Ihres Verstandes! Dies ist eines der größten Dinge, die ein Mensch tun kann. Es mag schön sein, bedeutende Bilder zu malen, hohe Gebäude zu bauen oder großartige Romane zu schreiben. Aber Meister unserer selbst zu werden ist ein noch größerer Gewinn für die gesamte Menschheit – und für uns ebenso. Aus dieser Haltung heraus werden unsere Werke zunehmend mit dem Energiefluß der Welt im Einklang sein.

18
Die Illusion des Selbst

Viele Pfade führen zum Gipfel des Bewußtseins. Für Sie ist es wichtig, Ihren eigenen Pfad zu finden – und dann bei dem Pfad zu bleiben, selbst wenn Ihnen der Lauf der Welt rauh erscheint. Einer der Tricks des Egos ist, Sie daran zweifeln zu lassen, ob Ihr Pfad funktioniert. Er wird funktionieren – wenn Sie funktionieren.

Es mag hilfreich sein, einen Blick auf die drei Faktoren zu werfen, die Aspekte des Bewußtseinswachstums darstellen. Diese Faktoren sind systematisch miteinander verknüpft, so daß Fortschritt mit einem von ihnen automatisch für einen Schritt nach vorne durch die beiden anderen Faktoren sorgt:

1. **Ausmerzen deiner suchthaften Forderungen.**
2. **Beruhigen deines Verstandes.**
3. **Nicht mit dem »Selbst« identifizieren, das dein Ego ununterbrochen bewacht.**

Der Weg Gelebter Liebe konzentriert seine Techniken auf den ersten Faktor. Die Fünf Methoden befähigen Sie, Suchthaltungen auszumerzen, die ein »adrenalisiertes« Bewußtsein schaffen, das Sie Menschen aus Ihrem Herzen verbannen läßt. Ihre suchthaften Forderungen saugen ja Ihre Energie auf, indem sie Sie zwanghaft auf Dinge zu- oder vor ihnen weglaufen lassen, Ihre Einsicht und Wahrnehmungsfähigkeit zerstören, Ihr Bewußtsein vom Hier und Jetzt abziehen, indem sie Sie mit der Vergangenheit und der Zukunft beschäftigen, und die Energie der Sie umgebenden Menschen abwürgen, die ansonsten gewillt sein könnten, Sie zu lieben und Ihnen zu helfen.

Die Methoden der Gelebten Liebe konzentrieren sich darauf, Ihnen zu zeigen, wie Sie raschen Fortschritt in dem Ausmerzen emotionsbedingter Forderungen machen können, die Sie andauernd in der Achterbahn von Freude und Schmerz festhalten. Erst wenn Sie die Ursache-Wirkung-Beziehung zwischen Suchtzwängen und Leiden erkennen, können Sie Ihr Leiden konstruktiv zur schnellen Umprogrammierung benutzen. Dann agieren Sie auf der höheren Ebene dynamischer Energie, die Sie so steuern können, daß sie Ihr Bewußtseinswachstum fördert. Für viele Menschen ist das wesentlich schneller, als direkt an der Beruhigung des Verstandes zu arbeiten oder das Selbst fallenzulassen. Und da eine Steigerung eines der Faktoren die Verwirklichung der anderen beiden beschleunigt, könnte das Ausmerzen der Suchtzwänge auch Ihr schnellster Weg sein, den Verstand zu beruhigen, oder zu erkennen, wer Sie wirklich sind.

Eine der wichtigsten Stationen auf dem Weg zu Höherem Bewußtsein beinhaltet das Loslassen des »Selbst«, mit dem wir uns identifizieren und das wir so mühsam schützen. Als Kinder lernen wir, ein Gebiet zu erforschen, das wir »ich« oder »mein« nennen. Die Grenzen dieses »Selbst« bildet unsere Haut, obwohl wir Ausdehnungen des »Selbst« durch solche Begriffe wie *mein* Spielzeug, *mein* Zimmer, *mein* Hund, *meine* Kleidung, *mein* Freund, *mein* Ruf usw. kennenlernen. Wir empfinden, daß alles *mein* oder *nicht mein* ist. Wir erzeugen die Erfahrung von Entfremdung und Ärger gegenüber Menschen, wenn sie den Eindruck erwecken, in ein Territorium einzudringen, das wir als unser eigenes betrachten.

Da das Ego unablässig damit beschäftigt ist, das Territorium zu beschützen, das es als »meines« definiert hat, kann es nie im Hier und Jetzt entspannen. Es muß ständig sein zukünftiges Glück sichern. Diese ununterbrochene Aktivität verstärkt das Empfinden eines »ich« oder »mir« oder »selbst« für denjenigen, dem das Territorium gehört und für den schmerzvolle Erfahrungen immer im Anmarsch sind. Eine Programmierung, die durch das Gedächtnis verstärkt wird, zwingt somit das Ego, fortwährend sein Territorium zu schützen – das es als »selbst« identifiziert.

Die Geschwindigkeit, mit der ein Biocomputer suchthafte Programme ablaufen läßt, schafft die Illusion, daß dieses »ich« oder »selbst« eher eine Einheit ist – ein »jemand« – als eine roboterhafte Aktivität. Wenn diese Aktivität des »ich« oder »selbst« eher als eine Aktivität erkannt wird denn als eine Einheit, fangen wir an zu erkennen, daß wir für unser Leiden verantwortlich sind. Das »ich« ist die Aktivität der Verteidigung. Wenn wir aufhören zu verteidigen, gibt es kein »ich« oder »selbst« mehr.

Wir arbeiten hart daran, uns selbst leiden zu lassen. Es ist ein Vollzeit-Job ohne Freizeit, sogar in den Ferien! Während diese Aktivität und die Grundeinstellung, unser zukünftiges Glück suchthaft schützen zu wollen, neu programmiert werden, verliert das »ich« zunehmend an Sinn und beginnt, mit dem, was hier und jetzt ist, zu verschmelzen.

Je nach individuellen Sicherheits-, Sinnesreiz- und Machtprofilen sind die Grenzen des Selbst bei verschiedenen Menschen unterschiedlich definiert. Ein Mann kann beispielsweise gewisse patriarchalische Gefühle gegenüber Frauen als Teil seines Selbst verteidigen, die Dominanz, Kontrolle und männliche Überlegenheit mit einschließen. Ein anderer Mann kann seine Grenzen des Selbst nicht mit diesen Subjekt-Objekt-Verhältnissen identifizieren, doch betrachtet er alle weiblichen Wesen als im wesentlichen mit ihm identisch. Folglich fluktuiert der Bereich, den wir als Teil unseres »Selbst« betrachten, je nach den Einstellungen und Vorstellungen, die wir gewonnen haben, und dem Stadium der Bewußtseinsentwicklung, in dem wir uns befinden.

Wenn wir die Natur der Erfahrung, daß wir uns als »ich« betrachten, verstehen würden, könnte es hilfreich sein zu begreifen, daß die Grenzen des Selbst, die wir verteidigen, wie Furunkel auf unserer Haut sind. Ein Furunkel ist ein Teil von uns – und doch ist er kein Teil von uns. Er ist nur ein funktionelles Ding, das auftaucht und wieder verschwinden kann. Er ist kein struktureller Teil unseres Körpers wie unsere Leber oder Knochen oder Augen. Das Selbstverständnis, das wir uns in unserem kulturellen Milieu angeeignet haben, verursacht wie ein Furunkel eine Menge Schmerz und Unannehmlichkeit. Das »Selbst« wird sich ebenfalls wie ein Furunkel auf unserer Haut auf seine eigene Weise auflösen, während wir gesunden.

Man könnte fragen: »Wie kann diese Erfahrung des Selbst ein solch unbeständiger Teil von uns sein, wenn er so stark empfunden wird?« Unser Erleben des Selbst wird durch die Häufigkeit geschaffen, mit der unser Ego die suchthaften Forderungen nach Sicherheit, Sinnesreiz und Macht verteidigt. Der Verstand verstärkt in jedem Augenblick die Grenzen dieser unbeständigen Erfahrung des Selbst, da diese unteren drei Bewußtseinszentren die meisten unserer Erfahrungen festlegen, bevor wir beginnen, auf dem Wege zu Höherem Bewußtsein zu wachsen. Die Wellen des Hier und Jetzt versuchen ständig, diese Grenzen des Selbst wegzuspülen, die wir durch unsere Suchtzwänge und unsere gespeicherten Erinnerungen aufrechterhalten. Aber wir zeichnen weiterhin eine Grenze des Selbst in den suchtartigen Sand unserer Persönlichkeit, so daß sie in unserer Erfahrung fortwährend definiert und erneut festgelegt wird.

Sie werden feststellen, daß mit jeder Suchthaltung, die Sie erfolgreich in eine Präferenzhaltung umwandeln, ein dicker Brocken dieses Selbst verschwindet! Statt Menschen als Objekte zu erleben, empfinden Sie sie zunehmend als »wir« oder »wie ich«. Diese deutlich definierte Erfahrung des Selbst verläßt Sie allmählich mit der Umwandlung fast aller Ihrer Suchthaltungen in Präferenzhaltungen. Sie fangen dann an, sich mit anderen Menschen zu identifizieren, selbst wenn sie etwas tun, das vorher eine ärgerliche Reaktion in Ihnen ausgelöst hätte. Sie erkennen jetzt, daß sie etwas tun, das Sie selbst unzählige Male getan haben – und wenden sich nicht von Ihnen ab.

Ihre Erfahrung des Selbst ist massiv wie ein Eisblock, wenn Ihr suchthaftes Verlangen stark ausgeprägt ist. Ihr Selbst verliert seine Felsenhaftigkeit und beginnt, die Anpassungsfähigkeit und Klarheit von Wasser zu bekommen, wenn Sie mit der Umprogrammierung fast all Ihrer Suchthaltungen in Präferenzhaltungen Erfolg hatten. Wenn jemand in erster Linie von Präferenzhaltungen aus handelt, schmilzt die Härte, und statt dessen gibt es ein bewußtes Fließen. Ihr Sinn von »Selbst« ist in diesem Stadium wie Wasser unendlich flexibel, um sich Ihrer Hier-und-jetzt-Umgebung anzupassen.

Aber selbst im Vierten bis Sechsten Bewußtseinszentrum gibt es immer noch eine leichte Erfahrung des »Selbst«. All die intensive Getrenntheit und Entfremdung des vorherigen felsartigen »Selbst« sind verschwunden – aber ein Schatten des früheren »Selbst« verbleibt weiterhin. Da es jetzt so flexibel ist und Sie Ihr Ego trainiert haben, Ihre Energie nicht in seine Bewachung und Verteidigung zu vergeuden, hält Sie diese sanftere Erfahrung aber nicht davon ab, ein glückliches Leben zu genießen. Die Grenze des Selbst, die durch Ihre Präferenzprogrammierung kreiert wurde, befähigt Sie, jeden bedingungslos zu lieben – einschließlich Ihrer selbst.

Für die wenigen unerschrockenen Erforscher des Bewußtseinsberges, die den Gipfel erklimmen wollen (den wir in der Methode der Gelebten Liebe das Siebte Bewußtseinszentrum nennen), müssen sogar Präferenzhaltungen neu programmiert werden. Die gleichen Werkzeuge der Aufmerksamkeit, die einen befähigen, Suchthaltungen loszuwerden, können benutzt werden, um Präferenzhaltungen auszumerzen. Aber man sollte sich bewußt sein, daß die Fähigkeit, im Siebten Bewußtseinszentrum zu leben, heute genauso ungewöhnlich ist wie die Fähigkeit, das Brahms-Violinenkonzert gekonnt zu spielen, außerordentlich selten ist und nur von wenigen Menschen erreicht werden kann! Das Leben im Vierten bis Sechsten Bewußtseinszentrum genießen können wir fast alle, wenn wir das Hin und Her zwischen Freude und Schmerz gründlich satt haben und entschlossen sind, die Fünf Methoden zum Freiwerden von den Suchtzwängen anzuwenden, die uns davon abhalten, uns des Lebens ununterbrochen zu erfreuen.

Im Siebten Bewußtseinszentrum verschwinden sogar die fließenden Grenzen des Selbst. Wasser wird durch Verdunstung zu transparentem Dunst. Ähnlich wird die Erfahrung des Selbst auf der Höchsten Bewußtseinsebene ein transparenter Dunst, der Wahrnehmung nicht beeinträchtigt noch die intuitive Weisheit eindämmt, die in jedem von uns gegenwärtig ist. Indem unsere Wahrnehmung des »Selbst« oder »jemand« verschwindet, werden wir »niemand« – der uns dann in einer vereinten Sphäre mit jedem sein läßt.

Und so erklimmen wir Schritt für Schritt den Bewußtseinsberg. Wir finden den Pfad, der uns am meisten zusagt, und lassen uns dann von der kosmischen Energie, die wir alle in uns haben, zu den erhabeneren Regionen vorantreiben, wo uns Gelassenheit, bedingungslose Liebe und Erfüllung erwarten.

19
Wie wir unsere Suchtforderungen erkennen

Da der Weg der Gelebten Liebe zu Höherem Bewußtsein auf dem allmählichen Ausmerzen Ihrer Suchtzwänge beruht, ist es äußerst wichtig für Sie zu lernen, sie in Ihrem ständigen Fluß des Bewußtseins automatisch ausfindig zu machen. Ein Jahr faßt 31 536 000 Sekunden – jede davon bietet Ihnen eine Gelegenheit, im Bewußtsein zu wachsen! Wieviel Nutzen Sie aus diesen einunddreißig Millionen Gelegenheiten ziehen, hängt allein von Ihnen ab!

Sie können eine Suchthaltung durch das Wahrnehmen erkennen, daß Ihr Biocomputer emotionale Programmierung benutzt, damit Sie gereizt, ärgerlich, eifersüchtig, durcheinander, müde, gelangweilt, besiegt, angstvoll, verstimmt oder auf die eine oder andere Weise aufgebracht sind. Wenn Sie einmal dabei sind, Ihre massiven Suchtzwänge umzuprogrammieren, können Sie auch Ihrer subtileren Suchtzwänge gewahr werden. Eine subtile Suchtforderung regt Sie emotional nicht auf – aber Ihr Bewußtsein ist auch durch eine subtile Suchtforderung mit dieser minuten-, stunden- oder tagelang beschäftigt.

Wir könnten uns vormachen, daß wir über ein Thema eingehend und ununterbrochen nachdenken, aber tatsächlich verhalten wir uns äußerst ineffektiv – und ziehen Energie und Bewußtsein ab, die optimaler genutzt werden könnten. Indem Sie in Höheres Bewußtsein hineinwachsen, werden Ihnen intuitiv Ihre Weitwinkel-Wahrnehmung und eine gewisse Freiheit von der Beherrschung Ihres Bewußtseins durch Suchtzwänge weise und wirksame Antworten auf alle Probleme geben. Während Sie auf die Höheren Bewußtseinsebenen hinarbeiten, finden Sie heraus, daß »denken« (Jonglieren von Worten, Hypothesen, Ideen, die sich um ein Problem drehen) normalerweise nicht der Weg ist, die optimale Lösung für Probleme zu finden. Ein freies, nicht beherrschtes Bewußtsein, das in hohem Maße hier und jetzt mit den Sie umgebenden Menschen und Situationen in Einklang ist, befähigt Sie optimal, aus der Weisheit Nutzen zu ziehen, die darauf wartet, aus Ihrem Biocomputer abgerufen zu werden. Ihr Problem ist, an die Weisheit zu gelangen, die Sie bereits haben – die aber noch wegen der Sicherheits-, Sinnesreiz- und Machtbeherrschung Ihres Bewußtseins unzugänglich ist.

Eines der Hindernisse während unseres Wachstums in Höheres Bewußtsein ist die Phase des »Geistigen Rechtsanwalts«. Wenn wir unsere Reise starten und wirklich die Arbeit der Umprogrammierung erkennen, die uns erwartet, wird unser Ego aufgrund der Notwendigkeit, bestimmte lebenslange Angewohnheiten zu ändern, die uns auf unteren Bewußtseinsebenen festhalten, eine Bedrohung erfahren. Aber sowie das Ego sich dann einmal an die Spielregeln gewöhnt hat, lernt es, diese Regeln zu verzerren, so daß wir unser Vermeiden der Zwölf Pfade und anderer Werkzeuge für Bewußtseinswachstum rechtfertigen können.

Lassen Sie uns annehmen, Sie ärgern sich, wenn Sie jemand bittet, etwas, was Sie ihm gerade gesagt haben, zu wiederholen. Ihr Ego stellt Ihr Bewußtsein auf die Machtebene, indem es den Gedanken vorbringt: »Wenn die andere Person mir genug Aufmerksamkeit geschenkt hätte und die Wichtigkeit meiner Worte erkannt hätte, wäre sie fähig gewesen, mich beim ersten Mal klar zu verstehen!« Ihr Ego sagt Ihnen dann, daß es wichtig ist, daß die andere Person lernt, Sie ausreichend zu respektieren, um Ihnen zuzuhören, wenn Sie sprechen. Sie zeigen Ihre Gereiztheit, um bessere Aufmerksamkeit zu entwickeln. Ihr Ego läßt in dem Moment nicht zu, daß Sie sich daran erinnern, daß Ihr Aufgeregtsein ein sicheres Zeichen für eine Suchthaltung ist (in diesem Fall eine suchthafte Forderung nach Macht) und daß Sie zwischen Ihnen und der anderen Person Dualität und

Entfremdung schaffen. Wir alle bitten Menschen von Zeit zu Zeit, das, was sie gerade gesagt haben, zu wiederholen. Die andere Person tut also gerade etwas, das wir alle häufig getan haben. Würden wir vom Bewußtseinszentrum der Liebe aus reagieren, wären wir nicht gereizt – sondern würden einfach die Information, um die gebeten wurde, wiederholen.

In jenen Augenblicken, in denen Ihr schroffer Tonfall Entfremdung und Getrenntsein schafft, kann Ihnen Ihr Ego sagen, daß Sie dem anderen eigentlich einen Gefallen tun, indem Sie ihm eine Chance geben, den Dritten Pfad anzuwenden: »Ich begrüße die Gelegenheit, die mir die Erfahrung jedes einzelnen Moments bietet (auch wenn dies schmerzhaft ist), mir der Sucht bewußt zu werden, die ich umwandeln muß, um von meinen roboterhaften, emotionalen Verhaltensmustern befreit zu sein.«

Ihr Ego könnte sogar den Zwölften Pfad aufrufen, um die Dualität zu rechtfertigen, die Sie produzieren, indem es Ihnen erzählt, daß Sie ein erwachendes Wesen sind, das Ihrem Freund beibringen soll, Ihren Worten der Weisheit bewußter zuzuhören. Aber selbstverständlich sollte dies als eine Verzerrung des Zwölften Pfades erkannt werden. Dieser Pfad legt Ihnen nicht die Bürde auf, zum Vorteil anderer Menschen Gott zu spielen! Er erzählt: »Ich nehme alle Menschen einschließlich meiner selbst als erwachende Wesen wahr, die hier ihr angestammtes Recht auf die Höheren Bewußtseinsebenen bedingungsloser Liebe und des Eins-Seins verwirklichen wollen.«

Sie lieben und dienen einem erwachenden Wesen, indem Sie tun, worum es Sie bittet. Falls jemand Sie bittet, etwas zu wiederholen, wiederholen Sie es. Mit anderen Worten: Sie behandeln ihn als einen Menschen, der hier ist, Ihnen zu helfen, Ihrer Suchtforderungen gewahr und von ihnen frei zu werden.

Wenn Ihr Bewußtsein durch die unteren drei Ebenen beherrscht wird, ist es der natürliche Fluß Ihrer Persönlichkeit, der andere Menschen am besten lehrt. Es ist äußerst wichtig für Sie zu begreifen, daß jeder Versuch, Gott zu spielen und andere bewußt zu lehren, indem Sie ihnen absichtlich und vorsätzlich dualistische Erfahrungen vermitteln, Ihr Bewußtseinswachstum

Über das
aufgebracht sein,
was du nicht hast . . .

heißt, das
verschwenden,
was du hast.

hinauszögern kann. Es wird Entfremdung zwischen Ihnen und anderen Menschen schaffen.

Während Sie in Höhere Bewußtseinsebenen hineinwachsen, werden Sie intuitiv spüren, wenn ein Mensch für Anleitungen zum Bewußtseinswachstum offen ist. Entweder warten Sie, bis Sie diese Offenheit deutlich wahrnehmen oder bis Sie gebeten werden, als Lehrer zu fungieren. Selbst dann werden Sie Menschen nur die Dinge mitteilen, die sie bereit sind zu hören und im Eins-Sein verstehen können. Wenn sie anfangen, unruhig zu werden oder ständig Gereiztheit zeigen, wissen Sie, daß Sie nicht von einer Höheren Bewußtseinsebene aus handeln, die nur das gibt, was die andere Person gewillt ist zu hören. Wenn dem Bedürfnis der »Bereitschaft, zuzuhören« entsprochen wird, wird das, was gegeben wird, so natürlich aufgenommen, daß die Person fast das Gefühl hat, daß sie selbst daran gedacht hat. Tatsächlich schafft diese Bereitschaft ein ebensolches Lernerlebnis wie die Information, die vermittelt wird.

Denken Sie immer daran, daß die Zwölf Pfade Sie allmählich und kontinuierlich in vollkommen friedvolle und liebevolle Sphären führen werden, gleichgültig, was Menschen um Sie herum tun oder sagen.

Es ist wichtig, daß Sie gründlich wahrnehmen, daß Liebe und erweitertes Bewußtsein vollkommen ausreichen, Ihnen alles zu geben, was Sie brauchen. Falls Sie Ihren Kaffee nicht so heiß trinken möchten, wie er Ihnen gereicht wird, können Sie eine beherrschende Ungeduld anwenden, um Ihrem Freund zu »helfen«, daran zu denken, ein wenig Wasser in den Kaffee zu geben. Wenn er das vergißt, geben Sie sich vielleicht irritiert, um ihn daran zu erinnern – doch damit stören Sie Ihren Frieden und Ihre Gelassenheit. Und Sie erzeugen Dualität und Entfremdung, die die Gefühle der Liebe verwässern. Sagen Sie sich, daß, wenn Sie ihn lieben und ihm sanft und liebevoll mitteilen, was sie mögen, er sich daran erinnern wird, Ihren Kaffee genauso zu machen, wie Sie ihn mögen. Es ist für Sie hier und jetzt weitaus besser, aufzustehen und ein wenig Wasser in den Kaffee zu geben, als sich in ein entfremdendes Verhalten zu verwickeln!

Höheres Bewußtsein besagt nicht, in das Dilemma anderer Menschen einsteigen zu müssen! Sie lernen nur, sie bedingungslos anzunehmen – egal, was sie sagen oder tun. Natürlich können Sie Ihr Leben in jede beliebige Richtung steuern. Nur kollidieren Sie dabei nicht länger mit den anderen.

Denken Sie immer daran, daß das Individuum mit dem Höheren Bewußtsein dasjenige ist, das am flexibelsten ist – das festgelegte Muster vermeidet – das in jeder Lebenssituation fließt, um nicht in suchthafte Gereiztheiten verwickelt zu werden! Der Mensch mit dem Höheren Bewußtsein schafft eine friedvolle Welt, ungeachtet dessen, ob er mit Menschen zusammen ist, die bewußt an ihrem Wachstum arbeiten, oder nicht. Man braucht zwei Menschen, um einen Ego-Kampf auszutragen! Aber nur ein Mensch ist notwendig, um Frieden und die Liebe Höheren Bewußtseins zu kreieren!

Haben wir einmal die Möglichkeiten erkannt, ständig in einer friedvollen und liebevollen Welt zu leben, entdecken wir, daß es gewisse Lebenssituationen gibt, die uns häufig in das Bewußtseinszentrum der Macht zurückwerfen. Unsere suchthaften Forderungen nach Macht mögen sich manifestieren, wenn wir wissen, daß wir recht haben, aber die andere Person sich hartnäckig weigert, unseren Anweisungen zu folgen. Wir müssen uns daran erinnern, daß Gereiztsein die Situation nur zusätzlich kompliziert. Wir werden häufig ärgerlich, wenn uns eine andere Person auf irgendeine Weise Unannehmlichkeiten bereitet. Wir irritieren uns selbst, wenn Menschen vereinbarten Regeln nicht folgen oder wenn jemand gedankenlos ist. Wir kreieren häufig Verstimmung in uns, wenn wir zu erklären versuchen, wie wir denken und was wir versuchen zu tun – und andere Menschen anscheinend daran nicht interessiert sind. Wir irritieren uns selbst, wenn wir sehen, daß jemand unaufrichtig ist oder uns auf die eine oder andere Weise im Stich läßt.

Wir mögen irritiert werden, wenn uns jemand etwas sagt, das wir bereits wissen. Oder wir meditieren vielleicht und ärgern uns, wenn jemand unseren Wunsch nach Ruhe mißachtet. Oder wir sind vielleicht beschäftigt, und jemand merkt nicht, daß wir eine Aufgabe erledigen wollen. Oder wir haben Verantwortungen, und es wird nicht verstanden, daß wir in diesem Aufgabenbereich berechtigt sind, Entscheidungen zu treffen.

Manchmal verärgern wir uns selbst, wenn wir herausfinden, daß andere Menschen ungeduldig sind und möchten, daß wir uns schneller bewegen, als wir es tun. Oder jemand unterbricht uns vielleicht wiederholt. Manchmal fühlen wir uns paranoid, wenn jemand unsere Freundlichkeit nicht erwidert. Manche Menschen in unserem Leben werden uns mit Ärger und Feindseligkeit angreifen. Und wenn wir nicht gänzlich fähig sind, unser Bewußtsein auf der Vierten Ebene bedingungsloser Liebe zu handhaben, werden wir uns augenblicklich in die Machtebene zurückwerfen, und unsere Reaktion wird deren Aufgebrachtsein widerspiegeln.

Sagen Sie sich selbst, daß Sie Ihr ganzes Leben lang versucht haben, solche Situationen zu handhaben, indem Sie Dominanz, Ellbogentaktiken, emotionale Verkrampfung, Tauschhandel, Geschenke und andere manipulierende Techniken angewendet haben. Diese Machtmethoden haben es Ihnen noch nicht erlaubt, ein erfülltes und schönes Leben zu schaffen. Es ist jetzt an der Zeit, umzuschalten und nur Liebe und erweitertes Bewußtsein als Ihre Führer zu benutzen, wann immer die Handlungen von Menschen nicht zu den Programmen passen, die Sie in Ihrem Biocomputer festgelegt haben.

Erinnern Sie sich immer daran, daß Sie in keiner der oben genannten Situationen je rechtfertigen können, verärgert, reizbar, verstimmt, angstvoll, eifersüchtig oder angespannt zu werden. Begreifen Sie, daß solche Situationen Teil des Jetzt in Ihrem Leben sind. Es gilt, emotional das nicht Akzeptierbare zu akzeptieren. Sie versuchen, sich von Ihren suchtartigen Fallen zu befreien. Also benutzen Sie all diese Erfahrungen, im Bewußtsein zu wachsen. Falls Sie in einem ungeliebten dualistischen Verhalten der Machtebene gefangen sind, erkennen Sie einfach das Drama als das, was es ist – und Sie beschließen, nicht wieder gefangen zu werden. Falls Sie stolpern, stehen Sie einfach auf und gehen weiter. Verlangen Sie nicht suchthaft, nicht zu stolpern! Benutzen Sie jeden Rückfall auf die Machtebene als ein Geschenk Ihres Lebens, Ihnen zu helfen, bewußter und akzeptierender zu werden.

Wenn Sie den enormen Preis wirklich erkennen, den Sie jetzt für Ihre Suchtforderungen des niederen Bewußtseins zahlen – ein Tribut verlorenen Glücks, verlorenen Friedens, verlorener Liebe, verlorener Gelassenheit, verlorener Weisheit und verlorener Wirksamkeit –, kann die Energie gesteigert werden, die Sie in Ihr Wachstum auf dem Weg zu Höherem Bewußtsein geben. Wenn Sie nur die Hälfte der Energie in Ihr Bewußtseinswachstum stecken, die Sie in das Ausleben Ihrer programmierten Suchthaltungen geben, leben Sie schon bald Wärme und Schönheit Höheren Bewußtseins.

Die Bewußtseinsebene, von der aus wir handeln, bestimmt, was wir bemerken und was nicht. Unsere Programmierung hat Einfluß darauf, ob wir alles klar sehen oder es durch verzerrende Ego-Filter wahrnehmen – ob es unser Bewußtsein vereinnahmt oder es uns klar als das sehen läßt, was es ist.

Liebe und Frieden sind nicht nur Ihre Ziele – sie sind auch Ihre Methoden, diese Ziele zu erreichen. Erkennen Sie immer, daß es nur die Programmierung in Ihrem Kopf ist, die Sie jede Sekunde Ihres Lebens von den schönen Gefühlen Höheren Bewußtseins trennt. Glück wartet auf Sie – jedesmal, wenn Sie eine Ihrer Suchtforderungen umwandeln, wird es erreichbarer.

20
Gelebte Liebe mit Kindern

Ein Kind kann ein großartiger Lehrer auf Ihrer Reise zu Höherem Bewußtsein sein. Ein kleines Kind zeigt ständig, wie es ist, im Hier und Jetzt zu leben, bevor der Verstand den Bewußtseinsfluß beeinträchtigt. Ein Kind kann seine Aufmerksamkeit vollständig und spontan auf jede neue Lebenssituation richten. Wenn ihm etwas verweigert wird, kann es mit einem Egotrip reagieren und weinen. Aber eine Minute später richtet es seine Aufmerksamkeit wieder auf die Hier-und-jetzt-Situation, die das Leben bietet, ist freudvoll und lacht. Demzufolge kann das Bewußtsein eines Kleinkindes von Situationen nicht Besitz ergreifen und sie mit dem Verstand aufwühlen.

Kinder sind sehr sensible Spiegel Ihrer Bewußtseinsebene. Wenn sie von friedvollen, liebevollen Menschen umgeben sind, reflektieren sie die meiste Zeit einen warmen, fließenden Zustand. Wenn sie von getriebenen, von anderen dirigierten, manipulierten Menschen umgeben sind, werden sie rasch diese Anspannung und das Aufgebrachtsein im Verhalten reflektieren.

Ihre Bewußtseinsebene bestimmt Ihre Welt. Sie werden Menschen mit niederem Bewußtsein in Ihre psychische Sphäre ziehen, wenn Sie in einer Welt der Ängste und Spannung leben. Wenn Ihr Bewußtsein weitgehend im Machtzentrum handelt, wird jedes Kind, mit dem Sie ständig Kontakt haben, in Ihre Subjekt-Objekt-Art der teilnahmslosen Manipulationen gezogen. Wenn Ihre Reaktionen auf Ihr Kind kontinuierlich von liebevoller Achtsamkeit und Akzeptanz des Individuums geprägt sind, wird dies im Bewußtsein des Kindes reflektiert. Ihr Kopf kreiert Ihr Kind! Falls Sie Ihr Kind für ungeschickt halten, werden Sie ein ungeschicktes Kind formen. Betrachten Sie Ihr Kind als eine Störung Ihrer wichtigen täglichen Aktivitäten, werden Sie exakt diesen Typ Kind prägen. Die Vorstellungen und Klassifizierungen, durch die Sie ein Kind wahrnehmen, werden von dem Kind sensibel aufgenommen und eine große Rolle dabei spielen, wie es auf Sie reagiert.

Die Menschen, die ständig mit einem kleinen Kind interagieren, bestimmen die Natur und Stärke der zukünftigen Suchtzwänge, die es in Präferenzhaltungen umwandeln muß, um in Höheres Bewußtsein zu wachsen. Wenn ein Kind von stark dominierenden Menschen umgeben ist, wird ein großer Teil seiner Energie im Machtzentrum des Bewußtseins gebunden sein. Nach Erlangen der Reife wird der Erwachsene Macht als Schlüssel zum Glück auf Erden betrachten. Das Kind ist höchstwahrscheinlich durch gefühllose Subjekt-Objekt-Manipulation (»Halt den Mund, sei ruhig und tu genau, was ich dir sage«) verletzt worden. Es wird glauben, daß Glück gleich der Menge an persönlicher Macht und Prestige ist, die man einsetzen kann, um Menschen und Situationen im Leben zu beherrschen. Ein Kind, das von fließenden Menschen Höheren Bewußtseins umgeben ist, die die Bedürfnisse des Kindes betrachten, als wären es ihre eigenen, wird leichter in das Bewußtseinszentrum der Liebe hineinwachsen. Mit dem kommenden Erwachsensein hat es dann einen Lebensstil, der durch harmonisches Fließen mit den Lebenssituationen des Hier und Jetzt gekennzeichnet ist. *Das Kind weiß tief in seinem Wesen, daß Liebe und erweitertes Bewußtsein das bringen, was zum Glücklichsein nötig ist.*

Wenn Sie die Interaktion zwischen den meisten Erwachsenen und Kindern aus der Sicht des Sicherheitszentrums, Sinnesreizzentrums und Machtzentrums des Bewußtseins beobachten, empfinden Sie Mitgefühl für das roboterhafte Verhalten, das sowohl das Kind als auch den Erwachsenen gefangen hat. Das Bewußtsein des Erwachsenen neigt dazu, die meisten Handlungen des Kindes zu Bedrohungen der Sicherheit, des Sinnesreizes und der Macht des Erwachsenen hochzuspielen. Da Kinder unser Bewußtsein spiegeln, führt dies das Kind dazu, starke suchthafte Programmierung auf den ersten drei Ebenen zu entwickeln. Das sich entwickelnde Wesen wird schwere psychische Störungen haben, die umprogrammiert werden müssen, um ein Wachstum in das Zentrum der Liebe und das Zentrum der Fülle zuzulassen. Niemand kann zu diesen höheren Zentren fortschreiten, solange er Glück nur als eine Angelegenheit von genügend Sicherheit, Sex, Geld, Prestige und Macht empfindet!

Wir kreieren in Kindern suchthafte Forderungen nach Sicherheit, Sinnesreiz und Macht, wenn wir versuchen, sie mit solch emotionalen Forderungen zu dominieren wie: »Ich habe dir tausendmal gesagt, ... Was ist los mit dir? ... Hörst du niemals zu? ... Ich habe niemals ein dümmeres ... Zum letzten Mal, ich will, daß du begreifst ... Mach das noch einmal, und ...« Unser »normales« Reden macht Kinder verrückt: das Verantwortlichmachen und Schwindeln, Predigen und Moralisieren, Beschuldigen und Schuld zuweisen, Lächerlichmachen und Herabsetzen, Bedrohen und Bestechen, Bewerten und Etikettieren. Beachten Sie, wie Sie sich fühlen, wenn Menschen auf solch dualistische Weise mit Ihnen reden!

Wir sollten unsere entfremdenden, kritisierenden Worte mit der »Ich«-Sprache ersetzen. Statt: »Du bist ein Lügner, und niemand kann dir vertrauen«, sagen wir: »Ich mag es nicht, wenn ich mich nicht auf deine Worte verlassen kann – es ist schwierig für uns, etwas zusammen zu tun.« *Sie sprechen nur über Ihre Gefühle hier und jetzt*, grübeln nicht über die Vergangenheit und drohen nicht mit zukünftigen Strafen. Sie vermeiden die herabsetzende Pseudoanalyse des kindlichen Charakters, die auf Ihren eigenen suchthaften Ego-Forderungen beruhen.

Wie setzen Sie Erfahrungen mit einem Kind ein, um Ihr Wachstum zu Höherem Bewußtsein zu fördern? Das Kind kann Ihnen helfen, eine Wahrnehmung dafür zu entwickeln, was ein unbelasteter Verstand sein kann. Ein kleines Kind grübelt nicht über Situationen nach. Es ist einfach ganz und gar genau hier – genau jetzt. Sie können bei einem Säugling einige (aber eindeutig nicht alle) Merkmale Höheren Bewußtseins beobachten. Ein Kind ist meistens sehr aufnahmefähig gegenüber den wahren

Gefühlen und Schwingungen der Menschen in seiner Nähe. Das Nervensystem eines Kleinkindes ist stark auf Weinen und andere emotionale Verhaltensweisen programmiert, die das Bewußtsein der Erwachsenen in Hörweite dominieren können, so daß sie seine Bedürfnisse wahrnehmen. Als Reisegefährten auf dem Weg zum Höheren Bewußtsein sollten wir unsere Erwachsenenrollen so verstehen, daß wir jedes Kind lieben und ihm dienen. Dieses hilft dem Kind, einen raschen Übergang vom Weinen und anderem emotionalen Verhalten zu einer Programmierung zu vollziehen, die es zuläßt, Bedürfnissen durch Liebe und erweitertes Bewußtsein zu begegnen.

Das Schaffen eines Himmels auf Erden, in dem jeder in einer von Krieg, Mißverständnissen und Dualität auf jeder Ebene befreiten Welt lebt, verlangt von uns, daß wir unsere Kinder nicht länger dazu erziehen, intensive suchthafte Forderungen nach Sicherheit, Sinnesreiz und Macht zu entwickeln. Es ist leicht, die Schuld an allen Problemen Regierungen, Schulen und gefühllosen Wirtschaftsinstitutionen zu geben, doch dies ist nur ein Ausweichen. *Wir alle sind diese Institutionen.* Die lieblosen, Subjekt-Objekt-Handlungen all dieser Institutionen wurden durch Suchthaltungen kreiert und aufrechterhalten, die wir uns angeeignet haben. Sogar die Polarität unserer suchthaften Opposition kann das stärken, was wir ändern wollen!

Der einzige wirksame und dauerhafte Weg, die Welt, in der wir leben, zu verändern ist, unsere Bewußtseinsebene zu erhöhen. Und eine der besten Möglichkeiten, die starke suchthafte Programmierung zu reparieren, die in unserem Biocomputer festgelegt wurde, ist, mit Kindern zu interagieren. Wir können sie vor dem Leiden bewahren, das sie erwarten würde, wenn sie ihre stark programmierten suchthaften Forderungen nach Macht entwickeln sollten. In der Umkehr werden wir davon profitieren, daran erinnert zu werden, wie es ist, im Hier und Jetzt zu leben, ein Bewußtsein zu genießen, das nicht ständig durch den Verstand aufgewühlt wird wie auch durch den Spiegel, den uns das Kind vorhält, so daß wir unsere eigenen Suchthaltungen erkennen können.

Ihr Leben gibt Ihnen ständig Gelegenheiten, dem Kind (und Ihnen) zu zeigen, ob Sie auf einer Machtebene des Bewußtseins oder einer Ebene der Liebe des Bewußtseins sind. Jedes Glas Milch, das das Kind verschüttet, gibt Ihnen Gelegenheit, ihm die Welt zu zeigen, in der Ihre bewußte Wahrnehmung lebt. Sagen Sie (oder empfinden es sogar stumm): »Ich habe dir tausendmal gesagt, vorsichtiger zu sein. Das nächste Mal, wenn du ein Glas Milch verschüttest, stehst du eine Stunde lang in der Ecke. Ich habe deine Tolpatschigkeit gründlich satt. Es ist an der Zeit, daß du mir zuhörst. Warum nimmst du nicht den Lappen und wischst es auf? Bist du denn hilflos?«

Falls Sie das tun, erziehen Sie das Kind, sein Bewußtsein durch suchthaftes Verlangen nach Sicherheit, Sinnesreiz und Macht zu dominieren. Und da Ihr Bewußtsein Ihr Universum durch diese Filter kreiert, leben Sie in einer Subjekt-Objekt-Welt, in der Ihre Gelassenheit durch die Handlungen des Kindes ständig bedroht ist. Sie benutzen einfach die verschüttete Milch, für beide eine stärkere und stärkere Programmierung des niederen Bewußtseins zu kreieren. Und ein Leben niederen Bewußtseins ist voll verschütteter Milch – auf die eine oder andere Weise.

Wenn ein Kind die Milch verschüttet, sollten Sie es als eine Gelegenheit begrüßen, beiden zu helfen, in Höheres Bewußtsein zu wachsen. Sagen Sie: »Die Milch ist verschüttet – genau hier, genau jetzt. Deshalb zu zanken, macht es nicht ungeschehen – es wird nur mich und das Kind verärgern. Ein aufgebrachtes Kind kann unabsichtlich noch ein Glas umkippen. Ich habe selbst viele Gläser umgekippt. Dies ist nur ein normaler Teil des Lebens.« Und Sie reden weiter mit dem Kleinen wie vorher. Das Aufwischen sollte als etwas völlig Natürliches geschehen. Reden Sie dem Kind nicht zu, indem Sie etwa sagen: »Das ist in Ordnung, jeder verschüttet Milch«, wenn nicht die Gefühle des Kindes nach weiteren Worten verlangen. Überbringen Sie diese Gedanken durch Ihre liebevolle, fließende Akzeptanz der verschütteten Milch und Ihre einfache, natürliche Handlungsweise.

Nach dem kleinen Vorfall wird das Kind Ihren Gefühlen gegenüber sehr empfindsam sein und jede Paranoia oder Feindseligkeit in Ihrem Bewußtsein registrieren – auch wenn Ihre Worte sehr lieb und taktvoll sein mögen. Wenn Sie die verschüttete Milch wirklich akzeptieren können (genauso wie andere nicht bevorzugte Ereignisse in Ihrem Leben) und Ihrem Bewußtsein erlauben, auf liebevolle Weise zu fließen, wird es sehr wenig »verschüttete Milch« in Ihrem Leben geben.

Die in Kapitel 4 dargestellten Zwölf Pfade sollten Sie auswendig lernen, damit sie unterhalb Ihrer rationalen Ebene in die tieferen Schaltwege Ihres Biocomputers gelangen, der Ihre Sicht der Welt kontrolliert. Diese Zwölf Pfade zeigen Ihnen den Weg zu Höherem Bewußtsein. Wann immer Sie verärgert, ängstlich oder eifersüchtig sind, entdecken Sie bald, daß dies so ist, weil Sie einen oder mehrere der Pfade ignoriert haben. Obwohl sie jede Situation Ihres Lebens betreffen, ist es besonders wichtig, sie anzuwenden, wenn Sie mit Kindern zusammen sind. Sie geben ihnen Modelle der *Programmierung*, die sie kopieren werden, um es im Leben »zu schaffen«.

Kinder werden rasch die Herausforderungen des Lebens bewältigen, wenn sie mit Erwachsenen zu tun haben, die offen vom Vierten oder einem Höheren Bewußtseinszentrum aus kommunizieren. Der Siebte Pfad sagt: »Ich öffne mich wahrhaftig allen Menschen gegenüber, indem ich gewillt bin, ihnen meine innersten Gefühle vollständig mitzuteilen, denn wenn ich mich irgendwie verberge, bleibe ich meiner Illusion des Getrenntseins anderen gegenüber verhaftet.«

Dies ist im Zusammensein mit Kindern besonders wichtig, da ihre Fähigkeit, sich mit Ihnen auf der Gefühlsebene in Einklang zu bringen, sehr ausgeprägt ist. Wenn Sie eine Sache fühlen und eine andere äußern, erziehen Sie sie zu Unehrlichkeit. Obwohl ihr Verstand sie noch nicht so geschickt bei Wortspielereien sein läßt, läßt sie ihre (relative) Freiheit von Rationalität Gefühlen gegenüber empfänglicher sein. Kinder spüren intuitiv Unehrlichkeit und werden nicht vertrauen. Sie spiegeln jedoch Ihr Verhalten, indem sie lernen, Sie mit Worten zu manipulieren. Wenn Sie sie abstempeln und kritisieren, spiegeln sie dies wider, indem sie *Sie* abstempeln und kritisieren. Wenn Sie ihnen drohen und sie bestechen, tun sie das auch mit Ihnen. Und oftmals übertreffen sie Sie beim Widerspiegeln Ihrer Spiele!

Denken Sie immer daran, daß alles, das Sie in Ihrem Umgang mit Kindern aufregt, Ihre Suchthaltungen darstellt – nicht ihre. Wenn Sie auf jede Situation des Hier und Jetzt in liebevoller, bewußter Weise reagieren, sind Sie fähig, genau das zu tun, was getan werden muß. Der Neunte Pfad ist sehr hilfreich: »Ich handle frei, wenn ich im Einklang mit meiner Umgebung und mir stehe, zentriert und liebevoll bin, doch ich vermeide es nach Möglichkeit zu handeln, wenn ich emotional aufgebracht bin und mir selbst die Weisheit vorenthalte, die von Liebe und erweitertem Bewußtsein ausgeht.«

Obwohl Sie alle Pfade in Ihrem Zusammenleben mit Kindern nützlich finden werden, sollte der Zwölfte Pfad in Ihrem Bewußtsein an oberster Stelle stehen: »Ich nehme alle Menschen einschließlich meiner selbst als erwachende Wesen wahr, die hier ihr angestammtes Recht auf die Höheren Bewußtseinsebenen der bedingungslosen Liebe und des Eins-Seins verwirklichen wollen.«

Wie behandeln Sie ein erwachendes Wesen? Kritisieren Sie es, demütigen Sie es, bewerten oder bestechen Sie es? Werden Sie wütend? Oder versuchen Sie, es zu manipulieren? Oder lieben Sie es einfach und dienen ihm? Wenn es Sie bittet, etwas zu tun, tun Sie es nach Möglichkeit! Wenn Sie es nicht tun können, wissen Sie, daß das Kind es verstehen wird. Kinder haben ein tiefes Verständnis auf intuitiven Ebenen. Wenn ihr Bewußtsein nicht durch Machtspiele getrübt worden ist, akzeptieren Kinder sehr realistisch die Bedingungen des Hier und Jetzt in ihrem Leben.

Der Katalysator Gelebter Liebe, VERWENDE IMMER GELEBTE LIEBE (siehe die Vierte Methode in Kapitel 13, S. 101 f.), kann hilfreich sein, Ihr Bewußtsein von suchthaften Forderungen nach Sicherheit, Sinnesreiz und Macht zu befreien, wenn Sie mit Kindern zu tun haben. Starten Sie diesen Katalysator in Ihrem Bewußtsein und lassen Sie ihn mehrere Stunden lang laufen. Lassen Sie Worte und andere Geräusche, optische Eindrücke und Berührungsempfindungen in den Hintergrund Ihres Bewußtseins strömen. Wenn Sie weiterhin VERWENDE IMMER GELEBTE LIEBE ständig in Ihrem Verstand kreisen lassen, werden Ihre Schwingungen friedvoller und liebevoller werden. Die Wahrnehmungen, die durch Ihren unermeßlichen und komplexen Biocomputer in Ihrer bewußten Wahrnehmung festgelegt sind, werden Sie mit einem tiefen, ruhigen Ort in sich und den Kindern um Sie herum in Einklang bringen. Da Kinder solch hervorragende Spiegel sind, wird alles, was Sie tun, um Ihr Bewußtsein zu erhöhen, sich rasch als Bewußtseinserhöhung der Kinder in Ihrer Nähe widerspiegeln.

Ihre suchtartige emotionale Programmierung wird von Zeit zu Zeit Ihr Bewußtsein mit Angst, Wut oder Verstimmung erfüllen, wenn Sie nicht von den unteren drei Bewußtseinszentren frei sind. Wenn dies geschieht, nutzen Sie diese Emotionen als eine goldene Gelegenheit, sich durch die Methode der Bewußtseinsschärfung umzuprogrammieren. Dies ist die Fünfte Methode auf dem Weg der Gelebten Liebe zu Höherem Bewußtsein.

Ihr Kontakt mit Kindern kann Ihr Wachstum in Höheres Bewußtsein rasch beschleunigen, wenn Sie die Hier-und-jetzt-Erfahrung ständig nutzen, die Ihnen das Leben gibt.

Festigkeit ist manchmal notwendig, um einem Kind beizubringen, wie man mit anderen lebt und den körperlichen Gefahren der Welt begegnet. Eine Mutter könnte ein Kind aus einer Subjekt-Objekt-Sicht heraus bestrafen, die Getrenntsein schaffen wird. Eine andere Mutter mag ein Kind auf die gleiche Weise »bestrafen«, jedoch von einer liebenden Ebene des Vierten Zentrums aus, die sie enger zusammenbringen wird. Das, was Sie tatsächlich tun, wenn Sie mit einem Kind interagieren, ist nicht so wichtig wie das Bewußtseinzentrum, von dem aus Sie handeln. Ein Mensch im Vierten Bewußtseinszentrum zieht es vor, empfangend und akzeptierend zu sein; aber wenn das Leben es erfordert, kann er Festigkeit oder Strenge von einer liebevollen Sphäre aus anwenden. Eltern, die vom Vierten Bewußtseinszentrum aus handeln, tun, was in jeder Situation getan werden muß. Sie lieben und akzeptieren sowohl das Kind als auch sich selbst und betrachten ihr Leben als Teil der Fluktuationen des Universums.

Denken Sie immer daran, daß die Erfahrung von Frieden, Liebe und Gelassenheit durch die Art und Weise kreiert wird, in der Sie Ihren Biocomputer handhaben. Die Welt, die Sie wahrnehmen, basiert auf der automatischen Programmierung unterhalb bewußter Ebenen, die alles auswählt, was in Ihr Bewußtsein eingeht. Während Sie in Höheres Bewußtsein hineinwachsen, werden Ihre Wahrnehmungen des Hier und Jetzt in Ihrem Leben in Ihr Bewußtsein eingegeben werden, ohne Emotionen auszulösen, die Ihren Verstand dazu führen, in Sicherheit, Sinnesreiz und Macht zu wühlen. Wenn eine panoramaartige Wahrnehmung des Hier und Jetzt in Ihr Bewußtsein mit einem Gerüst aus Offenheit und Liebe eingeführt wird, leben Sie an einem tiefen, ruhigen Ort in Ihrem Herzen. Sie nehmen das Drama wahr, das außerhalb von Ihnen abläuft. Sie werden wirksam tun, was Sie tun müssen. Und all die »häßlichen« Dinge und die »schönen« Dinge, die auf der Bühne ausgelebt werden, die vor Ihren Augen jeden Tag vorüberzieht, werden Sie als ein Schauspiel genießen. Die Freude und Ekstase des Lebens ist Ihre, indem Sie mit dem Gesetz des Höheren Bewußtseins eins werden: Liebe jeden bedingungslos – auch dich selbst.

21
Wie Sie Ihren Genuß an Sexualität und Sinnlichkeit steigern

Sex kann genau wie der Rest Ihres Lebens auf jeder Bewußtseinsebene erfahren werden. Er kann sich auf der Sicherheitsebene vollziehen (wie in dem Fall einer desinteressierten Frau, die es geschehen läßt, um ihre Ehe zusammenzuhalten), auf der Sinnesreizebene (wie bei einem Playboy) oder auf der Machtebene (wie mit einem Mann, der sich das Ziel gesetzt hat, schwer zu erobernde Partnerinnen zu gewinnen). Sex wird auf der Bewußtseinsebene der Liebe erfahren (wenn Sie die Erfahrung nutzen, liebevoller und akzeptierender zu fließen) oder auf der Ebene der Fülle (wenn jemand durch die Erfahrung des Sex ein tieferes Bewußtsein der Weise findet, in der uns das Leben alles bietet, das wir brauchen). Auf der sechsten Bewußtseinsebene beobachtet man das Schauspiel der körperlichen Vereinigung von einem tiefen, ruhigen Ort in seinem Herzen aus. Auf der siebten Bewußtseinsebene fühlt man eine Identität mit allem und jedem. Auf dieser Ebene würden Sie Sex nicht als Ereignis erleben – Sie sind das Ereignis...

Wenn Sie sich nicht auf dem Wege zu Höherem Bewußtsein befinden, erfahren Sie Sex jetzt wahrscheinlich größtenteils auf der zweiten Bewußtseinsebene. Sie betreiben Sex mit Ihrem Partner, um gemeinsamen Genuß zu erleben. Ihr Bewußtsein ist beim Sex mit Ihren Empfindungen beschäftigt, und besonders in den Augenblicken des Orgasmus'. Das Bewußtsein Ihres Partners ist auf ähnliche Weise auf die wunderbaren Sinnesreize konzentriert. Obwohl es eine Kooperation und Übereinstimmung zwischen Ihnen beiden gibt, benutzt jeder den anderen als ein Objekt, mit dem er ein Verlangen nach sexuellen Gefühlen befriedigt. Es gibt demzufolge ein Subjekt-Objekt-Getrenntsein, das Ihnen die schöneren Gefühle vorenthält, die Sie erwarten, wenn Sex von Höheren Bewußtseinsebenen aus erfahren wird.

Sex auf der zweiten Bewußtseinsebene läßt Sie in vielerlei Hinsicht verletzbar sein. Sie vergleichen die Erfahrung von heute mit den Gefühlen einer vergangenen Nacht; und dieser Vergleich kann Sie zu dem Gefühl führen, daß das, was heute passierte, nicht »genug« war. Sie sind anfällig für Enttäuschungen, wenn Ihr Partner müde ist oder aus irgendeinem Grund desinteressiert ist. Wenn die Erfahrung besonders großartig ist, drängt Ihr Bewußtsein auf rasche Wiederholung.

Diese manipulierende Einschärfung des Bewußtseins hält Sie davon ab, hier und jetzt völlig zufrieden zu sein. Es fesselt Sie auf einer Achterbahnfahrt zwischen Vergnügen und Enttäuschung. Unsere Angewohnheit, gebannt in die Zukunft zu starren, statt uns den Hier-und-jetzt-Genuß des Lebens vollständig erfahren zu lassen, kann das Erleben von Sex stark beeinträchtigen. Ein Mann kann beispielsweise einen Abend mit einer Frau verbringen, mit ihr zu Abend essen und sich unterhalten, wobei ein großer Teil seines Bewußtseins mit der Erwartung befaßt ist, später in der Nacht mit ihr ins Bett zu gehen. Er ist körperlich bei ihr, aber ein großer Teil seines Bewußtseins ist durch sein Beschäftigtsein mit der Zukunft abgelenkt. Wenn die Person, mit der er zusammen ist, wahrnehmungsfähig ist (und nicht im selben Spiel festgehalten), wird sie merken, daß etwas in der Lebendigkeit und dem Eins-Sein ihrer Hier-und-jetzt-Interaktionen fehlt.

Nehmen wir an, sein Plan klappte, und sie küssen sich jetzt im Bett. Das Bewußtsein des Mannes (falls er nicht gelernt hat, im Hier und Jetzt zu sein) kann so das Erleben des Küssens nicht vollständig genießen. Schon lauert er auf den nächsten Schritt, wenn seine Hände ihre Brüste liebkosen. Kost er erst ihren Busen, vermißt er wahrscheinlich das Gefühl und die Freude dieses Erlebnisses. Er ahnt voraus, wie angenehm es sein wird, wenn seine Hände erst ihren Schoß berühren. Er ist unfähig, das Jetzt des Erlebnisses auszukosten und wirklich zu schätzen. Sein

Bewußtsein springt vorwärts, um zu erahnen, wie angenehm das nächste sein wird – und so fort. Nur wenn er schließlich den Orgasmus erreicht, wird er vollständig hier und jetzt sein. Denn die Momente des Orgasmus' sind so bewußtseinsbeherrschend, daß er wahrscheinlich nicht fähig ist, bewußt woanders zu sein. Es ist einer der wenigen Augenblicke seines Lebens, in denen er vollständig im Hier und Jetzt sein wird!

Wenn Ihr Bewußtsein durch Ihr Verlangen nach intensivem Sex beherrscht wird, berauben Sie sich eines großen Teils der Schönheit, die Sie erleben könnten, wenn Sie Sex vom Vierten Bewußtseinszentrum aus genießen. Auf der vierten Ebene können Sie jede Sekunde als ein erfüllendes Ganzes erleben. Denken Sie daran: Was immer geschieht, wenn der Liebesfluß sich entfaltet, ist genug!

Falls Sie erfahren möchten, ob Ihr Bewußtsein von Sex beherrscht ist, führen Sie folgenden Test durch: Nehmen Sie an, Sie waren mit Ihrem Partner eine halbe Stunde lang im Bett und erreichen bald den Punkt, wo der Verkehr beginnen könnte. Plötzlich klopft Ihr bester Freund an die Tür. Er hat ein ernstes Problem, und er muß Sie dringend sprechen. Können Sie ohne Enttäuschung – ohne nach dem Erlebnis von eben zu greifen – Ihr Bewußtsein in die neue Hier-und-jetzt-Situation Ihres Lebens einfließen lassen? Sich dieser neuen Situation ohne Gereiztheit, Ärger oder Enttäuschung irgendeiner Art zuwenden? Können Sie die Energie, die durch das Liebesspiel erzeugt wurde, umleiten, um dem Freund zu helfen? Falls Ihr Bewußtsein von einer Hier-und-jetzt-Situation zur nächsten Hier-und-jetzt-Situation fließen kann, sind Sie schon friedvoll und schön im Fluß Ihres Lebens!

Ein Mensch dagegen, der noch auf der zweiten Bewußtseinsebene ist, wird sich, seinen Sexualpartner und seinen Freund in der beschriebenen Situation verärgern. Nachdem er mit seinem Freund gesprochen und das Notwendige getan hat, ist sein Bewußtsein wahrscheinlich immer noch von der Störung getrübt. Wenn er sich dann wieder seiner Geliebten zuwendet, wird sein Bewußtsein mit der unmittelbaren Vergangenheit beschäftigt sein. Anstatt fließend das Hier und Jetzt zu genießen, wo ungestörter Sex möglich wäre, hält seine geistige Beschäftigung mit der Störung ihn womöglich von dem ab, was er am meisten wollte!

Ein Individuum, das an der zweiten Bewußtseinsebene festhängt, kann niemals vollständig im Hier und Jetzt leben. Eine Frau beispielsweise, suchthaft mit der zweiten Ebene verbunden, prüft jeden, den sie trifft, als möglichen Sexualpartner. Ihre Reaktion auf all die schönen Wesen, die in ihr Leben einfließen, wird durch ihre Analyse begrenzt, ob diese Person zu dem Muster in ihrem Kopf paßt, das sie von einem aufregenden Bettpartner hat. Statt auf diesen ganzen Menschen vor ihr zu reagieren, erfaßt sie lediglich einen sehr kleinen Teil davon. Sie beraubt sich des breiten Spektrums, das ihr das Leben bietet. Indem sie eine illusionäre Version der Menschen um sich kreiert, läßt sie den Zweiten Pfad außer acht. Das ist das Gegenteil der Offenheit, die das Wunder des »Genugseins« ins Leben bringt.

Eine Person, deren Bewußtsein von Sex beherrscht wird, kann dazu neigen, Autos, Häuser, Kleidung, Boote und die meisten Dinge in ihrem Leben deswegen zu kaufen, weil sie angeblich zu zukünftigen sexuellen Erlebnissen beitragen. Die gekauften Dinge mögen zu teuer sein, nicht gut aussehen oder viele andere Nachteile haben. Dies bewirkt, daß Zeit und Energie von sexuellen Aktivitäten weggenommen werden, von denen man Vergnügen erwartet. Auf diese Weise halten uns alle suchtartigen Muster in dem selbstbesiegenden Streben nach illusorischen Vorstellungen von Erfüllung und Glück.

Was tun wir, wenn wir entdecken, daß ein großer Teil unseres Bewußtseins in der zweiten Ebene gefangen ist? Die Dritte Methode des Bewußtseinswachstums, die in Kapitel 13 erklärt wird, kann hilfreich sein, uns zu befähigen, diese Suchthaltung umzuprogrammieren (vgl. S. 105 f.). Wenn wir uns der sich ergebenden Nachteile und des Leidens bewußt werden, die Suchtverhalten verursacht, kann unser suchthaftes sexuelles Verlangen allmählich abnehmen. Unsere zunehmende Einsicht enthüllt die Strafen, die wir unnötig verbüßen: wie wir Men-

Die Vergangenheit
ist tot

Die Zukunft
ist imaginär

Glück
kann nur im
Ewigen Jetzt-Moment sein

schen entfremden, die wir lieben möchten, weil wir Subjekt-Objekt-Manipulation betreiben; wie unser sexuelles Suchtverhalten Enttäuschung, Irritation und Verärgerung zwischen uns kommen läßt; wie unsere Finanzmittel schwinden, wie die Anspannung wächst, wenn wir einem orgasmusorientierten Modell folgen usw.

Das suchthafte Verlangen nach Sex kann so mächtig sein, daß es hilfreich sein kann, eine Zeitlang den üblichen sexuellen Reigen zu unterbrechen, um andere Muster hervortreten zu lassen.

Während dieser sexuellen Pause können Sie Ihr Bewußtsein auf den vollkommenen Genuß jeder Erfahrung hier und jetzt konzentrieren. Vielleicht möchten Sie Ihren Partner viel lieber massieren. Da Ihr Bewußtsein nicht damit beschäftigt ist, irgend etwas über die Massage hinaus passieren zu lassen, sind Sie beide frei, das Hier und Jetzt der Massage eingehend zu genießen. Sie programmieren sich bewußt um, nicht suchthaft nach dem Erleben des Orgasmus zu verlangen. Langsam begreifen Sie, daß dieser 10-Sekunden-Orgasmus, den Sex bietet, einen zu großen Teil Ihrer bewußten Wahrnehmung beherrschen kann. Sex nimmt vielen Stunden Ihres kostbaren Bewußtseins den Inhalt – hält Sie dem Hier und Jetzt fern – und nimmt Ihnen die Fähigkeit, sich vollkommen mit der ganzen Realität in Einklang zu bringen.

Aber das Schöne am Bewußtseinswachstum ist, daß Sie alles zurückbekommen, wenn Sie es aufgeben. Denn Sie erziehen sich nicht dazu, den Orgasmus abzulehnen – damit würde eine Suchthaltung durch eine andere ersetzt werden. Das, was Sie emotional ablehnen, ist ebenfalls eine Suchthaltung, die Unglücklichsein bringt. Sie erziehen sich einfach, das Erleben des Orgasmus Teil des genußvollen Jetzt Ihres Lebens werden zu lassen. Wenn Sie Sex als Teil der spontanen Entfaltung der Situationen, die das Leben Ihnen bietet, einfließen lassen können, wird Ihr Leben Ihnen wahrscheinlich befriedigendere sexuelle Erlebnisse bringen als jemals zuvor. Und diese Erfahrungen beherrschen nicht Ihr Bewußtsein vollkommen! Sie können Sex nun (und alles andere) genießen, ohne einen hohen Preis an verringerten Wahrnehmungen und Enttäuschungen zu zahlen.

Nehmen wir an, Sie haben erfolgreich eine Sexpause für die Zeit angesetzt, die Sie benötigen, Ihr Bewußtsein umzuprogrammieren, nun frei von der zweiten Ebene zu werden. Mit einem Partner agieren Sie nun auf einer breiteren, nichtsexuellen Basis. Sie entdecken, daß Sie einfache Dinge gemeinsam genießen, die vorher langweilig gewesen wären – oder bestenfalls als Sprungbrett toleriert worden wären. Tiefer und tiefer genießen Sie die innere Schönheit des Menschen, mit dem Sie zusammen sind. Sie erfahren ihn oder sie auf einer tieferen Ebene des Seins.

Langsam leiten Sie wieder sexuelle Aktivitäten ein, aber begrenzen Sie einige Nächte lang auf spielerisches Zusammensein, das eine sensible Intimität schafft – vielleicht nur das gegenseitige Streicheln und Erforschen der Körper, ohne bis zum Höhepunkt zu gehen. Schärfen Sie Ihr Bewußtsein auf den vollkommenen Genuß des Jetzt zwischen Ihnen und Ihrem Partner! Lernen Sie, jeden Moment aus dem vorhergegangenen fließen zu lassen, ohne zu planen, zu drängen oder den Übergang eines Moments in den anderen kontrollieren zu wollen.

Werden Sie für jede Nuance Ihres Partners vollkommen empfänglich! Ihre verbale und nichtverbale Kommunikation sollte so wirksam sein, um zu wissen, ob der Partner den Fluß der Ereignisse genießt. Die nötigen Signale dafür sind da – lassen Sie sie nur in Ihr Bewußtsein ein! Es sollte für sie oder ihn niemals nötig sein, eine unsensible Handlung abzulehnen. Dies ist Eins-Sein. Die zarte Schönheit des Hier und Jetzt kann nur gefunden werden, wenn beide Partner als ein Bewußtsein fließen.

Streben Sie keine spezielle Stellung an oder lehnen Sie sie ab – alles ist schön. Wo Ihr Körper ist und was er tut, ist nicht wesentlich – wo Ihr Bewußtsein handelt, ist ausschlaggebend. Jede sexuelle Aktivität kann als Teil des Spiels genossen werden, solange zwischen den Partnern ein Eins-Sein fließt. Jeder Moment wird für sich geschätzt und nicht als ein Sprungbrett zu dem, was als nächstes passiert, erfahren.

Um den Partner auf der vierten Bewußtseinsebene zu erleben, können Sie Ihr Zusammensein einleiten, indem Sie sich gegenübersitzen und in die Augen sehen. Dies sollte genügen – ohne Berührung. Vermeiden Sie den direkten Blickkontakt, denn dies kann Persönlichkeitsspiele des Egos auslösen! Statt dessen lassen Sie Ihren Blick sanft auf der Nasenwurzel direkt zwischen den Augen ruhen. Dort finden Sie meistens einen hellen Fleck. Suchen Sie nach diesem Lichtkreis und halten Sie daran fest. Noch immer sehen Sie die Augen, die Nase, die Lippen – das ganze Gesicht, das viele Formen und Gestalten annehmen wird. Sie sehen es plötzlich ganz neu – sowohl häßlich als auch schön. Aber halten Sie sich nicht an einer dieser Wahrnehmungen fest! Lassen Sie sie als Teil des Lebenstanzes vorübergehen! Lassen Sie Ihre Liebe, Akzeptanz und Ihr Eins-Sein wachsen, während Sie stillsitzen und der geliebten Person ins Gesicht sehen. Setzen Sie die Übung fort, bis Sie erleben, daß Ihr Verstand von ruhelosen Mustern geleert ist und nichts mehr gewünscht wird.

Indem Liebe und Eins-Sein wachsen, kann anderes einfach aus sich heraus geschehen. Es kann geschehen, daß Sie eine Position annehmen, in der der Mann auf dem Rücken liegt und die Frau ihm zugewandt auf ihm sitzt. In der alten Östlichen Wissenschaft des Tantrischen Yoga wird dies die *Maithuna Position* genannt. In dieser Position können Sie sich in die Augen sehen, die Hände einander berühren und große Teile des anderen Körpers liebkosen. Wenn die Frau so sitzt, kann sie den Grad der Stimulanz während des Verkehrs feinfühlig bestimmen, so daß die Partner gleichermaßen erregt werden. Vielleicht möchten Sie manchmal diese Position eine Stunde oder länger mit dem Partner genießen, ohne einen Höhepunkt zu erreichen. Dies wird Ihr Bewußtsein von der Erwartung befreien, daß etwas geschehen muß. Es läßt Sie jeden Teil der Hier-und-jetzt-Erfahrung genießen, die das Leben Ihnen bietet.

Auf der vierten Bewußtseinsebene wird Sex als eine Möglichkeit gesucht, in Liebe und Eins-Sein zu wachsen. Wenn Ihr Bewußtsein nicht länger auf eine suchthafte Forderung nach Sex eingeschärft ist, sind die köstlichen Sinnesreize weiterhin da, und sie werden vollkommener und als Ganzes genossen. Sie sind jetzt von aller Verwundbarkeit durch Verlangen oder Enttäuschung frei. Sie können mit allem, was geschieht, fließen.

Dieses Wachstum wird die Türen dahin öffnen, daß Sie Sex auf einer höheren Bewußtseinsebene genießen. Auf der fünften Ebene spüren Sie, daß das Leben Ihnen grenzenlos großzügig alles sendet, was Sie zum Glücklichsein brauchen – sogar mehr, als Sie benötigen. Sie begreifen, daß es Ihnen Ereignisse der zweiten Ebene gegeben hat, die Sie befähigen, in Ihren sexuellen Aktivitäten Enttäuschung und Leiden zu erfahren, um in Höhere Ebenen hineinzuwachsen.

So lernen Sie, Sex zu benutzen (genau wie alles andere in Ihrem täglichen Leben), um Ihre Reise ins Höhere Bewußtsein zu beschleunigen. Sie begreifen, daß Ihr Verstand die Welt kreiert, in der Sie leben. Ihr Verstand bringt Sie an verschiedene Orte und führt Sie zu verschiedenartigen Erlebnissen, um Ihnen im Wachsen des Bewußtseins zu helfen. Sie sehen den sexuellen Reigen als Teil des Dramas Ihres Lebens und wissen, daß Sie das optimale Glück erleben, das Sie erwartet, wenn Sie offen, empfangend und liebevoll sind.

22
Die optimale Nutzung Ihres Biocomputers

Der menschliche Biocomputer – unser Gehirn – ist ein fantastisch sensibles Instrument mit enormen Fähigkeiten. Aber wie jedes komplexe Werkzeug kann er nicht optimal genutzt werden, wenn wir als Anwender keine Vorsichtshinweise und Ausbildung bekommen. Wir können leicht zu der Illusion verleitet werden, unser Bewußtsein sei sich dessen bewußt, was wirklich sowohl in unserem Biocomputer als auch in der äußeren Welt unseres Körpers und der Menschen und Situationen um uns geschieht.

Unser Bewußtsein ist etwa wie der Präsident eines großen Unternehmens, der Information über einen kleinen Teil der Raum-Zeit-Ereignisse hat, die in den vielen Büros und Fabrikgebäuden des Unternehmens geschehen. Der Präsident erhält vorverarbeitete abstrahierte Information. Normalerweise arbeitet er an Abstraktionen der Abstraktionen. Es ist daher wichtig, daß er sich dieses Abstrahierungsprozesses bewußt ist. Ähnlich sollten wir als Benutzer unseres herrlichen Biocomputers begreifen, daß unser Bewußtsein sich vielleicht nur eines winzigen Bruchteils der eingehenden Informationen jede Sekunde am Tag gewahr werden kann. Jedes Haar unseres Körpers ist mit unserem Biocomputer verbunden. Alle unsere inneren Organe senden dauernd Informationen an und erhalten Informationen von unserem großartigen Biocomputer – meistens auf Ebenen unterhalb unseres Bewußtseins. Unsere Empfangsorgane für Sehen, Geräusch, Berührung, Geschmack und Geruch sowie die kinästhetischen Sinne, die Informationen hinsichtlich unseres Körpers geben, senden ununterbrochen Millionen von Impulsen pro Sekunde an unseren Biocomputer. Allein das Auge ist mit über zwei Millionen Nervenfasern, die Ohren sind durch über hunderttausend Nerven mit dem Biocomputer verbunden. Diese gewaltige Menge an Daten, die jede Sekunde in unseren Biocomputer eingeht, würde absolut überwältigend sein, wenn es nicht die darunterliegenden Organisationssysteme gäbe, die automatisch abstrahieren, klassifizieren, unterdrücken oder diese ungeheure Flut eingehender Sinnesinformation verteilen. Unser Bewußtsein arbeitet von vorverarbeiteten, gefilterten Abstraktionen der Abstraktionen, die es aus verschiedenen Teilen unseres Biocomputers erhält.

Der Abstraktionsprozeß

Unser Universum besteht aus Materie und Energie. Jedes Objekt ist aus Atomen zusammengesetzt, die wiederum aus noch feineren subatomaren Partikeln wie Elektronen bestehen. Diese sind in einem unaufhörlichen Zustand schwindelig-schneller Bewegung. Gruppen von Atomen bilden Moleküle, die noch immer zu winzig sind, als daß unsere fünf Sinne sie registrieren könnten, wenn nicht spezielle Instrumente wie das Elektronenmikroskop benutzt werden. Der glatte Tisch, den ich mit meinen Fingern fühle, ist eine Abstraktion des Tisches auf der atomaren Ebene, der sich aus fliegenden Atomen zusammensetzt. Ein Merkmal des Abstrahierungsprozesses ist, daß einige Aspekte jedesmal ausgelassen werden, wenn eine Abstraktion stattfindet. Wenn unsere Sinne die Glätte eines Tisches berichten, wird offensichtlich eine phantastische Anzahl von Merkmalen ausgelassen. Unsere Sinne »erzeugen« einen glatten Sinnesreiz, indem sie die kolloidale, molekulare, atomare und subatomare Aktivität abstrahieren, die dem Objekt zugrunde liegt, das durch unsere Sinnesorgane gemeldet wird.

Unsere Sinne lassen nicht zu, daß wir uns mit der Wirklichkeit in Einklang bringen – sie nehmen nur den kleinen Aspekt der Wirklichkeit auf, der durch elektromagnetische Wellen übertragbar ist. Weitere Abstraktionen finden statt, wenn diese durch die Linsen in unseren Augen auf unsere Netzhaut projiziert und wieder in elektrochemische Impulse umgewandelt werden, die sich durch unser Gehirn fortpflanzen. Indem die Schaltkreise unseres Biocomputers durch den gewaltigen Strom eingehender elektrischer Impulse aktiviert werden, finden sogar noch mehr Abstraktionen statt. Der winzige Anteil, der für die Projektion auf den Bildschirm unseres Bewußtseins ausgewählt wird, verkörpert eine hochgradig verarbeitete Abstraktion einer Abstraktion einer Abstraktion usw.

Unsere Sinne und unser Verstand bringen sich nicht mit der Welt in Einklang, wie sie ist. Das Weltbild, das in unser Bewußtsein gelangt, ist größtenteils eine Schöpfung des menschlichen Biocomputers mit seinem unermeßlichen Gedächtnis und verzerrender suchthafter Programmierung. Diese verarbeiteten Produkte, die unser Bewußtsein erreichen, reflektieren die Begrenzungen und Eigenarten unseres Biocomputers und der Programmierung, mit der er arbeitet – genauso wie sie die äußeren Energien reflektieren, die den Prozeß auslösen. Die Rolle, die ein Huhn in der Zubereitung eines Omeletts spielt, ist analog zu der Rolle, die die äußere Welt dabei spielt, das zu produzieren, das auf den Bildschirm unseres Bewußtseins projiziert wird. Wenn wir begreifen, wie unser Verstand manipuliert, unterdrückt, verändert und verzerrt, fangen wir an, die beeindruckende Weise wahrzunehmen, in der unser Kopf unsere Welt kreiert.

Obwohl der menschliche Biocomputer als ein integriertes System funktioniert, ist es möglich, gewisse Nervenstrukturen herauszustellen, die für den Erforscher des menschlichen Bewußtseins besonders wichtig sind. Diese sind:

Die Hirnrinde ist eine dünne äußere Umhüllung der seitlichen und oberen Teile der gefurchten Oberfläche des Gehirns, die aus einer bis dreizehn Milliarden Rindenzellen besteht. Diese Gehirnzellen und ihre Verbindungen sind die Strukturen, die

Der menschliche Biocomputer

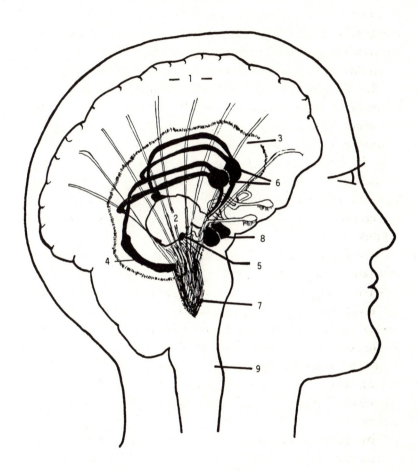

1. Hirnrinde
2. Thalamus
3. limbisches System
4. Hippocampus
5. Amygdala
6. Septal Region
7. retikuläres System
8. Hypothalamus
9. Hirnstamm

unseren bemerkenswerten Verstand befähigen, sich bewußt zu sein, daß er bewußt ist, Worte und Symbole zu benutzen und komplizierte Gedankensysteme wie Mathematik, Wissenschaft und Kunst zu erfassen. Im allgemeinen haben Tiere nur einen Bruchteil der Rindenzellen, die unser angestammtes Recht als Menschen sind.

Obwohl wir diese bemerkenswerte Ausrüstung besitzen, sind wir nicht automatisch Experten in ihrer Anwendung. Um in den höheren Stadien des Bewußtseins zu handeln, die ein optimales Funktionieren unseres menschlichen Biocomputers verkörpern, ist eine spezielle Ausbildung erforderlich (so wie die Anweisungen, die in diesem Buch enthalten sind).

Wenn Sie Ihren Biocomputer nicht von bewußtseinsbeherrschenden Suchtzwängen und Forderungen befreit haben, wird Ihre Hirnrinde ständig über eine Situation brüten, in der Sie nicht das haben, das Sie möchten. Ihr Verstand wird solche Fragen bearbeiten wie: »Was habe ich getan, daß ich dies nicht bekommen habe? Was kann ich tun, um es zukünftig zu bekommen? Versuchen Menschen, mich daran zu hindern? Mögen mich Menschen wirklich?«

Jedes Wort, das durch Ihren Verstand in Ihr Bewußtsein geleitet wird, trennt Sie Bruchteile von einer Sekunde von den tiefsten Ebenen des Hier-und-jetzt-Bewußtseins. Um den tiefsten Ebenen gegenüber feinfühlig zu sein, muß Ihre bewußte Wahrnehmung auf die subtilen Energien der Welt um Sie herum und auf die subtilen Energien, die aus dem komplexen Wirken Ihres Biocomputers unterhalb der bewußten Ebenen hervorgehen, eingestimmt sein.

Wir können vorwiegend auf der vierten Ebene leben, ohne unseren Verstand vollkommen zu beruhigen. Aber um den vereinten Geisteszustand zu finden, der charakteristisch für das Kosmische Bewußtsein ist, ist es wesentlich, die Gedankenerzeugung zu kontrollieren, die die Illusion des Getrenntseins fortführt. Unser Bewußtsein wird den subtilen Energien gegenüber nicht feinfühlig sein, solange unsere Hirnrinde ununterbrochen einen Gedanken nach dem anderen einbringt. Ein

Grad der Beruhigung des Verstandes wird automatisch stattfinden, wenn Sie Ihre Suchthaltungen umprogrammieren. Aber um die höchsten Bewußtseinsebenen zu erreichen, wird der Katalysator Gelebter Liebe (in Kapitel 13 erläutert, vgl. S. 106 f.) helfen, die Aktivität Ihres Verstandes weiter zu dämpfen.

Dieser Beruhigungsprozeß kann durch einen Elektroenzephalographen gemessen werden, der Alphawellen und Betawellen registriert. Die Subjekt-Objekt-Handlungen der ersten drei Bewußtseinszentren produzieren im allgemeinen Betawellen. Wenn wir in das Vierte und Fünfte Bewußtseinszentrum kommen, fängt unsere Hirnrinde an, mehr Alphawellen zu produzieren.

Eines der hintergründigen Verarbeitungssysteme des Gehirns ist das *limbische System*, das eine übergeordnete Rolle in der Erzeugung von Gefühlen spielt. Eine seiner Hauptfunktionen ist, die eingehenden Stimuli vom Körper und der Sinnesreizempfänger mit den programmierten Anweisungen zu vergleichen, die uns durch unsere Erfahrungen bis heute eingegeben wurden. Das limbische System interagiert mit der Hirnrinde, um Wahrnehmungen und Erinnerungen aufzunehmen und die Fähigkeiten der Hirnrinde für die Analyse der Daten zu nutzen. Der Hippocampus (der ein Teil des limbischen Systems ist) spielt bei der Bewertung der eingehenden Stimuli im Sinne vergangener Erfahrungen eine Rolle.

Die Amygdala (eine andere Komponente des limbischen Systems) funktioniert, um eine emotionale Reaktion zu intensivieren, wenn die eingehenden Stimuli den erwarteten Mustern nicht entsprechen. Mit anderen Worten, immer wenn etwas Neues und Unerwartetes geschieht, kann die Amygdala augenblicklich damit beginnen, emotionale Reaktion wie Besorgnis, Angst, Wut usw. zu erzeugen. Sie sendet Impulse, die sich durch die Thalamusdrüse fortpflanzen und die Abgabe von Hormonen auslösen, die Sie veranlassen, aufgebracht zu sein, das Adrenalin in Ihrem Blut erhöhen, den Herzschlag beschleunigen, den Blutzucker heben und anderes tun, um Sie für eine Kampf- oder Fluchtreaktion vorzubereiten.

Ein anderer Teil des limbischen Systems ist die Septal Region, die beim Nachlassen unserer emotionalen Reaktionen eine Rolle spielt. Die Aktivierung dieses Systems hilft uns, uns von emotionaler Anspannung zu lösen. Alle Fünf Methoden des Bewußtseinswachstums sind dazu da, die Septal Region zu aktivieren. Wenn Sie Ihre Aufmerksamkeit bewußt darauf richten, die passendste Methode zu finden, die in jeder Situation anzuwenden ist, verstärken Sie die Arbeit der Septal Region. Das bewirkt ein rasches Beruhigen angespannter Gefühle, ein Verlangsamen des Herzschlages sowie die Verringerung des Adrenalinausstoßes.

Die biologische Funktion des limbischen Systems war, unseren Vorfahren zu helfen, die Gefahren des Dschungels zu überleben. Dieses System, das unsere Gefühle kontrolliert, tut alles, was es kann (indem es uns mit Vergnügen lockt oder uns durch Angst oder Wut zwingt), damit wir der Programmierung folgen, die wir eingespeichert haben. Diese Emotionen wirken als dominierende, scharfe Stachel, damit wir das tun, was wir in der Vergangenheit (ob richtig oder falsch) mit unserem Glück, unserer Sicherheit und unserem emotionalen Wohlbefinden verbunden haben.

Unglücklicherweise bestehen die meisten Probleme, die die Handlungen unserer Emotionen steuern, aus veralteten Mustern, die wir während der Säuglingszeit und frühen Kindheit programmiert haben, als wir die Suchthaltungen unserer Eltern, Lehrer usw. noch nicht klar bewerten konnten. In den meisten sozialen Situationen tun wir letztendlich das, was die wertvollsten Interessen unserer Psyche verletzt – die tatsächliche Sicherheit und unser wahrhaftiges Glück –, weil die Anweisungen des niederen Bewußtseins noch immer in unserem Biocomputer vorhanden sind.

Demzufolge ist das limbische System unterhalb der Bewußtseinsebene tätig, wie von unseren programmierten Suchtzwängen gesteuert. Unser Bewußtsein erkennt meistens Angst, Eifersucht, Wut usw., *nachdem* diese emotionalen Unterstützungen unserer Suchtforderungen in Gang gesetzt wurden. Wir reagieren auf Worte und menschliche Wechselwirkungen, als ob sie Tiger wären, die dabei sind, uns zu verschlingen. Bis wir uns zur optimalen Nutzung unseres Biocomputers erzogen haben, bleibt unsere bewußte Wahrnehmung ein obligatorisches Publikum unserer Sicherheits-, Sinnesreiz- und Machtprogrammierung der unteren Ebenen.

Ein anderer Teil unseres Biocomputers von höchstem Interesse für den Erforscher des Bewußtseins ist das *retikuläre System*. Unser Verständnis für die vitalen Funktionen des retikulären Systems gründet sich auf Untersuchungen innerhalb des vergangenen Jahrzehnts. Anatomisch gesehen ist das retikuläre System ein kegelförmiger Nervenkomplex, der vom Hirnstamm strahlenförmig ausgeht. Die Nervenfasern filtern die eingehende Sinnesreizinformation und bestimmen, ob es ein Teil des sehr dünnen Informationsflusses wird, der in unser kostbares Bewußtsein zugelassen wird. Das retikuläre System hat eine der bedeutendsten Funktionen im Gehirn, da es buchstäblich als der »Pförtner« unseres Bewußtseins funktioniert.

Die Aktivitäten des retikulären Systems werden traditionell mit dem Begriff »Ego« beschrieben. Dieser Mechanismus benutzt Ihre Emotionen als Vergnügen-Schmerz-Peitschen, die Sie dazu zwingen, Ihre suchthaften Forderungen nach Sicherheit, Sinnesreiz und Macht zu bewachen (und sogar subtilere), und steuert ununterbrochen Ihre Energie, diese zu vergrößern. Das retikuläre System entscheidet von einem Moment zum nächsten, welche eingehenden Sinnesinformationen, wenn überhaupt, Ihrem Bewußtsein gemeldet werden sollen. Das retikuläre System kann Sie in Schlaf versetzen oder Sie aufwecken. Falls Ihr Bewußtsein sehr beschäftigt ist, kann das retikuläre System eingehende Stimuli ausschließen, so daß Sie sich konzentrieren können. Sogar während Sie diese Worte lesen, blockt Ihr retikuläres System wahrscheinlich akustische Sinnesreize ab, damit Sie die Geräusche um sich herum nicht wahrnehmen, und hat wahrscheinlich Informationen darüber unterdrückt, ob Ihr Körper bequem ist, um zuzulassen, daß Sie Ihre Aufmerksamkeit auf dieses Buch richten. Ihr retikuläres System ist jedoch darauf programmiert, sich über Ihre Konzentration auf das Buch hinwegzusetzen, so daß es Ihnen augenblicklich die Tatsache übermitteln wird, daß jemand gerade den Raum betreten hat und Ihren Namen erwähnte.

Die Interaktion Ihres retikulären Systems mit Ihrer Programmierung bestimmt die Welt, die Sie wahrnehmen. Sie sehen die Welt nicht, wie sie ist – Sie überbetonen den kleinen Teil, der mit Ihren Ängsten, Wünschen, Forderungen, Hoffnungen und Erwartungen schwingt. Während Sie in Höheres Bewußtsein hineinwachsen, wird Ihr retikuläres System mit Programmen der Liebe und Akzeptanz interagieren, und dann kreiert Ihre Liebe Ihre Welt. Ist Ihr retikuläres System auf die Betonung des Fünften Bewußtseinszentrums programmiert, erlaubt es Ihnen, die Welt als einen schönen Komplex von Hier-und-jetzt-Energien zu erleben, der Ihnen alles gibt, um sich zu einem vollkommen bewußten Wesen zu entwickeln.

Das retikuläre System analysiert oder interpretiert keine eingehende Information. Es arbeitet auf der Basis der Kraft elektrochemischer Impulse und prüft, ob die Nervenimpulse programmierten Mustern entsprechen. Wenn Sie zum Beispiel gleich neben Bahngleisen wohnen, ist Ihr retikuläres System so programmiert, daß es donnernde, dröhnende Geräusche nicht als ungewöhnlich betrachtet, während Sie schlafen. Diese Geräusche würden bei jemandem, dessen retikuläres System nicht auf diese Weise trainiert wurde, das retikuläre System veranlassen, ihn augenblicklich zu wecken, und sein Bewußtsein mit dem donnernden Krach beherrschen – ganz zu schweigen von den Auswirkungen im limbischen Bereich!

Das retikuläre System unterhält einen gegenseitigen Austausch an Informationen mit der Hirnrinde. Als der »Pförtner« unseres Bewußtseins ist das retikuläre System von dem beeinflußt, was dort vor sich geht, und spielt zusätzlich eine vorrangige Rolle in der Bestimmung dessen, was in unser Bewußtsein eingeht. Wenn wir auf den Ebenen des niederen Bewußtseins operieren, handelt das retikuläre System ähnlich wie der Präsident eines Landes während eines Krieges. Die Information, die

Du läßt dich
und andere
genauso leiden,
wenn du

gekränkt bist,

wie wenn du

andere kränkst

sein Bewußtsein höchstwahrscheinlich beherrscht, umfaßt militärische Angelegenheiten. Wenn wir auf Ebenen des niederen Bewußtseins operieren, leitet das retikuläre System höchstwahrscheinlich solche »militärischen Angelegenheiten« wie Sicherheit, Sinnesreize und Macht an unser Bewußtsein weiter. Wenn der Frieden eintritt, kann der Präsident seine Aufmerksamkeit allen Aspekten des Landes schenken. Sein Bewußtsein wird nicht länger durch die dringenden »lebensbedrohlichen« Kriegsberichte beherrscht.

Um unseren Biocomputer optimal zu nutzen, ist es für uns notwendig, uns selbst wiederholt und definitiv Anweisungen zu erteilen, die alte Programmierung auszumerzen und sie mit nicht suchthafter Präferenzprogrammierung zu ersetzen. Während diese neue Programmierung, Gelebte Liebe, auf das Wirken unseres Biocomputers einzuwirken beginnt, entlastet sie das retikuläre System von den vorherrschenden Anweisungen, die zu den unteren Bewußtseinszentren gehören. Während Sie zu der sechsten und siebten Ebene fortschreiten, entkommen Sie dem Betrachten der Welt durch die Filter der unteren Ebenen, die Ihre Wahrnehmung kolorieren. Auf diesen klar erkennenden Ebenen sind Sie nicht länger durch egozentrische Sichtweisen aus dem Gleichgewicht gebracht. Das Funktionieren des retikulären Systems gestattet dabei einen geänderten Energiefluß. Es hört auf, ein Instrument der Befriedigung und Beschwichtigung persönlicher Konditionierung inklusive der Bräuche des eigenen »Stammes« zu sein. Es beginnt, als ein Vehikel zu arbeiten, das Handlungen erlaubt, die einen ununterbrochenen harmonischen Fluß zwischen Sein und Umwelt zu jeder Zeit aufrechterhalten. Auf dieser Ebene liefern Sie sich ganz und gar aus, so daß die ganze Sie umgebende Welt an der Entfaltung Ihres Lebens teilhat. Sie sind kein »Individuum« im gewöhnlichen Sinn, sondern ein Wesen, das freiwillig an der Entwicklung des Bewußtseins arbeitet. Ein solches Wesen ermutigt das Wachstum von jedem um sich herum durch die Kraft der Offenheit, Akzeptanz und des Eins-Seins.

Indem das retikuläre System auf Ihre Bemühungen reagiert,

Ihre Programmierung umzuwandeln, verringern Sie allmählich die verschlungenen Netze der emotionsbedingten Forderungen, die Sie irrtümlich mit Ihrem »Selbst« identifiziert haben. Sie beobachten, wie Ihr Körper und Ihr Verstand ein ewig wechselndes Szenario an Gedanken, Gefühlen, Sinnesreizen und Handlungen aufführen. Sie begreifen, daß Sie kein fixiertes Selbst sind oder eine fixierte Individualität haben, die intakt bleibt. Name und egobedingtes Gedächtnis vermitteln Ihnen nicht länger die Illusion, ein »Individuum« zu sein. Während Ihr Bewußtsein auf dem Weg zu den Höheren Ebenen wächst, identifizieren Sie Ihre Essenz nicht länger mit Körper, weltlichem Status, Programmierung oder Verstand. Tief erleben Sie Ihre Essenz als reine, bewußte Wahrnehmung, die nur das Drama Ihres Lebens beobachtet, wie es auf den unzähligen Bühnen der Welt ausgelebt wird.

23
Die Programmierung von Glücklichsein und Unglücklichsein

In diesem Kapitel stellen wir drei Arten grundlegender Programmierung für Ihren Biocomputer dar und zeigen, wie sie Unglücklichsein, Glück oder Glückseligkeit schaffen.

Zunächst brauchen wir drei Definitionen:

- Unglücklichsein ist ein psychischer Zustand, der aus mehr oder weniger ununterbrochener Enttäuschung, Frustration und emotionaler Anspannung entsteht, die wir erfahren, wenn uns das Leben wiederholt das gibt, das wir nicht akzeptieren wollen.
- Glück ist ein psychischer Zustand, der aus mehr oder weniger kontinuierlicher Freude hervorgeht. Freude entsteht aus dem, von dem wir uns sagen, daß wir es akzeptieren wollen.
- Glückseligkeit ist ein Zustand ununterbrochenen Glücks.

Auf dem Weg der Gelebten Liebe zu Höherem Bewußtsein denken wir im Sinne von drei Arten von Programmen für unseren Biocomputer:

1. Suchthafte Programmierung. Diese Art der Programmierung ist mit emotionalen Reaktionen verbunden, die im limbischen Bereich unseres Biocomputers produziert werden. Diese Verwendung solcher Schaltkreise läßt uns unterschiedliche Grade emotionaler Anspannung bezüglich unserer Ängste und Wünsche erleben. Wenn unser Biocomputer die eingehende Sinnesreizinformation verarbeitet und feststellt, daß sie die Erfüllung irgendeines unserer suchthaften Programme bedroht, wird unser Bewußtsein von Gefühlen wie Angst, Ärger, Verstimmung, Eifersucht oder Besorgnis beherrscht. Sogar wenn wir das, was wir suchthaft verlangen, bekommen, kreiert unser Wunsch, Dinge so zu lassen, automatisch eine neue Suchthaltung! Und dabei sind wir sogar tiefer in ein endloses Netzwerk emotionsbedingter Forderungen verstrickt, das dauernde Bedrohung, Anspannung und Unglücklichsein liefert. Glücklichsein verändert sich im umgekehrten Verhältnis zu Suchthaltungen.

2. Präferenzprogrammierung. Bei Präferenzprogrammierung verbindet unser Biocomputer die Erfüllung oder Nichterfüllung nicht so mit dem limbischen System, daß emotionale Reaktionen von Angst, Ärger, Eifersucht, Verstimmung usw. geschaffen werden. Falls jemand beispielsweise eine suchthafte Programmierung in bezug auf schönes Wetter während eines Picknicks hat, wird er sich aufregen, wenn es regnet und sein »gesamter Tag ruiniert ist«. Falls er eine Präferenzprogrammierung auf sonnigen Himmel während eines Picknicks hat und der Regen kommt, bemerkt er nur, daß seine Präferenz nicht verwirklicht wird. Er sammelt die Sachen zusammen und genießt das Picknick im Schutz einer Laube oder des Autos. Der Fluß der Hier- und-jetzt-Würdigung des Lebens gerät nicht durcheinander, wenn Sie Präferenzprogrammierung haben.

3. Glückseligkeitsprogrammierung. Wenn jemand all seinen suchthaften Programmierungen entkommen ist und für eine ausreichend lange Zeit die Glück bringenden Präferenzprogramme genossen hat, ist es möglich, auf das hin zu arbeiten, was wir Glückseligkeitsprogrammierung nennen. Glückseligkeitsprogrammierung gestattet uns, einen Zustand ununterbrochenen Glücks zu erreichen, der mit keinen wechselnden Lebensrealitäten verbunden ist. Es ist die Natur allen Lebens, daß wir manchmal »gewinnen« und manchmal »verlieren«. Wenn wir mit allem verschmelzen, sind Gewinnen und Verlieren eins. Die Glückseligkeitsprogrammierung befähigt uns, unsere Abhängigkeit von den Handlungen von Menschen oder jeder äußeren Bedingung (einschließlich unserer Körper) vollkommen zu lösen.

Der Mechanismus des Unglücklichseins

Diagramm 1 zeigt den Mechanismus des Unglücklichseins, der mit den ersten drei Bewußtseinszentren assoziiert wird – Sicherheit, Sinnesreiz und Macht. Dieses Diagramm illustriert das Problem, Glück zu finden, wenn unser Biocomputer mit Ängsten und Verlangen programmiert ist, die durch einen emotionalen Schaltkreis gestützt sind. 99 Prozent der Menschen in der heutigen Welt handhaben ihren Biocomputer mit dieser Art von Programmierung, die Unglücklichsein in verschiedenen Ausmaßen schafft. Laß uns sehen, warum.

Nehmen wir an, Sie mögen keine Kritik, und Ihr Biocomputer ist darauf programmiert, Ihnen Gefühle von Verstimmung und Ärger zu vermitteln, wenn jemand Sie kritisiert. Dies kann »Suchthafte Programmierung auf Abneigung« genannt werden, in der Sie sich sagen: »Ich mag keine Kritik.« Ungeachtet unserer Neigungen oder Abneigungen bedeutet die unterschiedliche Lebensrealität, daß wir manchmal Kritik empfangen werden (Zustand P – Stimulus vorhanden) und manchmal keine Kritik empfangen werden (Zustand N – Stimulus nicht vorhanden).

Wenn uns das Leben Zustand P bietet, bei dem wir kritisiert werden, ist kurzzeitige Enttäuschung, Frustration oder Leiden die Auswirkung auf unser Bewußtsein. Wenn Zustand N eintritt und wir keine Kritik empfangen, erleben wir weder Enttäuschung noch Freude. Mit anderen Worten, es muß keine Auswirkung auf unser Bewußtsein haben. In diesem Augenblick werden Sie nicht kritisiert, nicht geschlagen, verhungern nicht – und die Tatsache, daß diese Dinge nicht geschehen, hat zum Ergebnis, daß Sie weder Enttäuschung noch Freude empfinden, da Ihr Bewußtsein mit diesen Themen nicht beschäftigt ist. Wenn jedoch das Bewußtsein mit einer Situation beschäftigt sein sollte, wird die Suchthafte Abneigungsprogrammierung,

Zustand N, Freude bringen. Betrachten Sie zum Beispiel die Freude eines Mannes, dem eine Strafe erlassen wird!

Jetzt wollen wir sehen, was in den Fällen geschieht, in denen unser Biocomputer Suchthafte Wunschprogrammierung einsetzt. Nehmen wir an, Ihre Programmierung lautet: »Ich verlange Sex.« Falls uns die unterschiedliche Lebensrealität Zustand P bietet, in der Sex stattfindet, wirkt sich das auf unser Bewußtsein in dem Erleben eines kurzzeitigen Genusses aus.

**Diagramm 1
Der Mechanismus des Unglücklichseins**

Art der Programmierung: SUCHTHAFTE (emotionsbedingte) PROGRAMMIERUNG Steuerung des Energieflusses: manipulierende Subjekt-Objekt Beziehungen
Assoziierte Bewußtseinszentren: Sicherheits-, Sinnesreiz- und Machtzentren

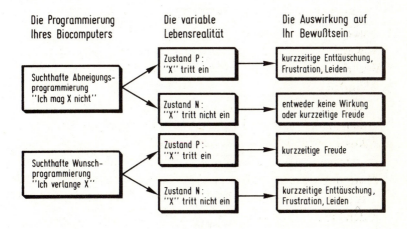

Diagramm 2
Der Mechanismus des Glücklichseins

Art der Programmierung: PRÄFERENZ (nicht emotionsbedingte) PROGRAMMIERUNG
Steuerung des Energieflusses: Bedingungslose Akzeptanz oder Liebe
Assoziierte Bewußtseinszentren: Zentren der Liebe, Fülle und der bewußten Wahrnehmung

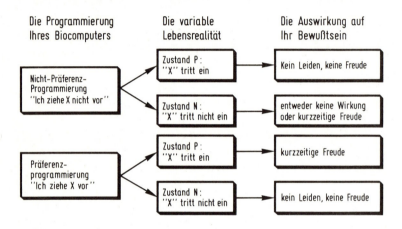

Diagramm 3
Der Mechanismus der Glückseligkeit

Art der Programmierung: GLÜCKSELIGKEITSPROGRAMMIERUNG
Steuerung des Energieflusses: vereinendes Eins-Sein
Assoziierte Bewußtseinszentren: Kosmisches Bewußtseinszentrum

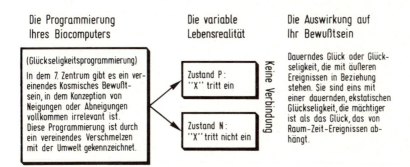

Wenn wir uns jedoch programmiert haben, Sex zu verlangen, und uns das Leben Zustand N gibt, in dem Sex nicht auftaucht, erfahren wir kurzzeitige Enttäuschung und Leiden.

Die ausführlich dargestellten Annahmen implizieren, daß wir unser halbes Leben mit Enttäuschung, Frustration und Leiden verbringen. Dies ist natürlich ein theoretisches Modell einer einzelnen Suchthaltung, um uns zu helfen, den Mechanismus des Glücklichseins und Unglücklichseins zu verstehen.

Als wir auf diese Welt kamen, waren wir mit einigen einfachen Wünschen und Ängsten programmiert. Wir hatten beispielsweise eine Suchthafte Abneigungsprogrammierung gegen laute Geräusche, die uns aufschreckten, auf die wir mit Weinen reagierten. Wir hatten eine Suchthafte Wunschprogrammierung in bezug auf Essen. Wir haben seit unserem Säuglingsalter das halbe Dutzend einfacher Forderungen, die wir an unsere Welt stellten, auf buchstäblich Hunderte an emotionsbedingten Forderungen oder Suchthaltungen erweitert. Viele Menschen können Suchthafte Wunschprogrammierung gekoppelt mit Zustand

N anwenden, um Frustration und Leiden zu empfinden, wenn sie sich das neueste Automodell nicht leisten können, das die Industrie als eine Lösung der Suchthaften Forderung nach Sicherheit, Sex und Macht anbietet!

Neurosen und Psychosen (genau wie die üblichen Arten von Ängsten, Enttäuschungen, Frustrationen und Leiden) sind alle direkt den sehr komplexen suchthaften, emotionalen Schaltkreisen zuzuschreiben, mit denen wir uns belastet haben. Es ist bemerkenswert, daß menschliche Biocomputer so gut funktionieren, wie sie es tun, wenn man bedenkt, daß wir jede Sekunde Millionen eingehender Nervenimpulse verarbeiten, um festzustellen, welche Muster fördernde oder schmälernde Wirkungen auf die unzähligen Neigungen und Abneigungen haben, die wir uns munter einprogrammiert haben.

Selbst wenn uns das Leben 90 Prozent von dem gibt, was wir verlangen, und uns vor 90 Prozent dessen beschützt, das wir nicht mögen oder fürchten, werden die verbleibenden 10 Prozent an unserem Bewußtsein nagen, unsere Wahrnehmungen beherrschen, das Wühlen unseres Verstandes nach »Problemlösungen« ewig fortsetzen und uns auch anderweitig davon abhalten, den Zustand des Glücklichseins zu erfahren. Denn nur, wenn wir fast ununterbrochen die Akzeptanz dessen erleben, was immer hier und jetzt in unserem Leben ist, wird der Zustand des Glücklichseins erfahren. Genauso, wie uns eine um unseren Kopf schwirrende Mücke in der Nacht wachhalten kann, braucht es nur eine Suchthaltung, um uns vom Erleben des Glücklichseins abzuhalten.

Der Mechanismus des Glücks

Aus Diagramm 2 ersehen wir, daß Glück zu dem Grad eine effektive Realität im Leben wird, zu dem wir unsere Suchthafte Programmierung in Präferenzprogrammierung umwandeln – in diejenige, die keine negativen Emotionen aktiviert. Denn wenn wir unsere Suchthaltungen in Präferenzhaltungen umgewandelt haben, können wir alle Lebenssituationen akzeptieren, ohne Gefühle der Enttäuschung, der Frustration und des Leidens auszulösen. Nehmen wir zum Beispiel an, Sex sei eher Präferenz als emotionsbedingte Suchthaltung. Wenn kein Sex stattfindet, wird das Glücklichsein nicht berührt. Findet er aber statt, gibt es ein Gefühl der Freude.

Falls jemand ähnlich dazu eine Nicht-Präferenzprogrammierung hat wie: »Ich ziehe es vor, keinen platten Reifen an meinem Wagen zu haben«, werden wir nicht unter Frustration leiden, wenn uns das Leben einen platten Reifen beschert (Zustand P). Wir beobachten einfach die Realität des platten Reifens, und wir beginnen augenblicklich mit dem, was wir tun müssen, um ihn auszuwechseln. Wenn wir eine Präferenzprogrammierung haben, wird uns der platte Reifen weder Freude noch Leiden vermitteln. Da unser Bewußtsein von den negativen Gefühlen, die durch Suchthafte Programmierung ausgelöst werden, frei sein wird, werden wir frei sein, das zu genießen, was da ist, während wir den Reifen wechseln. Wir können Dinge in der Welt um uns bemerken, die sonst unbeachtet geblieben und somit nicht genossen worden wären. Vielleicht gestattet uns unser Bewußtsein, uns an den Körperbewegungen zu erfreuen, die wir ausführen, wenn wir zügig einen Reifen wechseln.

Wenn Zustand N gekoppelt mit der Nicht-Präferenzprogrammierung eintritt, werden wir eine von zwei möglichen Auswirkungen erleben, je nachdem, ob unser Bewußtsein mit der Sache beschäftigt ist oder nicht.

Diagramm 2 zeigt, daß in einer Lebenssituation mit Präferenzprogrammierung Frustration oder Leiden nicht möglich sind. Die Nicht-Präferenzprogrammierung (Zustand P) und die Präferenzprogrammierung (Zustand N) produzieren weder Leiden noch Freude. Wenn wir eine Präferenzprogrammierung haben, ziehen alle Ereignisse einfach als Teil unseres Hier und Jetzt an uns vorüber – wie Vögel, die über den Himmel ziehen. Die Präferenzprogrammierung mit Zustand P bringt uns Freude.

Falls alle vier Zustände gleich wahrscheinlich sind, werden zwei von ihnen keine Wirkung auf unsere Gefühle haben, einer der vier wird uns Freude bringen, und einer hat entweder keine Auswirkung oder wird Freude bringen.

Die Suchthafte Programmierung in Diagramm 1 deutet an, daß die Chancen des Leidens die der Freude übersteigen, falls alle vier Zustände gleich wahrscheinlich sind. Mit Präferenzprogrammierung haben wir die Verteilung von Freude und Leiden erheblich verbessert. Glück, das mehr oder weniger kontinuierliche Freude ist, ist jetzt eine reale Möglichkeit.

Präferenzprogrammierung kann von den Tiefen im Leben erlösen, so daß wir dann frei sind, nur die Höhen zu genießen. Diese Art der Programmierung ist charakteristisch für das Bewußtseinszentrum der Liebe und das Bewußtseinszentrum der Fülle. Da ein in diesen Höheren Bewußtseinsebenen ausgebildeter Erwachsener viele Präferenzschaltkreise hat, sind die Gelegenheiten für Freude kontinuierlich oder fast kontinuierlich gegeben. Denn Glück ist die kontinuierliche Erfahrung, das zu bekommen, was man zu akzeptieren bereit ist.

Wenn unsere Biocomputer sofort die Handlungen und Worte aller Menschen um uns herum daraufhin prüfen, inwieweit sie eine Bedrohung oder Unterstützung für die Verwirklichung unserer Suchthaften Programmierung sind, ist wirkliche Liebe unmöglich. Denn wirkliche Liebe fließt aus der bedingungslosen Akzeptanz des anderen. Die Liebe, die in unserer Kultur verbreitet ist, ist die *Illusion* der Liebe, in der wir nur zu dem Grad lieben können, zu dem der andere unsere Forderungen nicht bedroht.

Wirkliche Liebe ist möglich, wenn ich meinen Biocomputer auf Präferenzprogrammierung umwandle. Dann kann ich bedingungslos alles, was Sie tun oder sagen, akzeptieren – ungeachtet dessen, ob ich bereit bin, die gleichen Dinge selbst zu tun oder zu sagen. Denn wenn ich eine Präferenzprogrammierung oder Nicht-Präferenzprogrammierung habe, können Sie nichts tun, das mich befähigt, Frustration oder Leiden zu empfinden. Aber wann immer Sie zufällig eine Rolle dabei spielen, die Wahrscheinlichkeit von Zustand P zu steigern, wenn ich Präferenzprogrammierung habe, kann ich Sie als Hilfe betrachten, Freude im Leben zu finden. Mit anderen Worten: Mit Präferenzprogrammierung gibt es keine Möglichkeit für mich, zu »verlieren«, aber es gibt definitiv die Möglichkeit, zu »gewinnen«. Und das »Gewinnen« wird immer häufiger eintreten, während mein Bewußtsein im Zentrum der Liebe und im Zentrum der Fülle verweilt.

Glückseligkeitsprogrammierung

Der letzte Zustand auf dem Weg der Gelebten Liebe zu Höherem Bewußtsein wird durch »Glückseligkeitsprogrammierung« erzeugt. Ihr primäres Merkmal ist, daß die Empfindungen von Glück oder Glückseligkeit mit keinen äußeren Ereignissen in Beziehung stehen. Mit anderen Worten, Zustand P (in dem das Verlangte oder Bevorzugte eintritt) oder Zustand N (in dem das Verlangte oder Bevorzugte nicht eintritt) sind für dauerndes Glück oder Glückseligkeit irrelevant.

Wenn Ihr Bewußtsein im Zentrum bewußter Wahrnehmung ist, betrachten Sie von einem tiefen, ruhigen Ort in Ihnen das Drama Ihres Lebens. Auf der Dramaebene, wo Ihr Körper und Verstand mit anderen übereinstimmen oder nicht übereinstimmen, Geld verdienen, lieben usw., haben Sie noch immer Präferenzprogrammierungen. Aber dies wird alles als »Drama«

betrachtet. Es ist, als ob Sie Ihr Leben auf einer Filmleinwand sehen. Sie spielen Ihre Rolle als Schauspieler im großen kosmischen Stück, in dem Ihr Körper und Verstand und mein Körper und Verstand (genau wie die aller anderen) auf dieser Bühne, die wir die Welt nennen, interagieren. Aber das wirkliche Du ist Ihre bewußte Wahrnehmung. Also betrachten Sie, was immer in dem Drama geschieht, ohne Angst oder Verlangen – ohne irgendeinen Schaltkreis, der Sie für emotionales Auf und Ab empfänglich machen könnte. Wenn Sie ins Kino gehen, können Sie sich die schönen Szenen anschauen oder die furchtbaren – und den ganzen Film einfach genießen. Falls Ihnen diese Dinge geschehen würden, würden Sie das Auf und Ab von Freude und Leiden wie eine Achterbahnfahrt erleben. Aber wenn Sie sie auf einer Filmleinwand sehen, sind sie eben nur interessantes Zeug, das vorbeizieht, damit Sie es wahrnehmen und genießen.

Auf ähnliche Weise sind Sie nur Zeuge des Dramas Ihres Lebens und das aller anderen, wenn Ihr Bewußtsein im Sechsten Zentrum ist. Wenn Sie sich in diesem Zentrum auf einer ziemlich stabilen Basis befinden, steigt in Ihnen ein überwältigendes Gefühl von Wohlbefinden und Freude auf. Das überschwengliche Wissen über die natürliche Güte des Lebens füllt Sie zum Bersten mit Ehrfurcht und Dankbarkeit. Das Sechste Bewußtseinszentrum kann demzufolge als Zwischenstufe betrachtet werden, auf der Ihr Körper und Verstand so arbeiten können, wie es in Diagramm 1 oder 2 gezeigt wird – aber Ihre bewußte Wahrnehmung genießt die ganze Vorführung auf eine Weise, die von den variablen Lebensrealitäten unabhängig ist.

Die sechste Ebene erlaubt Ihrer bewußten Wahrnehmung, andauerndes Glück zu erleben, das mit nichts, was Menschen tun oder sagen, oder anderen Bedingungen in Ihrem Umfeld in Beziehung steht. Genauso wie Sie die in Diagramm 2 beschriebene Präferenzprogrammierung von der Tyrannei der Subjekt-Objekt-Beziehung zur äußeren Welt befreit, befreit Sie die sechste Bewußtseinsebene davon, Ihr Glück in Beziehung zu irgendwelchen variablen Lebensrealitäten zu setzen. Wenn Ihr Bewußtsein eine Zeitlang in einem Zustand ununterbrochenen

Glücks gelebt hat, werden Ihr Ego und Ihr Verstand ausgeglichener und ruhiger. Tief stimmen Sie sich auf die Energien der Sie umgebenden Menschen und Dinge ein. In diesem Zustand ist Ihr Bewußtsein ständig frei von Getrenntsein und Entfremdung, die durch Subjekt-Objekt-Denken entstehen.

Das Erleben dieses stark erweiterten Bewußtseins kann vorbereitend für den Übergang zum höchsten Bewußtseinszentrum sein – dem Zentrum Kosmischen Bewußtseins –, in dem alle Menschen und Dinge auf vereinende Weise wahrgenommen werden. Der Biocomputer erweitert den Rahmen seiner Wahrnehmung, so daß jeder Mensch und jedes Objekt wie von innen heraus empfunden werden. Unterscheidungen zwischen innen und außen (obwohl sie intellektuell klar sind) verschmelzen im Erleben. Alles ist Subjekt. Es gibt kein Außen – es gibt kein Innen. Es gibt nur »wir« – wir Männer, wir Frauen, wir Kinder, wir Bäume, wir Autos, wir Felsen, wir Vögel – alles wird als ein vereintes Eins-Sein erfahren.

Die Lenkung des Energieflusses

Im System der Gelebten Liebe gibt es drei Wege, Menschen und Dinge außerhalb von uns wahrzunehmen und auf sie zu reagieren:

1. Auf eine *Subjekt-Objekt-Weise*, die für die Sicherheits-, Sinnesreiz- und Machtzentren des Bewußtseins charakteristisch ist.
2. Auf eine *bedingungslos akzeptierende Weise*, in der wir die Schönheit bedingungsloser Liebe in Verbindung mit dem Zentrum der Liebe, dem Zentrum der Fülle und dem Zentrum bewußter Wahrnehmung erleben.
3. Auf eine *vereinend wahrnehmende Weise*, in der wir keinen Unterschied zwischen uns und den Menschen und Dingen um

uns herum fühlen. Die rationale Unterscheidungsfähigkeit ist vollkommen intakt. Auf der rationalen Ebene können wir immer noch Menschen und Objekte in ihrem Aspekt des »Getrenntseins« wahrnehmen. Aber auf der Gefühlsebene gibt es ein vollständig vereinendes Verschmelzen in ein Eins-Sein. Diese Art der Wahrnehmung ist mit dem Zentrum Kosmischen Bewußtseins verbunden.

Die Lenkung des auf die Welt gerichteten Energieflusses ist mit der Weise, in der wir auf Glück hinarbeiten, verbunden. Auf den unteren drei Bewußtseinsebenen fühlen wir ohne jedes Hinterfragen, daß der Weg zum Glück in der Verbesserung unserer Chancen der mittleren Kolumne mit der Überschrift »Die variable Lebensrealität« liegt. Wir geben einen kräftigen Energiestrom in die Subjekt-Objekt-Manipulation. Wir konzentrieren uns darauf, das zu verhindern, was wir suchthaft ablehnen, und wir versuchen, Menschen und Dinge in der Welt zu manipulieren und zu kontrollieren, um die Bedingungen zu schaffen, nach denen wir suchthaft verlangen. Aber die Ergebnisse sind nie »genug«.

Wenn Sie erkennen, daß auch das größte Bemühen nicht ausreicht, Glück durch eine Subjekt-Objekt-Kontrolle über Menschen und Dinge in der Welt zu schaffen, sind Sie bereit, Ihre Energie in die Umprogrammierung Ihres Biocomputers umzulenken. Dann hilft Ihnen Ihr Energiefluß, liebevoller und akzeptierender zu werden. Sie begreifen, daß diese Methode, Glück zu schaffen, innerhalb Ihrer bewußten Fähigkeit liegt. Sie brauchen sich nicht vollständig aus dem Drama, verschiedene Realitäten in Ihrem Leben zu manipulieren, zurückziehen. Zwei der Zwölf Pfade führen Sie auf Ihren Abstechern in die Außenwelt.

Sie sagen Ihnen genau, wie Sie mit der umgebenden äußeren Welt in Kontakt sein können – und die verbleibenden zehn Pfade sagen Ihnen genau, wie Sie an der inneren Welt arbeiten, die Sie selbst sind. Der Siebte Pfad sagt Ihnen, sich offen jedem mitzuteilen, um sich nicht länger abgetrennt zu fühlen. Der

Neunte Pfad empfiehlt, alles zu tun, das Sie möchten, vorausgesetzt, daß Sie im Einklang mit Ihrer Umgebung und sich stehen, zentriert und liebevoll sind. Ihre Handlungen werden immer optimal sein, wenn Ihr Kopf funktioniert. Also HANDELN SIE FREI – aber verlangen Sie nicht suchthaft nach Ergebnissen! Wenn Sie diesen zwei Pfaden folgen, ändern Sie die Menschen und Situationen um Sie wesentlich effektiver, als wenn Sie all Ihre suchthafte Energie in die Umwandlung Ihrer äußeren Lebensbedingungen geben. Aber diese gesteigerte Kraft, Ihre Umwelt zu optimieren, bekommen Sie nur in dem Maß, wie Sie sich effektiv durch Anwendungen der übrigen zehn Pfade ändern.

Einige konventionelle Methoden zum Bewußtseinswachstum können Jahre oder Jahrzehnte für maßgebliche Resultate erfordern. Die Methoden der Gelebten Liebe bieten die Möglichkeit einer schnellen Umprogrammierung Ihres Biocomputers, so daß etwas von dem Vergnügen und der Freude der Zentren Vier und Fünf manchmal schon innerhalb von Monaten erfahren werden können. Alles hängt davon ab, wieviel Energie Sie bereit sind, dem Ausmerzen von Frustration und Leiden in Ihrem Leben zu widmen. Wie intensiv möchten Sie Ihren Biocomputer umprogrammieren, um Freude und Glück zu schaffen? Wie schnell begreifen Sie, daß das einzige, was Sie nicht haben, die direkte Erfahrung ist, daß es nichts gibt, was Sie brauchen, das Sie nicht haben?

Geben Sie sich realistische Zielvorgaben, genießen Sie es, *einen* Schritt zur Zeit zu machen. Wenn ein Hauptteil Ihres Bewußtseins einmal im Zentrum der Liebe wohnt, erfahren Sie Glück und Schönheit in Ihrem Leben, die »ausreichend« sind. Selbst wenn Sie nicht über dieses Zentrum hinausgelangen, erleben Sie eine Weisheit und Effektivität in Ihrem Leben, die die der meisten Menschen der Welt übertreffen wird. Das Bewußtseinsspiel ist das großartigste und wahrhaftigste aller Spiele im Leben – aber wir sollten keine geistige Punkteliste führen! Genießen Sie einfach den ewig schönen Hier-und-jetzt-Moment, den Ihnen Ihr Leben ständig bietet.

24
So wird Ihr Leben glücklich und erfüllt

Das Hauptproblem, das Leben erfüllt werden zu lassen, ist, daß Ego und Verstand uns gefangen halten, indem sie unsere Sicherheits-, Sinnesreiz- und Machtforderungen ausspielen, die wir während der ersten Lebensjahre in unserm Biocomputer einprogrammiert haben. Wir bleiben in den ineffektiven Gleisen stecken, die uns immer wieder zwischen Schmerz und Freude springen lassen. In dem ständigen Versuch, das Undurchführbare zustande zu bringen, wiederholen wir blind unsere Fehler hartnäckig.

Werner Erhard hat herausgestellt, daß sogar eine Ratte nicht an einer fruchtlosen Wiederholung lebenslanger Muster hängenbleibt, die zum Fehlschlagen verurteilt sind. Nehmen wir an, daß sieben Tunnel nebeneinander angelegt sind – und Sie legen etwas Käse an das Ende von Tunnel drei. Dann binden Sie eine Ratte an den Eingängen dieser Tunnel los. Sie wird herumschnüffeln, sie vielleicht überprüfen und dann aufs Geratewohl die Tunnel untersuchen, bis sie den mit dem Käse findet. Wenn Sie die Ratte das nächste Mal neben die Tunnel stellen, mag es eine gewisse Summe ziellosen Verhaltens geben, aber die Wahrscheinlichkeit wird viel größer sein, daß sie zum Käse in Tunnel drei geht. Nachdem die Ratte dies einige Male getan hat, wird sie sofort Tunnel drei entlangrennen, um den Käse zu bekommen.

Ein Tag im Leben einer Ratte entspricht ungefähr einem Monat im menschlichen Leben. Nehmen wir an, die Ratte findet den Käse 60 Tage lang am Ende von Tunnel drei. Das würde ungefähr fünf Jahren im menschlichen Leben entsprechen. Dann wird der Käse von Tunnel drei in Tunnel vier verlegt. Jetzt setzen wir die Ratte neben die Tunnel, und sie rennt wieder Tunnel drei entlang, um an den Käse zu kommen. Aber der Käse ist nicht mehr dort. Die Ratte wird herauskommen, die Szene überprüfen und wieder Tunnel drei versuchen. Sie mag dies einige Male wiederholen. Aber nach einigen erfolglosen Versuchen wird die Ratte aufhören, Tunnel drei hinunterzugehen, und anfangen, die anderen zu untersuchen.

Ein großer Unterschied zwischen einer Ratte und einem Menschen ist, daß eine Ratte nicht damit fortfahren wird, den Tunnel entlangzurennen, der keinen Käse bereithält – während ein Mensch sein ganzes Leben den gleichen Tunnel entlangrennen und versuchen kann, den Käse zu finden, der nicht dort ist! Früher oder später wird die Ratte Tunnel drei aufgeben, da sie keinen Verstand hat, der dauernd analysiert, berechnet und versucht zu beweisen, daß der Käse in Tunnel drei ist – weil er immer dort war. Eine Ratte kann nicht in eine Bücherei gehen, um Bücher über Käse zu lesen und darüber, wie man ihn sich verschaffen sollte. Sie kann keine Argumente formulieren oder Reden halten, um zu beweisen, daß der Käse wirklich in Tunnel drei sein sollte; und sie kann nicht versuchen, andere Ratten davon zu überzeugen, daß Käse in Tunnel drei ist, obwohl er tatsächlich nicht dort ist. Das Nervensystem einer Ratte wird sich schnell der Tatsache anpassen, daß der Käse einfach nicht dort ist, wo er sonst war, und sie wird anfangen, woanders zu suchen.

Als Sie zwei Jahre alt waren, haben Sie wahrscheinlich gelernt, den Käse (oder was immer Sie wollten) zu bekommen, indem Sie laut geschrien und versucht haben, Ihre Eltern unter Druck zu setzen. Sie schienen allen »Käse« unter Kontrolle zu haben. Wenn Sie genug geschrien und Theater gemacht hatten, indem Sie Ihr Drittes Bewußtseinszentrum benutzten, konnten Sie sie dazu bringen, Ihnen Süßigkeiten zu geben oder was immer Sie damals wollten. Ihr Ego hielt Ihre Wahrnehmung auf Ängste und Verlangen eingeschärft. Wenn Sie damals das Leben betrachteten, war es, als ob sie in einen langen Tunnel guckten und nur einen winzigen Fleck der Welt am Ende des Tunnels sehen würden. Das Gesamtbild des Lebens war durch die Tunnelwände abgeblockt. Ihr unreifer Biocomputer gestattete Ihren Ängsten und Verlangen, nur ein winziges Stück der Lebensrealitäten auf die Leinwand Ihres Bewußtseins zu projizieren.

Im Alter von zwei Jahren hatten Sie sich gründlich programmiert, indem Sie durch Weinen Änderungen in Menschen und Dingen erzwungen haben – damals eine der wenigen Möglichkeiten, das von der Welt zu bekommen, was Sie wollten. Es ist schwierig, einem zwei Jahre alten Kind zu erklären, daß die unteren drei Bewußtseinsebenen Unglücklichsein erzeugen und daß das wirklich große Käseversteck am Ende des Tunnels der Liebe und des Tunnels der Fülle liegt. Wie sagt man einem kleinen Kind, daß es am Ende des Sicherheits-, Sinnesreiz- und Machttunnels nur ein Klümpchen minderwertigen Käse gibt, das niemals genug sein wird? Wie zeigt man einem kleinen Kind, daß es all den Käse, den es jemals gerne hätte, durch Harmonisieren seiner Energien mit dem Fluß der es umgebenden Menschen und Situationen bekommen kann? Wie erklärt man einem weinenden Kind, daß liebende Akzeptanz des Hier und Jetzt die einzige Möglichkeit ist, die ständiges Glück im Leben bringt?

So gewöhnen wir uns daran, den Sicherheitstunnel, den Sinnesreiztunnel und den Machttunnel entlangzurennen, um nach diesem Käse zu jagen. Die Tatsache, daß Sie diese Worte genau jetzt lesen, zeigt, daß Sie über die ersten drei Tunnel mißtrauisch waren und anfangen, den Tunnel der Liebe und den Tunnel der Fülle zu untersuchen. Sie wissen, daß es mehr Käse im Leben geben muß, als sie bekommen haben. Diagramm 1 zeigt Ihnen, warum Ihr Leben nicht befriedigend war; Diagramm 2 zeigt, wie Sie anfangen können, den Käse zu bekommen, der immer im Leben auf Sie gewartet hat, den Sie aber nicht bekommen konnten, weil Sie darauf bestanden haben, zu versuchen, ihn im verkehrten Tunnel zu finden. Ihr Leben ist von Natur aus schön! Es war immer funktionsfähig. Nur hat Ihr Biocomputer immer und immer und immer wieder die gleichen Wahrnehmungsfehler gemacht.

Warum ist Ihr Leben dann nicht so befriedigend, wie es sein sollte? Was streut Sand ins Getriebe? Das Problem ist einfach: Ihre Programmierung steuert Sie ständig, Glück zu finden, indem Sie versuchen, die umgebenden Lebensenergien zu ändern. Sie investieren Ihre meiste Aufmerksamkeit und Energie in den Versuch, die Menschen und Situationen in Ihrem Leben zu manipulieren. Da Sie am Ende von Tunnel drei während Ihrer unreifen, frühen Lebensjahre etwas Käse gefunden haben, fahren Ego und Verstand damit fort, Ihre meiste Energie in die Veränderung der Sie umgebenden Lebensenergien zu steuern, damit sie Ihrer inneren suchthaften Programmierung entsprechen.

Jetzt wollen wir dem Zyklus folgen, um zu entdecken, wie Sie Ihr Leben zur »Hölle« machen – obwohl der Himmel die ganze Zeit da ist! Die Worte und Handlungen der Menschen werden durch Ihre verschiedenen Sinne an die analytischen und interpretierenden Bereiche Ihres Biocomputers gesandt. Wenn die äußeren Muster nicht Ihren inneren programmierten entsprechen, reagieren Sie mit negativen Gefühlen wie Wut, Angst, Eifersucht, Verstimmung usw. und kreieren Ihre Erfahrung des Unglücklichseins.

Dies führt Sie in den vierten Abschnitt vom Rad des Unglücklichseins. Sie beginnen, sich und andere zu kritisieren und abzuwehren, teilen durch Worte, Tonfall, Gesichtsausdruck und Körpergesten mit, daß entweder Sie schlecht sind oder die Welt oder vielleicht alle beide. Ihr Verstand kritisiert andere Menschen und hat an ihnen etwas auszusetzen. Er liefert Ihnen Gründe, warum sie »Dummköpfe«, »Idioten«, »lieblose Monster«, »böse Wesen« oder was immer sind. Oder Sie benutzen eine Programmierung, die Ihren Verstand gegen Sie wendet und die Erfahrung schafft, daß Sie unzulänglich, hoffnungslos, unfähig, dumm, minderwertig, verrückt oder was immer sind.

Dieses entfremdende Subjekt-Objekt-Feedback beginnt dann, das Verhalten der Menschen und die Merkmale der Lebensbedingungen um Sie herum zu verändern. Mit anderen Worten, Ihr negatives Feedback fängt an, die Reaktion der Sie

Diagramm 1
Wie du in deinem Leben Unglücklichsein kreierst

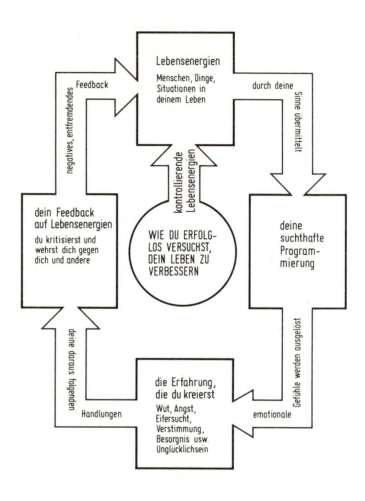

Diagramm 2
Wie du in deinem Leben Glück kreierst

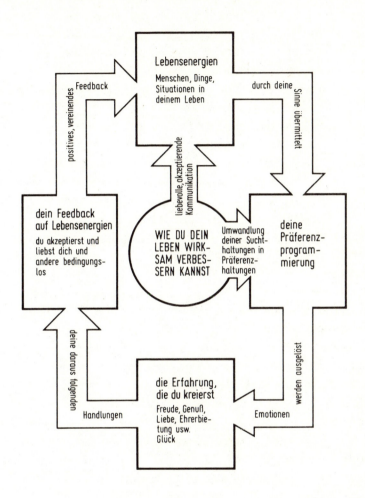

umgebenden Menschen und Bedingungen dramatisch zu ändern. Sie kreieren demzufolge eine Umwelt antagonistischer Menschen und Situationen. Das Rad des Unglücklichseins beginnt sich zu drehen, und die Menschen um Sie herum beginnen, mit Worten und Handlungen zu reagieren, die ihre negativen Gefühle aufgrund Ihrer Kritik und Abwehr reflektieren. Dies fließt wiederum in Ihre emotionale Programmierung zurück und löst mehr Zorn, Angst, Eifersucht oder aufgebrachte Emotionen aus. Und Sie reagieren, indem Sie sich kritisieren und andere mehr kritisieren. Dies fließt wiederum zurück in die Sie umgebenden Menschen und Situationen und bringt sie noch mehr gegen Sie auf... Und Dinge werden sogar schlimmer in Ihrem Leben, während sich das Rad in einer abwärtsgerichteten Spirale dreht und dreht und dreht...

Ihr Verstand kann diese nach unten gerichtete Spirale als Beweis akzeptieren, daß Ihr Leben unmöglich ist, daß Menschen furchtbar sind und daß es keinen Weg gibt, es im Leben »zu schaffen«.

Ein Mensch, der im Rad des Unglücklichseins gefangen ist, begreift nicht, daß es nicht die Welt ist, die ihm das »antut«. Die Verteidigungen des Ego (unterstützt und ermutigt durch den Verstand) machen es ihm äußerst schwer zu begreifen, daß er es sich selbst antut. Er kann beweisen, daß die Menschen ihn wirklich so behandeln. Und das tun sie natürlich auch. Was er nicht erkennt ist, daß seine dauernde Kritik und Abwehr der äußeren Lebensenergien Menschen dazu gebracht haben, in dieser Weise auf ihn zu reagieren. Die selben Menschen hätten vollkommen anders reagieren können. Sie hätten zu jeder Zeit liebevoll und unterstützend sein können, und das Rad des Glücks hätte in Gang gesetzt werden können.

Ein im Rad des Unglücklichseins gefangener Mensch wird nahezu all seine Energie dareingeben, verzweifelt zu versuchen, die Menschen und Situationen zu manipulieren, damit sie seiner Programmierung entsprechen. Obwohl dies eine der wenigen verfügbaren Reaktionen im Alter von zwei Jahren war, ist sie auf keinen Fall die effektivste Reaktion, die einem Erwachsenen zur

Verfügung steht, der das Potential für Höheres Bewußtsein hat. Ein Wesen Höheren Bewußtseins begreift, daß die Menschen oder Dinge in seinem Leben nur minimal durch ein Bewußtsein änderbar sind, das die Erfahrungen des Lebens durch die drei unteren Zentren kreiert. Schließlich möchten Sie nicht, daß Menschen versuchen, Sie zum Ändern zu zwingen. Und wann immer Sie Versuche wahrnehmen, sich zu beherrschen oder zu kontrollieren, entwickeln Sie heftigen Widerstand. Je mehr sie versuchen, Sie zu ändern, desto mehr versuchen Sie, in die andere Richtung zu gehen. Ein Wesen Höheren Bewußtseins begreift, daß es nur *einen* Weg gibt, Worte und Handlungen von Menschen wirklich zu ändern, damit sie seinen inneren programmierten Präferenzen entsprechen, ohne das Rad des Unglücklichseins zu drehen – und das *geschieht durch liebevolle Verständigung von einem Bewußtsein aus, das nicht emotional aufgebracht ist.*

Wenn Sie im Rad des Unglücklichseins gefangen sind, ahnen Sie, daß Sie Ihre Energien vergeblich in den nutzlosen Versuch lenken, die Worte und Handlungen der Menschen um Sie herum durch stillschweigendes Dulden und emotionalen Druck zu ändern. Und so halten Sie sich, anders als die Ratte, die sich der Tatsache fügt, daß der Käse nicht mehr im dritten Tunnel liegt, weiterhin gefangen, indem Sie versuchen, Menschen und Dinge in Ihrem Leben zu manipulieren und zu ändern. Ihre Probleme von zwei Jahren sind verschwunden – und doch leben Sie unbewußt die Methoden von damals aus.

Diese veralteten Lösungen berauben Sie der Gelegenheit, Ihr Leben vollkommen zu erfahren und zu genießen.

Wenn Sie genügend Druck ausüben, können Sie gewisse Veränderungen in den Sie umgebenden Lebensenergien bewirken. Aber wenn Sie sich des Getrenntseins und der Entfremdung bewußt wären, die solche Kritik in den anderen bewirkt, würden Sie begreifen, daß die wenigen Änderungen hoch bezahlt sind – ausgenommen die, die behutsam und leicht geschehen, wenn Sie eine liebevolle Verbindung herstellen.

Wie halten Sie die nach unten gerichtete Spirale vom Rad des

Unglücklichseins an und drehen sie um in eine aufwärts gerichtete Spirale des Glücks? Sie müssen Ihre Energie von dem Versuch, die äußeren Lebensenergien zu ändern, auf die Veränderung Ihrer inneren Programmierung umlenken. Es gibt keine verfügbaren Methoden, die Sie befähigen werden, alle äußeren Lebensenergien erfolgreich zu verändern, damit sie Ihrer inneren emotionalen Programmierung entsprechen. Sie könnten die Macht eines Königs haben, das Prestige eines Filmstars oder das Wissen eines Doktors, aber die Bedingungen Ihres Lebens blieben dennoch dieselben – **manchmal gewinnst du, und manchmal verlierst du.** Sie haben die Fähigkeit, Ihre eigene innere Programmierung zu ändern, indem Sie die Fünf Methoden der Gelebten Liebe anwenden! Ein riesiges Angebot an Käse wartet auf Sie, aber Sie können ihn nur erreichen, indem Sie an Ihrer eigenen inneren Programmierung arbeiten, so daß Sie hier und jetzt die Menschen und Situationen in Ihrem Leben emotional akzeptieren können.

Wenn Sie durch Umwandlung der emotionsbedingten Forderungen, daß Sie Menschen und Situationen in Ihrem Leben auferlegen, an Ihrer inneren Anpassung arbeiten, entdecken Sie, daß die Lebenssituationen und Energien, die bisher Unglücklichsein hervorgerufen haben, in ihrer Auswirkung auf Ihr Glücklichsein neutral oder positiv sein werden. Ihre Energie, Ihr Wahrnehmungsvermögen und Ihre Fähigkeit, bedingungslos zu lieben, werden Sie Leiden gegenüber unempfindlich machen.

Genauso wie Kritik starke Auswirkungen auf die Sie umgebenden Lebensenergien hat, kann Ihr positives Feedback anfangen, sich kraftvoll auszuwirken. Je mehr Sie Menschen in Ihrem Leben liebevoll akzeptieren, desto freier und lieber sind Sie mit Ihnen zusammen. Ihr Ego und Verstand müssen an keinem paranoiden oder defensiven Ort bleiben, und sie beginnen sich in Ihrer Gegenwart frei von suchthaften Forderungen nach Sicherheit, Sinnesreiz und Macht zu erleben. Dies befreit ihre Energie, sich und Sie ohne eine »Tunnelblick«-Wirkung zu erleben. Sie fangen an, sich bei Ihnen gelöst und befreit zu fühlen. Sie entwickeln ein tiefes Vertrauen, daß Sie in Einklang, zentriert und liebevoll bleiben werden, gleichgültig, was sie tun. Sie können einfach entspannen und genießen und beginnen, mit Ihnen in einer liebevollen, sich gegenseitig unterstützenden Sphäre zu fließen.

Anstatt die Sie umgebenden Lebensenergien negativ zu beeinflussen, wie zum Beispiel Menschen mit Ihrer Programmierung noch mehr aus dem Gleichgewicht zu bringen, könnten sie jetzt anfangen, ihre Gefühle so zu verändern, daß diese beginnen, Ihrer Präferenzprogrammierung zu entsprechen. Und falls sie sich nicht ändern, macht es nichts – weil es sowieso nur eine »Präferenz« war. Da Sie größtenteils von Suchthafter Programmierung frei sind, müssen sie nicht die ganze Zeit umhergehen, als würden sie auf rohen Eiern balancieren. Sie können einfach entspannen und mit ihren eigenen inneren Schwingungen und Energien fließen, da sie wissen, daß Sie sich nicht aufregen, gleichgültig, was sie tun oder sagen. Während sie beginnen, Sie auf eine tiefere und tiefere Weise zu lieben, kann ihr Ego damit beginnen, ihre Energien so zu steuern, daß sie die Dinge tun, die Sie vorziehen.

Ihre Umwandlung von Suchthaltungen in Präferenzhaltungen befähigt Sie, mehr und mehr zu lieben, und das Rad des Glücks fängt an, sich zu drehen. Denn Ihre Liebe ändert die Lebensenergien von Menschen und befreit sie, Sie zu lieben und Ihnen zu dienen, was wiederum in Ihre Präferenzprogrammierung zurückfließt. Ihre Gefühle der Liebe werden sich dann vervielfachen. Da Ihr liebevolles Feedback auf die Sie umgebenden Lebensenergien sich weiter intensiviert, dreht und dreht und dreht sich das Rad des Glücks in einer nach oben gerichteten Spirale – und schafft demzufolge liebevolle, friedvolle Gefühle, die einer tiefen Harmonie mit dem Hier und Jetzt Ihres Lebens entspringen.

Genauso wie Sie durch Ihr negatives Feedback in die Lebensenergien um sich herum die Erfahrung des Unglücklichseins in Ihrem Leben kreiert haben, haben Sie jetzt in gottähnlicher Weise die Erfahrung von Glück in Ihrem Leben geschaffen. Sie haben ein »Wunder« bewirkt – Sie sind nicht mehr die »Wirkung« der Welt um Sie herum – Sie sind »Ursache« geworden – eine kreative Quelle. Ihr Höheres Bewußtsein hat die schöne Welt geschaffen, in der Sie leben.

Jetzt wissen Sie, warum Ihr Leben von Natur aus schön ist, wie Ihr Leben wirklich funktionieren möchte und wie Ihre Programmierung für Ihr Erfahren ständigen Glücks im Leben das einzige Hindernis war. Sie wissen, daß Sie fähig sind, die Erfahrung von Glück oder die Erfahrung von Unglücklichsein in Ihrem Leben zu schaffen. **Alles hängt von der Qualität und Quantität kritischer, ablehnender Energie oder akzeptierender, liebevoller Energie ab, die Sie an die Sie umgebenden Menschen und Situationen zurückgeben.**

Jetzt beginnen Sie, das Wunder, Glück in Ihrem Leben zu erschaffen, zu demonstrieren. Und indem Sie das tun, geben Sie Ihr Bestes für andere Menschen – denn die effektivste Weise, ihnen zu helfen ist, ein glücklicher, liebevoller und bewußter Mensch zu werden. Wenn Sie erst einmal begriffen haben, daß »Glück sich im Kreise dreht«, brauchen Sie anderen nichts vorzuhalten oder sie zu ermahnen, um sie zu überzeugen. Sie werden aufgreifen, wie Sie vom Rad des Unglücklichseins auf das Rad des Glücks übergesprungen sind, und Sie fragen, wie Sie es angestellt haben. Und dann können Sie mit ihnen die Methoden des Weges der Gelebten Liebe teilen, damit auch sie Erfahrung ständigen Glücks in ihrem Leben erschaffen.

25
Der Sinn und Zweck unseres Lebens

Ein erster Schritt auf dem Weg zu Höherem Bewußtsein ist, den enormen Aufwand fruchtloser Energie deutlich zu erkennen, die Sie jetzt in das Ausleben Ihrer suchthaften Programmierung geben. Jede Suchthaltung, die in Ihren Kopf einprogrammiert ist, wird Sie abtrennen, Sie leiden lassen. Gefühle von Enttäuschung, Reizbarkeit, Wut, Eifersucht oder Angst vermitteln Ihnen dringende Botschaften: »Hier ist eine Suchthaltung, die du in eine Präferenzhaltung umwandeln mußt, um ein effektives und freudvolles Leben zu führen.«

Das Bemerkenswerte am Wachstum in Höheres Bewußtsein ist, daß nur das Loslösen von der emotionsbedingten inneren Suchthaltung gefordert ist – Sie müssen nicht unbedingt Ihre Handlungen ändern. Wenn Sie sich suchthaft an Negerküssen überessen – das Problem liegt einzig und allein im Schaltkreis Ihres Biocomputers, der Sie zu einem Sklaven dieses inneren Verlangens macht. Benutzen Sie die Fünf Methoden der Gelebten Liebe für die Umwandlung Ihrer Suchthaltungen, wird das äußere Verhalten auf sich selbst achtgeben. Vielleicht essen Sie gelegentlich Negerküsse, aber Sie sind von einem inneren Suchtzwang befreit, der Ihr Bewußtsein beherrscht. Sie müssen nicht länger Vorrat im Hause halten, verschwenden nicht länger einen großen Teil Ihrer Kalorien mit relativ »leerem« Essen. Präferenzhaltung ist angesagt: Nun können Sie das Leben auch genießen, ohne Negerküsse zu essen. Und so kann die Energie, die vorher in eine Suchtforderung abgeleitet wurde, jetzt in Kanäle fließen, die zu Glück und Freude beitragen.

Wenn Sie eine Suchtforderung umprogrammieren, stellen Sie

fest, daß Sie kein Interesse mehr an den äußeren Handlungen haben, mit denen Sie beschäftigt waren.

Der Weg der Gelebten Liebe zu Höherem Bewußtsein bringt Ihnen nicht bei, die emotionale Programmierung zu unterdrücken, die Sie von anderen Menschen trennt (denn dies verursacht psychosomatische Krankheiten) oder diese Dualität und Entfremdung auszudrücken (welches die traditionelle Methode der Psychologie und Psychiatrie ist). Um in Höheres Bewußtsein zu gelangen, müssen Sie die Ursache aller Gefühle von Dualität, Isolation und Getrenntsein ausmerzen, die Sie davon abhalten, sich selbst und jeden und alles um Sie herum zu lieben. Die Zwölf Pfade, die Sieben Bewußtseinszentren und die Fünf Methoden befähigen Sie, die Ursache Ihres Unglücklichseins zu eliminieren.

Ein direkter Weg, Glück zu finden, steht Ihnen zur Verfügung, wenn Sie Ihre negativen Emotionen nutzen; sie zeigen Ihnen, welche Teile Ihres Biocomputers eine Umprogrammierung benötigen, um jeden Moment Ihres Lebens zu genießen. In der Vergangenheit haben Sie die meiste Energie verbraucht, Menschen und Situationen zu kontrollieren, zu beherrschen und zu verändern. Jetzt kann diese Energie in die Fünf Methoden geleitet werden, um von den Suchtzwängen frei zu werden, die einen in Habsucht, Wut und Selbsttäuschung gefangen halten.

Und dann passiert etwas höchst Bemerkenswertes: Wenn Sie Ihre Suchthaltungen umprogrammieren, finden Sie heraus, daß Sie jeden bedingungslos lieben können – auch sich selbst.

Diese neue Dimension der Liebe schafft ein Wunder in Ihrem Leben. Denn es öffnet Sie jetzt für neue Erfahrungen, neue Menschen und neue Aktivitäten. Wenn Sie beginnen, in der vierten Bewußtseinsebene zu leben, erfahren Sie nicht mehr Menschen oder Situationen als Bedrohungen.

Sie werden ständig darüber staunen, wie die Menschen und Situationen in Ihrem Leben harmonisch funktionieren, um Ihren wirklichen Bedürfnissen zu entsprechen! Und Ihr Bewußtsein mag zu dem Tag zurückgehen, an dem Sie das Buch der Gelebten Liebe entdeckt haben, das Ihnen geholfen hat, den

Weg zu diesem Wunder in Ihrem Leben zu finden. Aber haben Sie es entdeckt? Waren es nicht die Menschen und Bedingungen in Ihrem Leben, die es Ihnen angeboten haben – wegen Ihrer Offenheit? Verfolgen Sie die Hauptereignisse, die Ihnen seit dem Tag passiert sind, an dem Ihr Bewußtseinswachstum begonnen hat, um ein empfangenderer, effektiverer und weiserer Mensch zu werden. Sie werden feststellen, daß Sie mit den Menschen und Bedingungen Ihres Lebens so umgegangen sind, daß sie Ihnen halfen, immer weisere Entscheidungen zu treffen, die wiederum ständiges Wachstum in Höheres Bewußtsein beschleunigt haben. **Wir sind alle gemeinsam auf der Reise!**

Es fühlt sich so großartig an, von dem bewußtseinsbeherrschenden Schwall an Wünschen, Forderungen, Erwartungen, starren Mustern, Modellen, wie die Welt uns behandeln sollte – befreit zu sein! Jeder, der Sie beobachtet, sieht, daß Sie mehr oder weniger die gleichen Dinge tun wie sonst, aber ein neuer Mensch tut sie! Immer noch kaufen Sie ein, aber Sie tun es mit einem Biocomputer, der Ihnen jetzt gestattet, jede Minute der Erfahrung zu genießen.

Die Einkaufsfahrt wird ein schönes Erlebnis. Und Ihr Lächeln, Ihre Hilfsbereitschaft und Ihre Schwingungen der Liebe beeinflussen die Menschen um Sie herum. Ihr neues Sein ändert den Pfad Ihrer täglichen Handlungen von einer ermüdenden Plackerei in ein Energie produzierendes herrliches Panorama, das vor Ihren Augen vorüberzieht.

Das Beste für Sie ist auch das Beste für alle anderen! Wenn Sie erst auf der vierten oder einer höheren Ebene leben, verändert Ihr strahlendes inneres Wesen kreativ die Gefühle und Handlungen der Menschen und die Schwingungen der Situationen, mit denen Sie in Kontakt kommen. Sie machen ihnen das größte aller Geschenke – Sie bringen sich mit ihnen an dem schönen Ort in Einklang, der hinter ihren Spielen niederen Bewußtseins liegt. Sie fließen mit ihnen harmonisch an dem Ort auf der vierten Ebene, an dem sie reine Liebe sind. Und dies kann sogar nur durch einen liebevollen Blickkontakt oder Lächeln geschehen. Mehr als alles, was Sie jemals im Leben äußerlich erreichen könnten, wird dieser Weg des Seins die Quelle des Gefühls bewußter Befriedigung über die »Richtigkeit« und die Bedeutung Ihres Lebens.

Etwas Wunderbares an dem Weg der Gelebten Liebe ist, daß Sie ihn »allein« gehen können, wenn es sein muß. Sie können andere als Schauspieler auf der kosmischen Bühne betrachten, die hier sind, damit Sie sich Ihrer Suchtzwänge bewußt werden. Sie helfen Ihnen, indem sie Situationen kreieren, in denen Ihre Emotionen die Verstecke Ihrer Suchtzwänge aufdecken. Ungeachtet dessen, ob sie von Ihrer inneren Arbeit wissen, hilft Ihnen alles, was sie tun oder sagen, in Höheres Bewußtsein zu wachsen. Selbst wenn Ihr Verhalten noch durch suchthafte Programmierung bestimmt wird, die Sie gereizt oder feindselig werden läßt, können Sie all ihre Handlungen, emotionalen Äußerungen und Worte benutzen, um sich zu helfen, von Ihren Suchtforderungen frei zu werden. Und während Sie Ihren Biocomputer umprogrammieren und sich selbst befreien, bemerken auch die anderen die außerordentliche Freude, Freiheit und Liebe, die Sie aussenden. Diese Umwandlung wird so unerwartet und so erstaunlich für sie sein, daß sie wissen wollen werden, was in Ihnen geschieht. Und wenn sie fragen, können Sie ihnen voller Freude die Schlüssel zum Glück in die Hand geben.

Und wenn sie bereit sind zu hören, werden sie über die Einfachheit der Methoden für das Wachsen in Höheres Bewußtsein erstaunt sein. Es bedeutet einfach, all ihre Suchthaltungen in Präferenzhaltungen umzuwandeln. Sie werden eine Weile brauchen, die furchtbaren Ausmaße ihrer Suchthaltungen wirklich zu verstehen. Aber die Ergebnisse in gesteigertem Glück und der Fähigkeit zu lieben werden so rasch eintreffen, daß sie wissen werden, sie haben endlich die Antwort darauf gefunden, wie das Leben befriedigend werden kann. Und indem sie sich selbst geholfen haben, haben sie jetzt auch Ihnen geholfen, noch rascher auf dem Weg zu den Höheren Bewußtseinsebenen zu wachsen. Ihre Schwingungen wachsender Liebe und erweiterten Bewußtseins helfen Ihnen, in einer schöneren Welt zu leben. Sie helfen Ihnen, mehr Energie für Ihre Reise freizusetzen.

Während Sie lernen, alle eingehenden Sinnesdaten und Gedanken von den Höheren Bewußtseinszentren aus zu verarbeiten, verschwinden die »Probleme« in Ihrem Leben.

Ihr ständig steigender Energiefluß befähigt Sie zu fühlen, daß die Welt Sie automatisch mit mehr versorgen wird, als Sie brauchen, um glücklich zu sein. Sie müssen nicht länger kämpfen, schmeicheln, erzwingen, geschickt arrangieren oder Ihr Bewußtsein mit Vergleichen dessen beherrschen, was ist, was war oder was zukünftig sein sollte. Sie könnten sagen: »Was wäre das Schlimmste, was passieren könnte?« – »Nun, das müßte gehen – ich kann noch immer leben und glücklich sein, selbst wenn das passiert.«

Es ist nicht nötig, hundertprozentig von emotionsbedingten Suchthaltungen frei zu sein, um ständiges Glück zu erleben! Sie müssen jedoch *fast* von Suchthaltungen frei sein, damit sie Sie nicht abwärts ziehen und das Erleben von Unglücklichsein schaffen. Glück ist eine allgemeine Ebene guten Fühlens, die Sie erzeugen, wenn Ihnen das Leben das gibt, was Sie anzunehmen bereit sind. Wenn Sie sich schnell von jeder Erfahrung von Angst, Wut, Verstimmung, Gereiztheit usw. erholen können, wird diese allgemeine Ebene nicht berührt. Der Zustand des Unglücklichseins entwickelt sich, wenn eine suchthafte Erfahrung weiter und weiter geht. Dieser Zustand wird stärker, wenn Sie eine Suchtforderung nach der anderen sich in sich auftürmen lassen, so daß Sie Ihren Biocomputer mit verschiedenen suchthaften Modellen und Erwartungen laden, denen die Welt nicht entspricht. Wenn Sie innerhalb einiger Minuten oder sogar einer Stunde über einer Suchthaltung stehen können, wird es normalerweise Ihre Glücksebene nicht beeinflussen.

Wenn Sie die Methoden der Gelebten Liebe anwenden, um sich von suchthafter Programmierung zu befreien, werden Sie genau wissen, daß Ihre Gefühle des Getrenntseins einfach Überreste Ihrer früheren Programmierung niederen Bewußtseins sind. Sehr schnell können Sie sich nun von jeglichem Unsinn befreien, wann immer Sie sich dabei ertappen, Angst, Wut oder Gereiztheit auszulösen.

Perfektion im Auslöschen all Ihrer suchthaften Verhaltensmuster ist also nicht nötig, um glücklich zu sein. Wenn Sie ein hohes Maß an Fertigkeit in der Anwendung des Weges der Gelebten Liebe erlangt haben – wenn Sie Ihr Leben als ein Drama sehen, in dem Sie jeden und alles als Lehre benutzen, die Ihnen hilft, bewußter zu werden –, gelangen Sie an den Punkt, kleine Reste Ihrer alten suchthaften Programmierung einfach als eine gelegentliche Belästigung zu sehen. Wenn sie meistens im Vierten und Fünften Bewußtseinszentrum leben, ist ein seltenes kurzes Eintauchen in die ersten drei Zentren bedeutungslos. Machen Sie einfach mit Ihrer inneren Arbeit weiter: Es wird alles zu dem Grad geschehen, der für Sie genau richtig ist.

Wenn ein Mensch Experte darin wird, das Hier und Jetzt im Leben emotional zu akzeptieren (und alle Suchthaltungen in Präferenzhaltungen umwandelt), verliert er dann an Effektivität, seinen Teil bei der Bekämpfung gesellschaftlicher Ungerechtigkeiten wie Krieg, Voreingenommenheit, wirtschaftlicher Ausbeutung, Umweltverschmutzung usw. zu leisten? Falls jemand emotional alles akzeptiert, würde er irgend etwas ändern wollen? Befähigt das Bewußtsein der Liebe oder Fülle einen Menschen, ein sozial verantwortliches Mitglied der Gesellschaft zu sein, wenn seine Erfahrung des Hier und Jetzt nicht länger durch ein dringendes Sicherheits- oder Machtbewußtsein erzeugt wird? Werden Wut, Frustration und Haß benötigt, eine bessere Welt zu bauen? Wird Bewußtsein der Liebe die benötigte Energie freilassen, ein Paradies auf Erden zu schaffen?

Solange ein Mensch von den unteren drei Bewußtseinszentren aus handelt, läßt er die Ursache aller sozialen Ungerechtigkeit weiter bestehen – das Behandeln von Menschen, als wären sie »andere«, die Subjekt-Objekt-Haltung gegenüber Menschen, die Entschlossenheit, zu bekommen, was man will, ohne den »wir-Ort« zu finden, und die Unfähigkeit, Menschen bedingungslos zu lieben. Der Mensch, der im Vierten Bewußtseinszentrum lebt, könnte einen noch höheren Beitrag leisten, die Disharmonie der Welt auszugleichen als derjenige, der von den unteren drei Zentren aus arbeitet. Man gleicht die Ursache sozialer Ungerechtigkeit durch Sein und Handlungen aus – anstatt nur die Symptome zu behandeln. Auch wenn jemand im Vierten Zentrum ein Plakat trägt, Briefe schreibt, Versammlungen besucht und anderes mit der Absicht tut, Menschen zu ermutigen, den »wir«-Raum zu finden, wird er es von einem Bewußtsein der Liebe aus tun, das häufig effektiver sein kann, die Menschen zu erreichen, die er ändern möchte. Wer den Weg der Gelebten Liebe geht, ist frei, entweder Energie in das Bekämpfen von Symptomen der Disharmonie in der Welt aufzuwenden oder Energie aufzubringen, um die Ursache der Unmenschlichkeit unter den Menschen zu beheben – diese Ursache sind immer die Suchthaltungen, die mit der Wahrnehmung des Lebens von den unteren drei Zentren aus verbunden sind.

Wer den Weg der Gelebten Liebe geht, erfährt ständig die Schönheit und Vollkommenheit der Welt. Er versteht, daß wir Ereignisse kreieren, damit sie uns die Erfahrung vermitteln, die wir benötigen, um uns von den unteren Zentren zu befreien. Wer den Weg der Gelebten Liebe geht, erfährt ständige Harmonie und Liebe fernab von dem täglichen Drama des suchthaften Strebens, und gleichzeitig erlebt er Schönheit und Vollkommenheit, indem er seine Energie abgibt, um das Sicherheits-, Sinnesreiz- und Machtbewußtsein seiner Mitmenschen umzuwandeln in das Bewußtseinszentrum der Liebe.

Alles ist gut so, wie es ist, und es ist ebenso gut, Energie aufzuwenden, um Änderungen zu bewirken! In dem Maße, wie die Welt die Handlungen von Menschen reflektiert, die das Leben durch ein Sicherheits-, Sinnesreiz- und Machtbewußtsein erfahren, wird die Schönheit und Vollkommenheit der Welt darin bestehen, uns beizubringen, was wir wissen müssen, um unser Bewußtsein in das Vierte Zentrum zu erhöhen – sowohl individuell als auch kollektiv. In dem Ausmaß, in dem die Welt mit Menschen bevölkert ist, die ihre Erfahrung aus dem Vierten oder aus höheren Bewußtseinszentren erzeugen, werden die Schönheit und Vollkommenheit durch den ständigen Genuß der Fülle reflektiert, die uns das Leben gibt.

Während Sie weiter an sich arbeiten, entwickeln Sie ein tiefes Vertrauen, daß Fülle automatisch in dem Maße vorhanden ist, zu dem Sie von der Verarbeitung Ihrer Gedanken durch ein Sicherheits-, Sinnesreiz- und Machtbewußtsein frei sind. Sie begreifen, daß Sie sich keine Gedanken mehr über ausreichend liebevolle Freunde, Nahrung, Genußvolles, Sex, das Vermeiden von Katastrophen machen müssen. Auf Ihre Erfahrung gestützt, entwickeln Sie allmählich das Gefühl, daß Sie, wenn Sie die Zwölf Pfade als Führer in den alltäglichen Lebenssituationen anwenden, vollkommen auf die fließende Harmonie der Wechselbeziehungen zwischen Ihrer Energie und den Energien außerhalb vertrauen können. Sie erkennen, daß das Leben wirklich so beschaffen ist, daß wir glücklich, friedvoll und erfüllend darin leben können – und daß es nur der automatisierte Reigen unserer suchthaften Forderungen nach Sicherheit, Sinnesreiz und Macht ist, der uns daran hindert zu erfahren, daß wir mehr haben, als wir brauchen, um glücklich zu sein.

Indem wir uns von unseren emotionsbedingten Suchtzwängen, Forderungen und Erwartungen befreien, die uns ablehnen lassen, was ist, entdecken wir, daß wir immer die vielen »Erdbeeren« genießen können, die das Leben uns bietet, statt unser Bewußtsein mit den »Tigern« zu beherrschen. Während wir lernen, uns vollkommen dem zu überlassen, was ist, finden wir endlich mehr Sicherheit, mehr herrliche Sinnesreize, mehr kraftvolle Effektivität und mehr Liebe, als wir jemals brauchen könnten, um glücklich zu sein. Die Fülle des Lebens entfaltet sich dann auf die wunderbarste Weise – und wir leben ununterbrochen in einem warmen, freundlichen, liebevollen Universum, das wir durch unser höheres Bewußtsein geschaffen haben.

Und so reisen wir Hand in Hand auf dem Fluß unseres Lebens hin zu dem weiten Ozean des Eins-Seins, der unsere Quelle und Bestimmung ist. Endlich wissen wir mit tiefer Freude:

Der Sinn und Zweck
unseres Lebens ist,
frei von allen suchtartigen Fallen
zu sein
und so

eins zu werden

mit der Unendlichkeit der
Gelebten Liebe.

Anhang 1
Die Theorie der Gelebten Liebe zum Glücklichsein

1. *Das Problem.* Die meisten Menschen sind in Bewußtseinsmustern gefangen, aus denen sich weitverbreitetes Getrenntsein, Entfremdung, Ängste, ständiger Konflikt usw. ergeben. Statt die »Fülle« zu erkennen, die uns das Leben bietet, kreiert unsere Programmierung ein Leben, das durch Anspannung und Genießen auf einer niedrigen Ebene gekennzeichnet ist. Die Art und Weise, in der wir ständig eingehende Stimuli verarbeiten, interpretieren, wahrnehmen und darauf reagieren, ist verantwortlich für unsere Unfähigkeit, die ganze Zeit glücklich zu sein. Wir sind alle schöne Wesen, aber unsere Sicherheits-, Sinnesreiz- und Machtprogrammierung des niederen Bewußtseins läßt uns unglücklich werden.

2. *Das Grundprinzip.* Die eigenen suchthaften Forderungen wirken dem Glücklichsein entgegen. Suchthaltungen sind einprogrammierte Erwartungen, Forderungen, »absolute Notwendigkeiten«, Wünsche oder Modelle, wie die Welt sein sollte, die automatisch so negative Emotionen wie Zorn, Angst, Eifersucht, Beklemmung, Gereiztheit, Verstimmung, Kummer usw. auslösen. Jede Suchthaltung läßt einen für Leiden empfänglich werden. Wenn man versteht, wie das Erfahren vom Glücklichsein oder Unglücklichsein geschaffen wird, wird klar ersichtlich, daß alles Unglücklichsein suchthaften Modellen entstammt, die unsere Wahrnehmung und Motivation bestimmen. Selbst körperlicher Schmerz produziert kein Unglücklichsein, wenn man nicht suchthaft danach verlangt, keinen Schmerz zu empfinden. Die Suchthaltung, nicht der Schmerz, erzeugt Leiden.

3. *Eine Tatsache des Lebens.* Der wechselnde Energiefluß des Lebens, in dem wir uns befinden, befriedigt einige Suchthaltungen und läßt andere unbefriedigt. Mit anderen Worten, manchmal gewinnen wir und manchmal verlieren wir. Selbst wenn wir

gewinnen, kreieren wir unbeabsichtigt eine andere suchthafte Forderung, die roboterhaft ausgelebt werden muß. Normalerweise versuchen wir, unsere Gewinn-Verlust-Chancen durch mehr Geld, Wissen, Prestige oder Macht zu beeinflussen. Diese Bestrebungen ändern niemals genug in dem Muster »manchmal gewinnen, manchmal verlieren«, um uns das Leben auf einer hohen Ebene genießen zu lassen. Unsere Erwartungen und Forderungen beherrschen weiterhin unser Bewußtsein und bewirken eine unbefriedigende Lebenserfahrung, solange wir irgendeine suchthafte Programmierung haben.

4. *Ein Dilemma.* Unbefriedigte Suchtforderungen dominieren unser Bewußtsein, machen uns unfähig, bedingungslos zu lieben, lassen unseren Verstand weiterhin wühlen, führen unser Bewußtsein dazu, sich in der Zukunft und der Vergangenheit aufzuhalten, anstatt das Hier und Jetzt zu genießen, und lassen uns in dem Versuch, die Menschen unseres Umfeldes zu manipulieren, negative Emotionen auslösen. Die nicht erfüllten suchthaften Forderungen produzieren die Erfahrung des Leidens und Unglücklichseins. Die Suchtforderungen, die wir befriedigen, verschaffen uns nur kurze Freude. Das, was eine Suchtforderung befriedigt, bildet schnell eine neue Suchthaltung, die unser Nervensystem wahllos schützt und ausbaut. Ungeachtet dessen, ob wir bekommen, was wir wollen, oder nicht, bleiben wir weiterhin für Angst, Kummer oder Zorn empfänglich, die zur Erfahrung des Unglücklichseins führen können.

5. *Die unbrauchbare Lösung.* Im Laufe des langen Dschungellebens entwickelten unsere Vorfahren Nervensysteme, die unsere Gattung wirksam vor äußeren Gefahren schützten. Über 99 Prozent der Menschen der heutigen Welt sind mit Nervensystemen behaftet, die normalerweise dahingehend arbeiten, daß sie ihr Umfeld für alle Probleme verantwortlich machen, die sie selbst erfahren. Wir organisieren unsere Wahrnehmungen und Energien mit dem Ziel, unser Leben durch eine Programmierung funktionieren zu lassen, die überaus effizient darin ist, die Außenwelt mit unseren inneren suchthaften Modellen zu ver-

gleichen – und die somit den Notalarm von Wut, Angst, Kummer, Frustration und Eifersucht auslöst, wenn ihnen nicht entsprochen wird. Wenn wir auf unteren Bewußtseinsebenen agieren, lösen wir Emotionen aus, die energisches Handeln in dem Versuch erzeugen, die Außenwelt so zu verändern, daß sie unseren suchthaften Forderungen nach Sicherheit, Sinnesreizen und Macht entspricht. Das Ergebnis ist eine Achterbahnfahrt zwischen Freude und Schmerz (die wir uns auszugleichen bemühen, indem wir unsere Geschicklichkeit zu manipulieren verbessern), während wir den gesellschaftlichen Anstrich von Höflichkeit, Diplomatie und einem seichten Grad an Wärme und Liebe aufrechterhalten. Bewußte Menschen haben immer die Wahl, die Handlungen der Menschen um sich herum zu modifizieren oder ihre Reaktionen auf eingehende Stimuli zu verändern.

6. *Der Weg zum Glück*. Die praktische Lösung für das Problem, unser Leben ständig genießen zu können, ist, unsere Biocomputer umzuerziehen, so daß unsere erste Reaktion auf eine Lebenssituation die ist, unsere Energien in Harmonie mit der Umwelt zu bringen, statt diese zwingen zu wollen, unseren inneren Mustern zu entsprechen. Bedingungslos liebende Kommunikation (die nicht suchtartig an den Ergebnissen hängt) läßt meistens die Anpassung stattfinden, die wir benötigen, um unsere Energien zu harmonisieren. Jedes suchthafte Verlangen macht uns verletzlich; Präferenzhaltungen lassen uns das Leben durchgehend genießen. Wenn unsere Biocomputer aus einer Präferenzhaltung heraus operieren, wird unser Glücklichsein nicht angetastet, ungeachtet dessen, ob die Welt um uns herum unseren Präferenzen entspricht oder nicht. Das ermöglicht uns, das Hier und Jetzt unseres Lebens zu genießen, ständig zentriert zu bleiben, bedingungslos zu lieben, Subjekt-Objekt-Manipulierungen zu vermeiden, uns sicher und unverwundbar zu fühlen, unsere Einsicht und Wahrnehmungsfähigkeit zu vergrößern und uns auf dieser Welt zu Hause zu fühlen.

Wenn unsere Biocomputer dahingehend umprogrammiert sind, auf diese Weise mit unserer Welt zu interagieren, stellen wir fest, daß uns das Leben das Optimum an Sicherheit, Empfindungen, Kraft und Liebe schenkt. Der Weg der Gelebten Liebe bewirkt weitaus mehr, als den Menschen lediglich zu befähigen, sich passiv dem Hier und Jetzt im Leben anzupassen. Vielmehr ist es ein dynamisches System zum Umtrainieren des eigenen Bewußtseins, um ein effektives Leben zu führen, das durchgehend von Freude erfüllt ist.

Anhang 2
Zusammenfassung –
Die fünf Teile der Gelebten Liebe

Das Gesetz des
Höheren Bewußtseins:

Liebe jeden Menschen bedingungslos – auch dich selbst.

Die fünf Methoden und der Sofortige
Bewußtseinsverdoppler:

1. Erlerne die Zwölf Pfade und wende sie bei deinen Problemen an.
2. Sei dir immer darüber im klaren, welches Bewußtseinszentrum du benutzt, um deine Welt wahrzunehmen.
3. Werde dir zunehmend der Beziehung von Ursache und Wirkung zwischen deinen suchthaften Verlangen und dem sich daraus ergebenden Unglücklichsein bewußt.
4. Verwende den Katalysator VERWENDE IMMER GELEBTE LIEBE als ein Mittel zur absichtlichen Zentrierung.
5. Verwende die Methode der Bewußtseinseinschärfung, um die Umprogrammierung von schwerwiegenden suchthaften Verlangen zu beschleunigen
sowie den
Sofortigen Bewußtseinsverdoppler:
   Erweitere deine Liebe, dein Bewußtsein und dein liebevolles Mitgefühl, indem du alles, was jeder um dich herum sagt oder tut, so erfährst, als hättest du es gesagt oder getan.

Die Zwölf Pfade:

Frei werden

1. Ich befreie mich von meinem suchthaften Verlangen nach Sicherheit, Sinnesreiz und Macht, das mich dazu treibt, Situationen in meinem Leben mit Gewalt kontrollieren zu wollen, und dadurch meine innere Gelassenheit zerstört und mich davon abhält, mich selbst und andere zu lieben.
2. Ich erkenne, wie meine bewußtseinsbeherrschenden Süchte meine trügerische Version der sich ständig wandelnden Welt mich umgebender Menschen und Situationen hervorrufen.
3. Ich begrüße die Gelegenheit, die mir die Erfahrung jedes einzelnen Moments bietet (auch wenn dies schmerzlich ist), mir der Süchte bewußt zu werden, die ich umwandeln muß, um von meinen roboterhaften, emotionalen Verhaltensmustern befreit zu sein.

Leben im Hier und Jetzt

4. Ich halte mir ständig vor Augen, daß ich alles habe, was ich brauche, um das Hier und Jetzt zu genießen – solange ich nicht zulasse, daß mein Bewußtsein von Forderungen und Erwartungen beherrscht wird, die auf der erledigten Vergangenheit oder der erwarteten Zukunft beruhen.
5. Ich trage hier und jetzt die volle Verantwortung für alles, was ich erlebe, denn es ist meine eigene Programmierung, die meine Handlungen hervorruft und auch die Reaktionen der Menschen um mich beeinflußt.
6. Ich akzeptiere mich selbst vollkommen hier und jetzt und erfahre bewußt alles, was ich fühle, denke, sage und tue (meine emotionsbedingten Suchthaltungen eingeschlossen) als notwendige Bestandteile meines Wachstums auf dem Weg zu höherem Bewußtsein.

Interaktion mit anderen

7. Ich öffne mich wahrhaftig allen Menschen gegenüber, indem ich gewillt bin, ihnen meine innersten Gefühle vollständig mitzuteilen, denn wenn ich mich irgendwie verberge, bleibe ich meiner Illusion des Getrenntseins anderen gegenüber verhaftet.
8. Mit liebender Anteilnahme empfinde ich die Probleme von anderen, ohne jedoch emotional in ihr Mißgeschick verwikkelt zu werden, das ihnen Botschaften bietet, die sie für ihre Weiterentwicklung brauchen.
9. Ich handle frei, wenn ich im Einklang mit meiner Umgebung und mir stehe, zentriert und liebevoll bin, doch ich vermeide es nach Möglichkeit, zu handeln, wenn ich emotional aufgebracht bin und mir selbst die Weisheit vorenthalte, die von Liebe und erweitertem Bewußtsein ausgeht.

Das Entdecken der bewußten Wahrnehmung

10. Ich beruhige unablässig meinen rastlos suchenden Verstand, damit ich die subtileren Energien wahrnehmen kann, die mich befähigen, mit allem, was mich umgibt, eins zu werden.
11. Ich bin mir ständig bewußt, aus welchem der Sieben Bewußtseinszentren ich schöpfe, und ich fühle, wie meine Energie, Wahrnehmungsfähigkeit, Liebe und mein innerer Frieden wachsen, indem ich alle Bewußtseinszentren weit öffne.
12. Ich nehme alle Menschen einschließlich meiner selbst als erwachende Wesen wahr, die hier ihr angestammtes Recht auf die Höheren Bewußtseinsebenen der bedingungslosen Liebe und des Eins-Seins verwirklichen wollen.

Skala zum Erkennen des Bewußtseinszentrums in jedem Augenblick:

Die Sieben Bewußtseinszentren:

1. Das Sicherheitszentrum
2. Das Sinnesreizzentrum
3. Das Machtzentrum
4. Das Zentrum der Liebe
5. Das Zentrum der Fülle
6. Das Zentrum bewußter Wahrnehmung
7. Das Zentrum Kosmischen Bewußtseins

Unser Lebenszweck:

Der Sinn und Zweck unseres Lebens ist, frei von allen suchtartigen Fallen zu sein und so eins zu werden mit der Unendlichkeit der Gelebten Liebe.

Anhang 3
Wie du dein Wachstum auf dem Weg der Gelebten Liebe beschleunigst

Hier sind acht Möglichkeiten, mit denen Sie Ihr Wachstum auf dem Weg zu Höherem Bewußtsein beschleunigen können.

1. *Lesen Sie dieses Buch noch einmal.* Beim ersten Lesen beginnen Sie, ein intellektuelles Verständnis zu entwickeln. Dies ist nur ein erster Schritt auf dem Weg, Ihr Leben mit der Methode der Gelebten Liebe zu erhellen. Um die Worte und Ideen dieses Buches in Ihr Bewußtsein jedes einzelnen Augenblicks einzuprägen, ist wiederholtes Lesen absolut notwendig. Falls Sie auf die schnellste Weise wachsen möchten, lesen Sie jeden Abend direkt vor dem Schlafengehen mindestens fünf Seiten.

2. *Unterstreichen Sie frei.* Unterstreichen Sie jeden Satz in dem Buch, der für Sie besonders bedeutsam ist. Dies werden die Teile sein, die Sie in Ihrem momentanen Bewußtseinsstrom aufnehmen können. Dies bereitet Sie auf Ihren nächsten Schritt vor, sich in Ihrem täglichen Leben für eine tiefere Akzeptanz und Anwendung der Methode der Gelebten Liebe zu öffnen. Und als ein Zeichen Ihrer wachsenden Integration wird allmählich immer mehr in dem Buch unterstrichen sein.

3. *Profitieren Sie von allen Fünf Methoden.* Lassen Sie sich von allen Fünf Methoden in Ihrem Wachstum helfen. Falls Sie entdecken, daß Sie eine der Methoden nicht benutzen, konzentrieren Sie sich während des nächsten Monats auf die Methode. Sie sollten alle Fünf Methoden anwenden, um Ungleichgewicht und Einseitigkeit zu vermeiden.

4. *Vermeiden Sie ein geistiges Durcheinander.* Wenn Sie Ihren geistigen Pfad finden, verwenden Sie Ihre Energie darein, das Ausüben der Methoden zu vervollkommnen. Wenn Sie ständig hin und her springen, vergleichen und mit unterschiedlichen Kombinationen verschiedener geistiger Pfade experimentieren,

gelingt es vielleicht nicht, soviel daraus zu gewinnen, wie möglich wäre, wenn Sie sich einem einzigen Pfad intensiv widmen.

5. *Geben Sie sich hin.* Ihr geistiges Wachstum wird direkt davon abhängen, wieweit Sie sich den Methoden des von Ihnen gewählten Pfades überlassen. Und was geben Sie wirklich auf? Nur die niedrige Programmierung, die Sie jetzt enttäuscht, aufgebracht und unglücklich sein läßt.

6. *Intensität des Wunsches nach Wachstum.* Ihre vollständige innere Hingabe an Ihr Wachstum zu Höherem Bewußtsein ist das einzig, wirklich Entscheidende bei Ihrer geistigen Entwicklung. Ohne eine intensive innere Hingabe sind Sie nur ein Dilettant, der geistige Spiele spielt. Wenn geistiges Wachstum das Wichtigste in Ihrem Leben ist, wird sich das ganze Wunder von Liebe und Eins-Sein entfalten.

7. *Bieten Sie den Weg der Gelebten Liebe anderen an.* Denken Sie daran, daß Ihr Leben besser funktioniert, wenn Sie von liebevollen, erfüllten, glücklichen Wesen umgeben sind. Sie wachsen, wenn Sie das System anderen zugänglich machen – aber warten Sie immer, bis sie deutlich eine Offenheit spüren lassen, Ihr Geschenk auch anzunehmen! Seien Sie einfühlsam, wenn Sie anderen den Weg der Gelebten Liebe anbieten, damit Sie keine Dualität kreieren, während Sie nach Eins-Sein streben! Versuchen Sie nicht, es ihnen zu »verkaufen« oder ihnen das Gefühl zu vermitteln, dieses sei die einzige Antwort auf Glück in ihrem Leben. Dieses würde wahrscheinlich ihre Widerstandsprogrammierung auslösen. Statt dessen bieten Sie es an, indem Sie Ihre Erfahrung im Anwenden der Fünf Methoden teilen. Legen Sie allen Stolz beiseite, und lassen Sie Ihren inneren Kampf bei Ihrer inneren Arbeit sehen – aber bestehen Sie nicht darauf, daß sie in einer ähnlichen Weise an sich arbeiten sollten. Vielleicht könnten Sie einfach ohne ein Wort der Empfehlung ein Exemplar des *Handbuches zum Höheren Bewußtsein* auf dem Schreibtisch eines guten Freundes liegenlassen. Als Teil Ihres Bewußtseinswachstums lernen Sie, jeden bedingungslos zu lieben, ungeachtet dessen, ob er an dem interessiert ist, was sie tun!

Autor

Ken Keyes diente im Zweiten Weltkrieg in der amerikanischen Marineabwehr. Kurz nach dem Krieg, im Alter von 25 Jahren, erkrankte er an Kinderlähmung; seit dieser Zeit ist er an den Rollstuhl gebunden.

Nach einer erfolgreichen Karriere als Immobilienmakler begann er sein Psychologiestudium an der Universität von Miami und wurde Schüler des tibetischen Lamas Chogyam Tungpa. Er löste seine Firma auf und schrieb sein erstes Buch, »Das Handbuch zum Höheren Bewußtsein«, in dem er seine »Wissenschaft des Glücklichseins« und den »Weg der Gelebten Liebe« darstellte. Zehn weitere Werke folgten.

»Das Handbuch zum Höheren Bewußtsein« wurde allein bis heute in über 1 Million Exemplaren verkauft. Ken Keyes gründete seinen Verlag *Living Love Publications*, der später in *Love Line Books* umbenannt wurde.

Seit 1973 veranstaltet er Kurse und Seminare, zunächst im *Living Love Centre*, Kalifornien, seit 1982 am *Ken Keyes College* in Cos Bay an der Küste Oregons, wo er heute mit seiner Frau Peggy lebt.